すぐに役立つ

366日
記念日事典

［第４版］ 上巻

（１月～６月）

一般社団法人 日本記念日協会 編

加瀬清志 著

創元社

本書の構成と使い方

本書の構成

- １年366日の記念日を日付順に解説しています。記念日の表記は一般社団法人日本記念日協会に正式登録されているものを中心に、社会の認知度などを勘案して掲載しています。
- 年によって日付が移動するもの(たとえば、成人の日：１月第２月曜日)はその月の末尾に記載してあります。ただし、二十四節気と雑節は平均的な日付に基づいて日付順に並べています。これらに関連づけられている記念日も同様です（巻末に令和２～６年までの二十四節気と雑節の日付を掲載しています)。
- また、「あずきの日(１日)」などのように毎月ある記念日、１年間に離れて複数日ある記念日は、６月以降にまとめて記載しています。由来文は日本記念日協会ホームページの内容をもとに記載しています。
- 毎月の扉には陰暦の月名やその語源、誕生石、誕生花などを記載しています。また、各所に記念日を横断的にみるコラムを設けています。
- 一般社団法人日本記念日協会と記念日の登録申請については、巻末で紹介しています。

使い方

記念日という日々の日付にこだわった内容は、仕事や勉学、日常生活の話題、雑学、歳時記などに幅広く活用できます。記念日を通して日々の暮らしに潤いを与え、日常生活にアクセントを付けていただければ幸いです。
たとえば、こんな使い方。

- 友人、知人の誕生日が、どのような記念日なのかを知り、ふさわしいプレゼントを贈るなど、人間関係を円滑にすることに役立てられます。毎日の話のネタにも困りません。
- 記念日を知ることで新しいビジネスチャンスを広げたり、自ら記念日を制定することでPR効果を高めることができます。
- 記念日を学習の自由研究の参考資料とすることができます。どんな分野に記念日が多いのか、どんな歴史があるのか、この本を調べ物のきっかけにしてみてください。

contents

※本書のデータは、2020年3月1日現在のものを記載しています。

第４版の刊行にあたって

2009年４月に第１版を刊行して以来、11年の年月を重ねて第４版を刊行することになりました。

それは、この間にさらに多くの人が記念日に関心を持ち、企業や団体などが記念日の有用性に気づき、毎年、数多くの記念日が協会に登録されるようになったからです。

夏休みの自由研究に記念日を書き込んだ手帳を作った中学生。記念日を卒論のテーマに選んだ大学生。記念日をテーマにしたテレビのクイズ番組。自社商品に記念日を制定して売り上げを大きく伸ばした企業。活動内容に関連した記念日を制定して社会にアピールする団体。記念日を設けることで仲間の気持ちをひとつにしたグループなど、記念日があることで人生や社会を豊かにしたい、人とのつながりを大切にしたいと思う人が増えました。

本書では第３版に掲載後から2020年３月１日までに協会に新たに登録された約850件も含めて、2300件以上の記念日を掲載。記念日の数が多いので１月から６月までの上巻と、７月から12月までの下巻の二巻に分けての刊行です。

記念日は生活の中にあるものから、ビジネスに役立つもの、社会に貢献するものなど、さまざまなジャンルに制定されていますので、本書を身近に置いて日々の暮らしの中の話題や楽しみ、仕事のヒント、学習の参考など、多目的に活用していただければ幸いです。

一般社団法人日本記念日協会　代表理事　加瀬清志

JANUARY

旧　暦　睦月（むつき）

語源：親類などが集まって仲睦まじく過ごすことから。睦び月。

英　名　January

語源：ローマ神話の戸口の神ヤヌス（Janus）に由来。物事の開始を司る神でもあり、前後に二つの顔をもつ。

異　名　初月（しょげつ）／端月（たんげつ）／暮新月（くれしんげつ）／早緑月（さみどりつき）／太郎月（たろうづき）／子日月（ねのひづき）／初春月（はつはるづき）

誕生石　ガーネット（石榴石（ざくろ））

誕生花　福寿草／水仙

星　座　山羊座（～ 1/20頃）／水瓶座（1/21頃～）

新しい年を迎えて最初の月となる１月。記念日では「元日」と「成人の日」という２つの国民の祝日に注目が集まるが、雑節の「七草」、二十四節気の「大寒」もこの日ならではの食べ物・飲み物があり、季節を反映した行事が行われることから話題となる。

また、17日の「防災とボランティアの日」と「おむすびの日」は、1995年のこの日に発生した阪神淡路大震災を忘れずに、絆を大切にとの願いが込められていることから、人々の心に深く刻まれた記念日となっている。

福寿草

1/1

元日

国民の祝日のひとつで「年のはじめを祝う」日。1948（昭和23）年制定。大切な年中行事であるお正月は、元旦（がんたん）（元日の朝）に門松で年神様（としがみ）を迎え、井戸から若水（わかみず）を汲んで供え、雑煮やおせち料理を食べて祝う。この習慣は江戸時代からあった。

宗谷岬の初日の出

オールインワンゲルの日

「肌トラブルに悩む全ての人々を救う」を企業理念に掲げるメディカルコスメの株式会社ドクターシーラボが制定。化粧水、乳液、美容液などの機能をひとつにまとめた「オールインワン（多機能）」のアイテムで、高い水分保持能力を持ち、肌にやさしい天然由来の保湿ゲル「オールインワンゲル」。そのパイオニアである同社の、年始にスキンケアを見直して肌の悩みのない１年を過ごしてもらいたいとの願いが込められている。日付は１年のスタートの日であり、１と１を「オール（０）イン（１）ワン（１）」と読む語呂合わせから。

日本初の点字新聞「あけぼの」創刊記念日

1906（明治39）年１月１日に左近允孝之進（さこんのじょうこうのしん）氏が、日本初の点字新聞「あけぼの」を創刊したことにちなみ、点字・録音図書などを出版する社会福祉法人桜雲会（おううんかい）が制定。創刊号には「視覚障害者が情報を得られるように」との左近允氏の思いが記されている。その精神は現在の「点字毎日」に受け継がれている。

1/2

初荷（はつに）

この日、多くの職業で、年が明けてから初めての仕事が行われる。荷物を運ぶことの多い商店では、その年初めての荷物のことを初荷と呼ぶ。農業では農初め、漁業では初船、林業では山初めなどと言う。

初夢の日

２日の夜から３日の朝にかけて見る夢を初夢とすることから生まれた日。初夢で１年の良し悪しを占った昔は、よい夢を見るために枕の下に七福神が乗った宝船の絵を敷いて寝る人も多く、商人が絵を売り歩いたという。なお、よく言われるめでたい夢「一富士、二鷹、三茄子」は徳川家康の出身地・駿河の名物とされる。

1/3

ひとみの日

1月3日の語呂合わせから「ひとみ」。瞳をいつまでも美しくという趣旨の日。コンタクトレンズ業界など瞳に関連した業界などが活用する。

1/4

石の日

1月4日の語呂合わせから生まれた日。石は昔から神様の寄りつく場所として尊ばれ、まさにお正月にふさわしい日。この日にお地蔵様や狛犬などの石の物にお参りをすると願いが叶うとされる。

1/5

ホームセキュリティの日

日本で初めての警備保障会社として1962（昭和37）年に創業し、日本に「安全産業」を創出したセコム株式会社が制定。同社が1981年1月5日に発売した「ホームセキュリティシステム」は2014年6月に契約数が100万軒を突破。「ホームセキュリティ」は一般的な用語として定着している。この記念すべき日を通して、家庭の「安全・安心」を見直してもらうのが目的。

遺言の日

さまざまな社会問題の解決に取り組む公益財団法人日本財団が制定。相続のトラブルを少なくできる遺言書の作成の普及が目的。日付は1と5で「遺言（いごん）」と読む語呂合わせと、この時期は正月で家族が集まる機会も多く、遺言について話し合えることから。

1/6

小寒（しょうかん）

［年によって変わる］二十四節気のひとつ。寒の入りにあたり、冬至と大寒の中間。大寒に向かい、寒さが厳しくなっていく。

イチロクの日

全国でROYAL & MGMの屋号で遊技場を運営する、株式会社一六商事ホールディングスが制定。「人と人の絆を大切にする」という経営理念のもと、初心を忘れずに多くの人にパチンコ、パチスロの楽しみを知ってもらうのが目的。日付は一六商事の一六から1月6日としたもの。

カラーの日

「カラー」の知識をビジネスに活かすセミナーや認定資格制度、検定試験などを実施し、カラーの普及活動を行う一般社団法人ビジネスカラー検定協会が制定。「カラー」を通して世界中の人たちに元気に活躍してもらうことが目的。日付は1と6で「カラー」の「色＝い（1）ろ（6）」と読む語呂合わせから。

佐久鯉（さくごい）誕生の日

1746（延享3）年1月6日に伊勢神宮の福島神主へ篠澤佐吾衛門包道が、佐久鯉料理を献上したとされる。これが佐久鯉の最古の記録であることから、包道の子孫である長野県佐久市の佐久ホテルの篠澤明剛氏が制定。

まくらの日

枕を中心とした寝具のインターネット販売などを手がける、まくら株式会社（千葉県柏市）が制定。毎日使う生活の中でも身近な枕に日頃の感謝を込めて、その大切さを見直すのが目的。日付は枕を英語でpillow（ピロー）と呼ぶことから1をピンの「ピ」と読み、6を「ロー」と読んで「ピロー」となる1月6日に。

1/7

七草

セリ、ナズナ、ゴギョウ（ハハコグサ）、ハコベラ、ホトケノザ（オオバコ）、スズナ（カブ）、スズシロ（ダイコン）が春の七草（七種）。この日の朝、七草を入れたおかゆを食べると健康に過ごせるといわれる。新年に若菜を食べる中国の習慣が伝えられたもの。

消救車の日

消防機能と救急機能を併せもつ世界初の消救車。2005年1月7日に、その第1号車が千葉県松戸市に配備されたことから、開発をした株式会社モリタホールディングスが制定。

1/8

大戸屋・定食の日

株式会社大戸屋が制定。1958年１月８日に東京・池袋で「大戸屋食堂」として創業してから、2018年で60年を迎えた「大戸屋ごはん処」。同社のご飯、味噌汁、おかずという定食スタイルや素材の味を活かした調理方法、醤油、味噌、麹などの発酵調味料を使うなどの伝統的な食文化を、日本はもとより世界に発信するのが目的。日付は創業日であり、１月８日を「0108」として「０（オー）10（ト）８（ヤ）」と読む語呂合わせから。

遺影撮影の日

日本初のシニア世代専門の写真館「えがお写真館」を運営する株式会社サンクリエーションが制定。生前に遺影を撮影し、後世に残すことの大切さを多くの人に知ってもらい、遺影撮影を日本の文化として世の中に根付かせるのが目的。日付は１と８で「遺（い＝１）影撮（えいと＝８）る日」と読む語呂合わせと、正月の晴れやかな雰囲気の中で笑顔の写真を撮ってほしいとの願いから。

平成はじまりの日

1989年のこの日、前日の昭和天皇の崩御をうけて、年号が「平成」となった。「平成」は「大化」以来247番目の元号。改元にあたっては「修文」「正化」も候補とされたが、ローマ字表記の頭文字が昭和と同じ「S」となることもあって「平成」が選ばれたともいう。

イヤホンの日

どこにでも持ち運べて、いつでも気軽に音楽を聴ける道具のイヤホン。その普及を目的にイヤホンの総合情報サイトである「イヤホンナビ」が制定。日付は１と８で「イヤホン」の語呂合わせから。世界中の有名メーカーのイヤホンを集めて試聴、比較できるイベントなどを行う。

1/9

ジャマイカ ブルーマウンテンコーヒーの日

ジャマイカコーヒー輸入協議会が制定。ジャマイカ産コーヒーの最大の需要国である日本とジャマイカの関係を大切にするとともに、ジャマイカ産コーヒーの名物である「ブルーマウンテンコーヒー」のさらなる普及が目的。日付はジャマイカ産コーヒーがキングストン港より日本向けに初めて1400袋（１袋は約60Kg）もの大型出荷をした1967

年1月9日から。

1/10

ten.めばえの日

大阪府大阪市に本社を置く、読売テレビ放送株式会社が制定。自局のニュース番組「かんさい情報ネットten.」の人気コーナーで、その日に生まれた赤ちゃんを紹介する「めばえ」。番組を視てもらうことで、世の中への関心や家族との絆など、さまざまなものが「芽生える」日にとの思いが込められている。日付は「めばえ」のタイトルイラストの双葉マークを「0110」と見立て、番組名「ten.＝10」にもかけて1月10日としたもの。

伊藤くんの日

モンスター級の「痛男」と崖っぷちアラサー「毒女」を中心に巻き起こる震撼恋愛ミステリー映画「伊藤くんA to E」（主演・岡田将生、木村文乃）のPRを目的に、「伊藤くんA to E製作委員会」（申請者・株式会社博報堂DYミュージック＆ピクチャーズ）が制定。日付は1と10で「伊（イ＝1）藤（トウ＝10)」と読む語呂合わせから。

ひものの日

愛知県名古屋市に本社を置き、ひものの専門店「塩干の太助」を運営する株式会社太助が制定。日本の伝統食品としての干物を、より多くの人に知ってもらい、食べてもらうのが目的。日付は干物の「干」の字が「一」と「十」に分けられることから。

百十郎の日

岐阜県各務原市の日本酒の蔵元、株式会社林本店が制定。同社のブランド「百十郎」のPRが目的。「百十郎」の名前は、地元で明治から昭和にかけて活躍した歌舞伎役者の市川百十郎氏に由来し、ラベルには歌舞伎独特の化粧法である隈取を取り入れ、海外では「one ten」の名前で親しまれている。日付は1と10で「百十郎」の「百十（110)」から。

インターンの日

採用コンサルティング事業などを展開するルーキーワークス株式会社が制定。「インターン」とは学生が就職、就業前の一定期間に企業で働く「インターンシップ」の略語で、この制度を導入する企業と、参加する学生の拡大と意識の啓蒙が目的。日付は1と10で「イン（1）ターン（10)」の語呂合わせから。

インターンシップの日

採用コンサルティング事業などを展開するルーキーワークス株式会社が制定。「インターンシップ」とは学生が就職、就業前の一定期間に企業で働くことで、この制度を導入する企業と、参加する学生の拡大と意識の啓蒙が目的。日付は1と10で「イン（1）ターン（10)」の語呂合わせから。

110番の日

1985（昭和60）年12月に警視庁が記念日に制定、1986年から実施。110番通報の大切さとその適切な利用をアピールする。110番制度が誕生したのは、1948（昭和23）年の10月1日。

糸引き納豆の日

全国納豆協同組合連合会が制定。大豆を納豆菌により発酵させた納豆は、健康効果や美容美肌効果などが得られるとされ、日本を代表する食品のひとつ。日付は1と10で糸引きの糸（いと）の語呂合わせから。また、この時期は受験の時期にあたるため、糸引き納豆の特徴であるその粘り強さで合格を祈念するという意味もある。

イトウの日

最大1.5mを越える日本最大の淡水魚で絶滅危惧種に指定されている「イトウ」を展示する北海道北見市の「北の大地の水族館」（施設名：おんねゆ温泉・山の水族館）が制定。同館の目玉生物である「イトウ」の認知度をさらに上げ、その保護の気運を高めるのが目的。日付は1と10で「イトウ」と読む語呂合わせから。

豊後高田市移住の日

大分県豊後高田市が制定。「小さくてもキラリと光るまち」「夢をかたちに 未来に光り続けるまち」を目指し、さまざまな移住定住施策を進める同市が、子育て支援の充実、教育のまちづくりなどの施策を市民と共有して、地方創生の取り組みを再認識するのが目的。日付は1と10で「移（1）住（10)」と読む語呂合わせから。

ワンテンの日

デジタルマーケティングの新しい可能性を開くクリエイティブエージェンシー、株式会社ワン・トゥー・テン・ホールディングス（京都府京都市）が制定。小さなものを大きくする、ひとつの形を多面的にする、伝えるものの幅と奥行きを広げる。そうした「1を10にするアイデア」を楽しむ日。日付は1と10で社名であり理念である1→10（ワン・トゥー・テン）の語呂合わせから。

イラストレーションの日

兵庫県神戸市に事務局を置き、イラストレーション業界の発展を目指す協同組合 日本イラストレーション協会が制定。さまざまなシーンにおけるイラストレーションの役割とその価値について再確認し、イラストレーションに関わるすべての人が記念日を活用して業界を盛り上げていくことが目的。日付は英単語「Illustration」の頭３文字「Ill」（アイエルエル）の形が、１が３つ並んでいるように見えることから１月11日としたもの。

アスパラガスビスケットの日

ビスケット、クッキー、チョコレート菓子などの製造販売を行う株式会社ギンビスが制定。1968年10月に発売され、2018年に発売50周年を迎えた同社のロングセラー商品「アスパラガスビスケット」。世代を超えて愛され続けてきた同商品を、さまざまな年代の家族が集まる年始に食べてもらいたいとの願いが込められている。日付は「アスパラガスビスケット」の棒状の形を思い起こす１月11日に。

UNO（ウノ）の日

世界約80ヵ国で親しまれている人気のカードゲーム「UNO」を販売するマテル・インターナショナル株式会社が制定。2016年に誕生から45周年を迎えた「UNO」をさらに多くの人に親しみ、楽しんでもらうのが目的。日付はスペイン語やイタリア語で「UNO」は数字の１を意味することから、１が重なる１月11日に。

マカロニサラダの日

キユーピーグループに属し、サラダ、総菜、麺とパスタ、デザートなどの食品を製造販売するデリア食品株式会社が制定。幅広い世代に愛されている「マカロニサラダ」の魅力をさらに広め、日本の食卓に定着させるのが目的。日付はマカロニの形が数字の１に似ていることから、１が「サ・ラ・ダ」と３つ並ぶ１月11日に。

鏡開き

その年の年神様（としがみ）に供えた鏡餅を小さく割り、おしるこなどにして食べる行事。もともとは武家社会の行事で、具足開き（鎧や兜に供えた餅を雑煮などにして食べた）といった。そのため、鏡餅は刃物で切ると切腹のようだと、手や木槌で割って開くようになった。

樽酒の日

祝いの宴、喜びの場で酒樽の蓋を威勢良く開ける鏡開き。樽の酒をふるまい飲み交わすこの風習を、日本の文化として次の世代に伝えていきたいと長龍酒造株式会社（奈良県広陵町）が制定。日付は年中行事の鏡開きの日に由来する。

1/12

スキー記念日

1911（明治44）年の１月12日、オーストリアのレルヒ少佐が、新潟県高田の陸軍歩兵連隊で日本人に初めてスキーの指導を行ったことから、スポーツ用品のミズノの直営店・エスポートミズノが制定。スキー文化の発展を願う日。

いいにんじんの日

高麗人参が健康に良いことをアピールするために、株式会社韓国人参公社ジャパンが制定。高麗人参は種をまく前に１、２年かけて土壌作りをし、発芽した後は直射日光や雨風にさらされないように日よけを設置するなど栽培が簡単ではなく、育成には長い年月が必要。日付は１と12で「いいにんじん」と読む語呂合わせと、2012年のこの日に同社の設立記念パーティーが開かれたことから。

1/13

遺言の意味を考える日

相続関連の問題を支援する「NPO法人えがおで相続を」が制定。相続法の改正で遺言書の方式緩和が2019年１月13日から施行され、遺言の手続きが一般の人にさらに身近になったことから、遺言の大切さ、その意味を考えるきっかけの日とするのが目的。日付は法律の施行日であり、１と13で「遺（１）言の意味（13）」との語呂合わせから。

1/14

褒め言葉カードの日

一般社団法人日本褒め言葉カード協会が制定。家族や職場の仲間を褒めて感謝を伝える日にするのが目的。褒め言葉カードを普及させ、褒め言葉の大切さを理解してもらうことを目指す。日付は１と14を褒め言葉のひとつである「い（１）い（１）よ（４）」と読むことから。

1/15

小正月（こしょうがつ）

７日までの松の内を「大正月」といい、15日を「小正月」という。松の内を忙しく働いた主婦をねぎらう意味で「女正月」という地方もある。

「適サシ肉」の日

東京・浅草の老舗すき焼き店「ちんや」が制定。六代目当主の住吉史彦氏が自店で過剰な霜降肉を使うことをやめ、適度な霜降の入った「適サシ肉」だけを使うと宣言。そのおいしさを多くの人に味わってもらうのが目的。日付は宣言をした2017年１月15日にちなんで。「適サシ肉」は住吉史彦氏の造語で、株式会社ちんやが商標登録をしている。

半襟（はんえり）の日

１月は１年最初の月で、襟を正すに通じる。また、この日は「成人の日」として長い間親しまれ、和装との関連が深かったことから、京都半衿風呂敷和装卸協同組合が2001年４月に制定。半襟需要の振興を目指している。

フードドライブの日

「フードドライブ」とは、缶詰や調味料、レトルト食品など、消費期限までの日数があり保存可能で未開封の食品を、経済的理由などで食べ物に困っている家庭に届ける奉仕活動のこと。この活動を広めようと女性だけの30分フィットネスを全国展開する株式会社カーブスジャパンが制定。日付は１と15で「いいごはん」の語呂合わせから。

1/16

ヒーローの日

広告業務などを手がける株式会社電通が制定。アニメや映画の世界における「ヒーロー」をさらに多くの人に愛してもらい、その存在を世の中に浸透させるのが目的。日付は１と16で「ヒ（１）ー（１）ロー（６）」と読む語呂合わせから。

1/17

防災とボランティアの日

1995年のこの日に発生した阪神・淡路大地震に由来する、閣議で制定された日。阪神・淡路大地震ではボランティア活動が大きな力となったことから、災害への備えとともにボランティアの大切さを認識する日とされている。

おむすびの日

ごはんを食べよう国民運動推進協議会が2000年11月に制定し、公益社団法人米穀安定供給確保支援機構が2018年に引き継いだ記念日。ごはんのおむすびだけでなく、人と人との心を結ぶ「おむすび」の日を作ろうと全国公募し、阪神淡路大震災でボランティアによるおむすびの炊き出しが人々を大いに助けたことから、いつまでもこの善意を忘れないために大震災の発生した１月17日をその日付としたもの。

1/18

いい部屋の日

アパート、マンションなどの建設事業、不動産の仲介事業などを手がける大東建託株式会社が制定。同社では賃貸物件検索サイト「いい部屋ネット」を運営。部屋探しにおいて重視するポイントは人それぞれに異なることから、新生活のための部屋探しが本格化するシーズンを前に「いい部屋とは何か」について考える機会を作ることが目的。日付は118で「いい部屋＝いい（1）へ（1）や（8）」と見立てて。

118番の日

「118番」は海上保安庁が2010年に制定し、2011年より実施している海上保安庁緊急通報電話番号。海難事故の目撃・遭遇、見慣れない船・不審な船・油の排出の発見の際に118番に通報してもらうことで、海の安全を確保することを目的としている。

ひらく、いい鼻の日

プラスチックバーの反発力で鼻腔を拡げて、鼻呼吸をスムーズにする「ブリーズライト」をPRするため、グラクソ・スミスクライン株式会社が制定。日付は「ひ（1）らく、い（1）いは（8）な」の語呂合わせから。

カップスターの日

「サッポロ一番」「カップスター」など、数多くのヒット商品をもつサンヨー食品株式会社が制定。「カップスター」はタテ型のカップ麺で、1975（昭和50）年１月18日に「カップスターしょうゆ」が発売されて以来多くの人に愛されてきたロングセラー商品。日付は初めて発売された日にちなんで。

1/19

はっぴいおかん・大阪いちじくの日

大阪府羽曳野市の名産品である「いちじく」を使った商品を製造販売するグループ「はっぴいおかん」が制定。健康にも良いとされるいちじくの商品を広め、大阪を代表する特産品、お土産品にするのが目的。日付は1と19で「いち（1）じく（19)」と読む語呂合わせから。

家庭用消火器点検の日

一般住宅における最も手軽な初期消火設備である消化器について周知させ、家庭での点検、火災発生時の使い方などの認識を高めてもらおうと、社団法人全国消防機器販売業協会が1991年10月に制定。消防への電話番号が119、それにちなんで消防庁が11月9日を「119番の日」と定めているので、1年で最初に119の数字が並ぶ1月19日を記念日とした。

イチジク浣腸の日

浣腸をひと筋に作り続けるイチジク製薬株式会社が制定。2015年の創業90周年を記念し、さらに多くの人に浣腸薬のトップブランド「イチジク浣腸」を知ってもらうのが目的。日付は､「イチ（1）ジク（19)」の語呂合わせから。また年末年始の乱れた食生活や、寒いための水分不足、運動不足による便秘が気になるこの時期を、快腸に過ごしてもらいたいとの願いも込められている。

いいくちの日

ストレス、疲れ、加齢などにより唾液の分泌量が減少して起こる口の中のトラブルを防ぎ、清浄で健康な口にする「薬用ピュオーラハミガキ」を製造、販売する花王株式会社が制定。歯のケアだけでなく、口内環境全般を健康な状態に保つことの大切さを意識してもらうのが目的。日付は「いい（11）くち（9）」と読む語呂合わせから。

「信州・まつもと鍋」の日

⇨「1年間に複数日ある記念日」の項を参照。

1/20

大寒（だいかん）

［年によって変わる］二十四節気のひとつ。小寒から節分までの「寒の内」の真ん中あたり、1年でも最も寒い時期。本来、寒さの厳しいこの頃に、武道などの稽古をすることを寒稽古と呼んだが、現在では

冬の修行一般をさすことが多い。

二十日正月（はつかしょうがつ）

この日を正月の最後の日として納めの行事を行う。地方によっては骨正月、骨おろし、頭正月などとも呼ぶ。これは正月に食べた魚の骨や頭までも食べて、正月を終えるところからきている。

シマエナガの日

北海道に生息する野鳥の「シマエナガ」は、真っ白な体につぶらな瞳のかわいらしい見た目から雪の妖精とも呼ばれている。そのシマエナガを愛し、SNSアカウント「ぼく、シマエナガ。」を運営する写真家のやなぎさわごう氏が、記念日を通じてその魅力をさらに多くの人に知ってもらうことを目的に制定。日付はシマエナガは寒ければ寒いほど羽の中に空気を入れて膨らむことから、1年で最も寒い日とされる二十四節気のひとつの大寒の日としたもの。

インクルーシブを考える日

特別支援学校高等部などを卒業した後の学びの場として、各地で「カレッジ」を運営する福岡県福岡市の株式会社ゆたかカレッジが制定。記念日を通じて障害者の社会への完全参加と平等を考える機会とするのが目的。日付は国連総会で採択された障害者権利条約に日本の批准が承認された2014年1月20日から。この条約ではあらゆる障害者の尊厳と権利が保護されなければならないと謳われ、障害者の完全参加と平等なインクルーシブ社会（共生社会）の実現を目指すことが掲げられている。

血栓予防の日

納豆に含まれるたんぱく質分解酵素「ナットウキナーゼ」が血栓を溶解し、脳梗塞や心筋梗塞を予防する効果があることをアピールするために日本ナットウキナーゼ協会が制定。寒い時期に血栓ができやすいことから、大寒にあたることが多い1月20日を記念日とした。また、20日を「2（ツ）0（マル）」と読む語呂合わせにも由来する。

甘酒の日

［大寒、年によって変わる］日本の伝統的な発酵食品である甘酒の良さ、おいしさを多くの人に知ってもらいたいと、1969（昭和44）年から瓶入りの甘酒を販売してきた森永製菓株式会社が制定。日付は、甘酒は疲れを癒し、身体が温まる飲み物として大寒の頃に最も飲まれていることから大寒の日とした。

1
月

トゥー・チェロズの日

2011年1月20日、2本のチェロだけで演奏した超絶パフォーマンス映像を動画サイトにアップしたのをきっかけに世界的な注目を集めた、クロアチア出身のルカとステファンの「トゥー・チェロズ(2CELLOS)」。二人は日本での留学経験もあり、東日本大震災の直後からライヴ活動で支援を続けている。チェロで世界の人たちとつながるために結成したユニットの誕生日を記念日にと、所属先の株式会社ソニー・ミュージックレーベルズが制定。

ぬか床の日

[大寒、年によって変わる] 日本の伝統的食文化の漬物のひとつ「ぬかづけ」。その関係企業などで結成される、全国ぬかづけのもと工業会（石川県金沢市）が制定。米ぬかを発酵させて作るぬか床の品質向上と普及が目的。日付は古来、大寒の時期にぬか床を作ると良いぬか床ができるとされることから、暦の上の「大寒」を記念日とした。

1/21

スイートピーの日

全国の花の生産者、生花店、園芸店などで構成する「日本スイートピーの会」が制定。「春の花」の代名詞であるスイートピーをより多くの人に楽しんでもらうのが目的。日付はこの時期が最も香り豊かできれいに輝くことと、左右対称の3種類の花弁（旗弁、翼弁、舟弁）からなり、それぞれ1枚、2枚、1枚あることから1月21日とした。

ユニベアシティの日

ディズニーストアのオリジナルキャラクター「UniBEARsity（ユニベアシティ）」の発売（2011年1月21日）を記念して、ウォルト・ディズニー・ジャパン株式会社が制定。「UniBEARsity（ユニベアシティ）」は「university」（学校）と「BEAR」（クマ）を合わせた造語で、ミッキーマウスたちが学校の宿題でクマのぬいぐるみを作ったというストーリーから誕生したキャラクター。

1/22

カレーの日

カレーを製造する事業者の全国団体である全日本カレー工業協同組合が制定。国民食と言われるまでに普及したカレーのよりいっそうの普及拡大により、健康で豊かな消費生活の実現に寄与するのが目的。日付は1982年1月22日に全国学校栄養士協議会が全国の学校給食の統一メニューとして「カレー」を提供したことにちなんで。

1/23

アーモンドの日

カリフォルニア・アーモンド協会が制定。手のひら一杯分のアーモンド（約23粒・30g）には抗酸化作用が強く美容に欠かせないビタミンEが8.6mg含まれており、これだけで一日に必要なビタミンEをまかなえることから、美容や健康のために多くの人にアーモンドを食べてもらうのが目的。日付は1と23で「1日23粒」を表している。

アガる日

無添加化粧品を掲げる株式会社ファンケル化粧品が制定。女性のお肌も気分も「アガる日」になってもらうことが目的。日付は肌や気分が「アガって」いくことを願い、1→2→3と数字が上がる1月23日に。

一無、二少、三多の日

一般社団法人日本生活習慣病予防協会が制定。同協会が提唱する「一無(いちむ)、二少(にしょう)、三多(さんた)」をより多くの人に実践してもらい健康長寿に役立ててもらうのが目的。「一無」は「禁煙」、「二少」は「少食と少酒」、「三多」は「多動（体を多く動かす）と多休（しっかり休養する）と多接（多くの人、事、物に接する生活）」のこと。日付は1と23で「一無、二少、三多」の一二三から。

碧南(へきなん)人参の日

愛知県碧南市の名産品、碧南人参のブランド名「へきなん美人」のPRを目的に、JAあいち中央碧南人参部会が制定。日付は1と23で「いいにんじん」の語呂合わせと、碧南人参がいちばん熟して甘くなる時期にちなんで。

アート引越センターの日

「アート引越センター」の名で全国に知られ、引越や物流などの事業を手がけるアートコーポレーション株式会社（大阪府大東市）が制定。引越事業を中心に、住宅、保育にいたるまで「暮らし」をキーワードとして、生活をとりまく各種事業を展開し、こんなサービスが「あったらいいな」の気持ちを大切にした自社のPRが目的。日付は1と23が「アート引越センター」のコーポレート・アイデンティティ「the0123」に通じることから。

八丈島から南大東島への上陸記念日

八丈島のさまざまな文化活動を行っている「八丈島ふるさと塾」が制定。1900年1月23日に八丈島（現在の東京都八丈町）の人々が南大東島（現在の沖縄県南大東村）に上陸、開拓の第一歩を記したことを偲び、その史実を後世に伝えるのが目的。日付はその上陸をした日から。両島では毎年交流会を開いている。

花粉対策の日

「花粉問題対策にオールジャパンの力を結集して社会貢献」をキャッチコピーに、花粉問題に取り組む企業や研究機関などで結成された「花粉問題対策事業者協議会」が制定。飛散量の低減、受粉の防御など、早めの花粉対策を啓蒙するのが目的。日付は春の花粉対策は1月、2月、3月がポイントであることから、123と数字が並ぶ1月23日に。

算額文化を広める日

公益財団法人 日本数学検定協会が制定。「算額」とは江戸時代に数学者などが額や絵馬に数学の問題や解法を記して神社仏閣に奉納したもので、これを現代に復興して「数学の学びの文化」を広めるのが目的。日付は1、2、3の数字の並びは誰もが最初に接する数学文化のひとつであることから1月23日に。

1/24

法律扶助の日

法律扶助とは、経済的理由で民事裁判を受けられない人のために費用を立て替える制度。日本弁護士連合会が1952（昭和27）年に設立した財団法人法律扶助協会が、その業務を扱っている。同協会の設立日1月24日を「法律扶助の日」として制定した。

1/25

一室入魂の日

不動産管理会社の日本財託グループが制定。同社の一室一室にまごころを込めて安心安全な管理、ホスピタリティを追求した対応を社内外に広く知ってもらうのが目的。日付は1と25を「一（1）室入魂（25）」と読む語呂合わせから。

1
月

とちぎのいちごの日

⇨「1年間に複数日ある記念日」の項を参照。

石ノ森章太郎生誕記念日

日本の漫画界に大きな功績を残し、今もなお多くの漫画家、クリエーターに影響を与え続けている萬画家の石ノ森章太郎。その誕生日(1938年1月25日)を記念日として制定したのは株式会社石森プロ。石ノ森章太郎は『石ノ森章太郎萬画大全集』で、世界一多くの萬画を描いた萬画家としてギネスブックにも認定されている。

美容記念日

日本で最初にパーマやマスカラメイクを始めるなど、美容業界に多大な功績を残したメイ牛山氏の生誕日(1911年1月25日)を記念して株式会社ハリウッドビューティサロンが制定。メイ牛山氏は美容室の経営、後進の育成、化粧品の開発、新しい美容技術の普及をとおして、美容が平和な社会の象徴であることを唱えていたことから、健康で美しい元気な人を増やしていくきっかけの日とすることが目的。

あったか旭川まんの日

1902(明治35)年1月25日に、北海道旭川で日本の気象観測史上最低気温マイナス41度を記録したことにちなみ、旭川のご当地グルメ「あったか旭川まん」をPRする「あったか旭川まん推進会議」が制定。寒さは貴重な地域ブランドのひとつという前向きな発想から生まれた「あったか旭川まん」は、北海道らしい具材と自由な形状で人気を集めている。

菅公学生服の日

日本を代表する学生服メーカー、菅公学生服株式会社(岡山県岡山市)が制定。自社ブランドの「カンコー(菅公)学生服」の優れた機能性やデザインをアピールするとともに、子どもたちの学業成就と健やかな成長を祈る日。日付は学問の神様である菅原道真公(菅公)にゆかりの初天神の日に由来する。

主婦休みの日

⇨「1年間に複数日ある記念日」の項を参照。

ホットケーキの日

ホットケーキミックスの売り上げナンバーワンメーカー、森永製菓株式会社が制定。日付は1902(明治35)年1月25日に北海道の旭川気象台において日本の観測史上最低気温(−41.0℃)を記録したことから。とくに寒くなるこの時期においしいホットケーキを食べて心も体も暖めてほしいとの願いが込められている。

1/26

モンチッチの日

「モンチッチ」をはじめとしたぬいぐるみ、人形、オルゴール、雑貨などを企画製造販売する株式会社セキグチが制定。世界中で愛されているマスコットキャラクターの「モンチッチ」の魅力をさらに多くの人に知ってもらうのが目的。日付は「モンチッチ」の誕生日である1974年1月26日から。

腸内フローラの日

腸で生き抜く力が強い植物性乳酸菌のラブレ菌が、1993年に京都の伝統的な漬物「すぐき漬け」から発見されたことから、乳酸菌のサプリメントなどを手がけるカゴメ株式会社大阪支店が制定。乳酸菌や食物繊維で腸内フローラを調えることをアピールするのが目的。日付は年末年始で食生活が乱れやすい1月と、「フ（2）ロ（6）ーラ」の語呂合わせを組み合わせたもの。

文化財防火デー

1949（昭和24）年のこの日、法隆寺の金堂から出火、貴重な壁画などを焼失したことから、その反省の意味を込め、各地の文化財を火から守る日として、文化財保護委員会（現在の文化庁）と国家消防本部（現在の消防庁）が1955年に制定。毎年この日には全国各地で防火訓練などが行われている。

コラーゲンの日

株式会社ニッピ（当時は日本皮革株式会社）の研究員、西原富雄氏がコラーゲンの可溶化に成功して特許を出願したのが1960（昭和35）年のこの日。それを記念して株式会社ニッピコラーゲン化粧品が制定。可溶化により化粧品や食品などコラーゲンの用途は飛躍的に増えた。

携帯アプリの日

2001年のこの日、NTTドコモが携帯アプリケーションを開始したことから、多彩なゲームやツールが登場し、日本の携帯電話が世界をリードするきっかけになった。これを記念して携帯アプリケーションのさまざまな事業を展開するスパイシーソフト株式会社が制定。

1ドア2ロックの日

国内シェア6割を誇る錠前のトップメーカー、美和ロック株式会社が制定。防犯性を高めて空き巣の被害を減らすために玄関を「1ドア2ロック」にすることを推奨、啓発するのが目的。日付は「1つのドアに2つのカギ（ロック＝6）」の語呂合わせから。

1/27

船穂スイートピー記念日

品質の良さから花束やフラワーアレンジメントに多く使われ、全国有数の出荷量を誇る岡山県倉敷市船穂町のスイートピーを広くアピールしようと、JA岡山西船穂町花き部会が制定。日付は品質・量ともに安定して本格的なシーズンを迎える1月と、1と27で「いいふなお（良い船穂）」と読む語呂合わせから。

1/28

逸話の日

まだ世の中にはあまり知られていない興味深い話（逸話）を語り合う日。人物や物事のエピソードから、本質を探ることの大切さを知るのが目的。日付は1と28で「いつわ」の語呂合わせから。

1/29

タウン情報の日

1973（昭和48）年のこの日、地域情報誌の草分け「ながの情報」が発行されたことを記念して生まれた日。

1/30

おからのお菓子の日

栃木県足利市に本社を置き、大麦に関する食品の製造販売を行う株式会社大麦工房ロアが制定。美容や健康、便秘改善に良いとされるイソフラボン、大豆サポニン、大豆オリゴ糖の入ったおからを原料とした同社のお菓子のPRが目的。日付は「イソフラボン（1）」「大豆サポニン（3）」「オリゴ糖（0）」を並べた語呂合わせから。

タビナカの日

「地球はもっと楽しくなる」をビジョンに、海外旅行ツアー・アクティビティの予約サイト「タビナカ」を運営する株式会社Fun Groupが制定。絶景、珍しい動物、おいしい料理やその土地ならではの文化との出会いなど、人生を豊かにする旅をより多くの人に体験してもらうのが目的。日付は1と30の130を「い（1）ざ（3）地球（0）を楽しもう」と読んで。

1/31

チューリップを贈る日

富山県砺波（となみ）市に事務局を置く砺波切花研究会が制定。同市の名産品であるチューリップの切花。花言葉は「思いやり」であり、中でも赤い色のチューリップは「真実の愛」とされることから、この日に大切なパートナー（愛妻）に贈ってほしいとの思いが込められている。日付は数字の1をアルファベットの「I（あい＝愛)」と見立て、31を「(さい＝妻)」と読むと「愛妻」となることから。

生命保険の日

1882（明治15）年のこの日、日本で初めて生命保険金が支払われたことが新聞で報じられ、生命保険の存在が広く知られるようになったことから、各生命保険のトップセールスマンが集まるMDRT日本会が制定。お客様のために初心を忘れないようにとこの日を記念日とした。

愛妻感謝の日

愛妻感謝ひろめ隊（代表〈隊長〉・浦上裕生氏、神奈川県相模原市）が制定。愛妻に感謝の気持ちを表し、愛妻感謝を世界に広める日に。日付は1（愛）と31（妻）の語呂合わせから。

愛菜の日

野菜の摂取量が少なくなりがちな1月から2月にもっと野菜を食べて、健康的な食生活を送ってもらいたいとカゴメ株式会社が制定。日付は時期的なことと、1を「アイ＝愛」、31を「サイ＝菜」と読む語呂合わせから。

菜の日

⇨「1年間に複数日ある記念日」の項を参照。

年によって日付が変わる記念日

1月第2月曜日

成人の日

国民の祝日のひとつで「おとなになったことを自覚し、みずから生き抜こうとする青年を祝いはげます」日。1948（昭和23）年に定められた時は1月15日であったが、2000年から1月の第2月曜日に変更された。

1月第3日曜日

三十路の日

MISOJI MATSURI実行委員会（神奈川県横浜市）が制定。20歳の「成人の日」から10年、それぞれの人が積み重ねた経験を元に新たなチャレンジをしていくきっかけの日としてもらうのが目的。同世代の人が集い、お互いを励まし合う「MISOJI MATSURI」を開催。日付は「成人の日」（1月第2月曜日）の先にある日曜日から。

寒の土用丑（どようウし）の日

寒の土用丑の日

「うなぎのまち岡谷の会」が1998年12月に制定。長野県岡谷市は天竜川の源の諏訪湖のほとりにあり、古くからうなぎの漁獲量、消費量ともに多く、岡谷独自のうなぎ料理の味を創り出している。そのまちにふさわしく寒の土用にもうなぎを食べる新しい食文化を築こうと記念日を設けた。

コラム1

日本記念日協会の歩み①

「日本記念日協会はいつ発足したのですか？」とメディアの人によく聞かれる。答えは1991年4月1日、月曜日。

そして、次の質問が「なぜ日本記念日協会を作られたのですか？」。

この答えは私の職業が放送作家だからだ。旬の話題をテーマに企画を立てたり、原稿を書いたりする放送作家の悩みのひとつが、毎日のネタ。今ほどインターネットが普及していない時代だったので、その日その日の話題を集めるのも、それを情報としてわかりやすく、なおかつ興味深く紹介するのはなかなか大変だった。

事前に、この日にはこんな話題があるとわかっていて、その話題は多くの人の関心を集めることができる。そんな都合のよいものが何かないかと考えているときに「6月10日は時の記念日」と書かれた新聞記事を読んだ。

「そうだ。記念日だ。記念日なら毎日あるし、その日が何でその記念日になったのか由来があるから、視聴者の人にも納得してもらえる。それに記念日は歴史や季節感、語呂合わせなど話題をいくつにもふくらませられるから、テレビやラジオの番組にはピッタリに違いない」と思い、記念日を集めることにした。

ところが、本を中心に各種記念日を集めてみたものの、日付や記念日の名前が間違っていたり、あるいは一致しなかったり、いつ誰がどんな目的で制定したのか不明なものが少なくない。

これでは視聴者に正しい情報を提供できないので、より正確な記念日の情報を得るために各地の博物館や資料館、業界団体や自治体、企業などに何度も出向き、問い合わせを重ねてひとつひとつ記念日を確定していく作業を続けた。

やがてそのことが業界の中で知られるようになると「記念日のことは加瀬に聞くと何でも教えてくれるらしい」という風評が立ち、知らないテレビ局のディレクターやアナウンサーから電話で問い合わせが次々と舞い込むようになった。

そのあまりの多さに驚くとともに、たしかなニーズを感じ、記念日に関する情報の総合窓口として「日本記念日協会」を創設し、記念日を掲載した情報紙を発行することにしたのである。

FEBRUARY

旧　暦　如月（きさらぎ）

語源：「如月」という表記は中国で使用されていたものだが、「きさらぎ」は「生更ぎ」のことで草木が生えはじめる意。

英　名　February

語源：ローマ神話の神フェブルウスにちなむ。毎年２月にフェブルウスを主神とする慰霊祭が行われたことに由来する。

異　名　梅見月（うめみづき）／木の芽月（このめづき）／小草生月（おぐさおいづき）／花朝（かちょう）／恵風（けいふう）／令月（れいげつ）／仲陽（ちゅうよう）

誕生石　アメシスト（紫水晶）

誕生花　マーガレット／梅／フリージア

星　座　水瓶座(～2/18頃）／魚座（2/19頃～)

２月の記念日には食べ物に絡めたものが多い。「節分」の恵方巻き（太巻き）は年中行事として定着し、「初午（はつうま）」のいなり寿司も全国に広がりつつある。そして、数ある記念日の中でクリスマスに次いで認知度の高い「バレンタインデー」。チョコレートメーカーが仕掛けた記念日だが、年中行事にまで発展したのは「女性から男性に愛の告白をしてもよい」とされる物語性があったから。「神戸プリンの日」「土佐文旦の日」「白馬そばの日」など地名を冠した食べ物記念日も注目。

マーガレット

2/1

フレイルの日

フレイルとは従来の身体の虚弱を指すだけでなく、口腔、心、社会参加などの、健常から要介護の間にある複合的な加齢変化を取りまとめる幅広い概念として2014年に提唱されたもの。一般社団法人スマートウエルネスコミュニティ協議会、日本老年学会、一般社団法人日本老年医学会、日本サルコペニア・フレイル学会の４団体が共同で制定。フレイルの概念、予防の重要性を多くの人に認識してもらい、健康長寿社会の実現を図ることが目的。日付は２月１日を201として「フ（２）レ（０）イ（１）ル」と読む語呂合わせから。

ケンハモ「メロディオン」の日

静岡県浜松市に本社を置き、ハーモニカ、メロディオン、ハモンドオルガンなどの製造販売、普及活動を行う株式会社鈴木楽器製作所が制定。1961年の誕生以来、子どもから大人まで楽しめる鍵盤ハーモニカ（ケンハモ）「メロディオン」を愛用してくれた人への感謝と、これからも多くの人に吹いてほしいとの思いが込められている。日付は同社の設立年月の最初の日（1954年２月１日）から。

ロゼット「セラミド」の日

洗顔・スキンケア化粧品の老舗ブランド「ロゼット」を展開するロゼット株式会社が制定。優れた保湿効果で肌にうるおいを与える「セラミド」によるスキンケアを通じて、肌荒れ予防の大切さを意識してもらうのが目的。日付は毎年、気象庁が発表する最低気温の日が２月から３月に集中することから、乾燥が本格化する２月の初日を記念日としたもの。

神戸プリンの日

兵庫県神戸市に本社を置き、プリンなどのチルドデザートを販売するトーラク株式会社が制定。同社で販売している「神戸プリン」が2018年２月に25周年を迎えたことを記念し、お客様へ感謝し、これからも「おいしさ」と「よろこび」をつないでいくことが目的。日付は「神戸プリン」が初めて発売された1993年２月１日から。

プリキュアの日

東映アニメーション株式会社が制定。同社の人気アニメーション「プリキュアシリーズ」が2018年に放送開始15周年を迎えたことから、さらなる発展と世代を超えていつまでも愛されるキャラクター作りを目指すのが目的。日付は初代「ふたりはプリキュア！」の放送開始日(2004年2月1日)。

2分の1成人式の日

大阪府大阪市に本社を置き、子ども専門の写真スタジオを全国展開する株式会社スタジオアリスが制定。成人の2分の1の年齢である10歳は「生まれてきたことへの感謝と将来の夢」について考える時期。その節目に、子どもの成長を振り返る大切な日として「2分の1成人式」を広めるのが目的。日付は2と1で「2分の1」を表している。

琉球王国建国記念の日

琉球の交易記録書『歴代宝案』所収の書簡に、1425年、中国・明王朝の宣徳帝が琉球王国の尚巴志（しょうはし）を王と認めるという記述があり、2月1日と記録されている。これは琉球王国が対外的に認められた最古の記述であることから、その日付にちなんで沖縄県観光事業協同組合が制定。

首里城

テレビ放送記念日

1953（昭和28）年のこの日、NHKが日本初のテレビ本放送を行ったことに由来。当日は、東京・千代田区内幸町の放送会館第1スタジオから菊五郎劇団の「道行初音旅（みちゆきはつねのたび）」や映画などが放送された。当時の受信契約数は868、受信料は月額200円。

ガーナチョコレートの日

株式会社ロッテが1964（昭和39）年2月1日のガーナチョコレート誕生を記念して制定。当時、ガムの専業メーカーであったロッテが、ガム以外の商品として初めて商品化したのが「ガーナミルクチョコレート」だった。

LG21の日

株式会社明治が販売するLG21乳酸菌（正式名称・Lactobacillus GrasseriOLL2716株）を使用したヨーグルト「明治プロビオヨーグルトLG21」のPRのため、同社が制定。日付は「LG21」にちなんで2と1から。

仙台市天文台の日

仙台市天文台の指定管理者・株式会社仙台天文サービス（宮城県仙台市）が制定。2015年の開台60周年を記念し、星空を愛し、仙台市天文台を支えてくれた市民に感謝と敬意を表し、さらなる市民天文台の発展を目指すことが目的。日付は市民の寄付を基に市民団体によって仙台市天文台が市内西公園に建設され、運営を開始した1955（昭和30）年２月１日から。

メンマの日

中華材料の輸入販売、メンマの製造販売などを手がける株式会社富士商会が制定。ラーメンのトッピングの代表格として知られるメンマ。その存在価値の向上と正しい情報の提供を行い、メンマを食べる機会を創出するのが目的。日付は長年にわたりメンマを国内で加工販売し「メンマのパイオニア」として知られる同社の設立日（1950年２月１日）から。

2/2

チタンアクセサリーの日

古くから金物のまちとして知られ、全国有数の金物産業都市である新潟県三条市で、チタンを使用したアクセサリーの企画、製造、販売などを手がけるレジエ株式会社が制定。同社は日本初の極小チタン溶鉱炉を1997年に開発し、チタンキャストアクセサリーの製造に成功。軽く、丈夫で美しく、金属アレルギーを引き起こしにくいチタンアクセサリーの魅力をより多くの人に伝えるのが目的。日付はチタンの原子番号である22にちなんで。

VRの日

一般社団法人ロケーションベースVR協会が制定。かつて「VR」という文字には「ヴァーチャル・リアリティ」「仮想現実」などの補足説明が必要だったが、1968年の誕生から50周年を迎えた2018年には周知のものとなったことを記念し、その技術や魅力をさらに広めていくことが目的。日付は両手でピースサインを作り、左手の中指を少し曲げると「v」と「r」に見え、２と２にも見えることから。

カップルの日

カップル向けペアジュエリーブランド「THE KISS」を中心に、ジュエリー・アクセサリーのショップを全国展開する株式会社ザ・キッスが制定。「世界中のカップルの愛と幸せを応援するブランド」としての認知度拡大が目的。日付は同社の創立記念日（1995年２月２日）と「カップル＝２人」ということから、数字の２が並ぶ２月２日に。

南アフリカワインの日

食品・酒類の総合卸売業などを手がける「食のマーケティングカンパニー」の国分グループ本社株式会社が制定。南アフリカワインの魅力を多くの人に伝え、日本市場での販売促進と認知度の向上、そして南アフリカとの友好関係を築くのが目的。日付は1659年２月２日に初代東インド会社の代表のヤン・ファン・リーベックが「ケープのブドウから初めてのワインが作られた」と日記に記していることから。

フレンチ・クレープデー

フランス生まれの調理器具ブランド「ティファール」を展開する株式会社グループセブ ジャパンが制定。フランスではクリスマスから約40日後の２月２日にクレープを家族や友人と食べる習慣があり、これを日本でも広めるのが目的。冬が終わり、これから春を迎える日になっていくとの意味合いも持つ。

夫婦の日

「子どもの日」や「敬老の日」があるのに「夫婦の日」がないのは残念と、株式会社OS司会センター代表の末広幸子氏が1987年２月２日に制定。日付は「夫婦」の語呂合わせから。毎年２月２日に「夫婦の日の集い」のイベントを開く。またこの日は「Couples Day」として国際的にも仲の良い夫婦が増えることを願う日でもある。

おんぶの日

従来よりも楽に子どもをおんぶできる紐を製作した横浜市在住の母親が制定。２月の２をおんぶしている親、２日の２をおんぶされている子の姿に見立てるとともに、「親も子もニコニコと笑顔で」という願いも込められている。

おじいさんの日

２と２で「じいじ」の語呂合わせから、おじいさんに感謝する日をと、伊藤忠食品株式会社が制定。高齢化が進むなか「敬老の日」だけでなく「父の日」のようにアピールをしていく。

２連ヨーグルトの日

２連ヨーグルトを夫婦や親子で仲良く食べてもらい、健康的な生活を送ってもらいたいとの願いから、２連ヨーグルトを主力製品とする森永乳業株式会社が制定。２が重なる日で「２連」をアピールしている。またヨーグルトの消費が減る時期であり、ヨーグルト市場の活性化もその由来のひとつ。

麩(ふ)の日

全国の特徴のある麩の食べ方などをPRしようと、協同組合全国製麩工業会が制定。日付は「ふ（2）」と「麩（ふ）」の語呂合わせから。グルテンを主原料とする麩は、煮物や汁物、炒め物などの材料として広く愛用されている。

ストレッチパンツの日

婦人・紳士・子ども服製造卸業および小売業などを手がける株式会社バリュープランニング（兵庫県神戸市）が制定。日付は1999年２月２日に、自社ブランド「ビースリー」の２WAYストレッチ素材を使用した「ミラクルストレッチパンツ」が誕生したことにちなむ。ストレッチパンツの履き心地の良さなど、数々の魅力をPRする。

網の日

ゴルフ練習場、学校のグラウンド、野球用、落石防止用など、さまざまなネットを生産するトップメーカーのイケセン株式会社（大阪府大阪市）が制定。ネットの大切さをPRするのが目的。日付はネットの網目（角目、菱目）は２本と２本の網糸で交差してできることから。

街コンの日

参加する男女にとって街コンが大切な「２人の記念日」となることを願って、全国の街コンのポータルサイト「街コンジャパン」を運営する株式会社リンクバルが制定。街コンとは「街を盛り上げる合コン」の略で、出会いの場の創出や、地域の活性化などに役立つと注目を集めている。日付は２と２で男女が共に２人１組で参加することを意味している。

つぼ漬の日

南九州の特産品である干し大根を、風味豊かなしょうゆに漬け込んで作る鹿児島発祥の「つぼ漬」を全国にPRしようと「つぼ漬」を製造販売する九州新進株式会社（鹿児島県始良市）が制定。日付は２と２で「つぼ漬（ツーぼツーけ）」と読む語呂合わせと、鹿児島ではこの時期につぼ漬原材料の大根の新物が出回ることから。

ツインテールの日

世界中で親しまれてきた女性のヘアスタイルのツインテール。90年代半ばには「美少女戦士セーラームーン」などのヒットとともに市民権を拡大したツインテールの魅力をアピールしようと、ファッションブランドなどを展開する株式会社ラフバレーが制定。日付はツインを意味する２が重なる日であることから。

くちびるの日

ブルーベリーなどを素材とするサプリメント、サンタベリーなどを素材とする化粧品の研究、製造販売を手がける、株式会社わかさ生活（京都市）が制定。主に目の健康食品を開発してきた同社は美容にも着目、なかでも老化の現れやすい唇へのケアを啓発している。日付は２と２で「ニッニッ」の語呂合わせで、笑顔で唇の若々しさをイメージすることから。

人事の日

日本最大級の人事・労務ポータルサイト「日本の人事部」を運営している株式会社HRビジョンが制定。この日をきっかけにいきいきと働ける日本を目指して、全国の人事担当者が垣根を越えてつながり、雇用や人材育成、組織開発について考えてもらうのが目的。日付は２と２で「じんじ」と読む語呂合わせから。

2/3

節分

信貴山・節分会（写真：野本暉房）

［年によって変わる］雑節のひとつで立春の前日のこと。本来は立夏、立秋、立冬の前日も節分となるが、現在は春の節分だけが行われている。季節の変わり目には邪気が生じると考えられていたため、それを追い払う意味で豆まきが行われる。邪気を遠ざけるために、戸口にイワシの頭とヒイラギの小枝を指す地域もある。

にじさんじの日

クリエイターサポート事業、ライセンス事業などを行い、バーチャルライバーグループ「にじさんじ」を運営するいちから株式会社が制定。多くの人に「にじさんじ」のメンバーを知ってもらうことが目的。日付はグループ名に２と３の数字が入っていることと、２月は「にじさんじ」が本格的に活動を始めた月であることから。

鬼除け鬼まんじゅうの日

［節分、年によって変わる］岐阜県瑞浪（みずなみ）市の「美濃廣庵 満開堂」が制定。岐阜県、愛知県を中心に中部地方のソウルフードとされる「鬼まんじゅう」は同店で人気の和菓子で、全国に広めるのが目的。日付は寒さがピークを迎える頃の節分の日に、蒸したての「鬼まんじゅう」を食べて、鬼が現れる夜までに厄除けをしてもらいたいとの思いから。

大豆の日

節分の日には煎った大豆をまいて邪気を払い、まいた大豆を歳の数だけ食べて無病息災を願う風習から、大豆製品を扱うニチモウ株式会社が制定。節分となることの多い２月３日をその記念日とした。

乳酸菌の日

毎月23日の「乳酸菌の日」とともに、１年の中でシンボル的な日としてカゴメ株式会社が制定。体に良い乳酸菌を活用した商品をアピールする日。日付は２と３で「乳酸」の語呂合わせから。

不眠の日

日本人の半数以上がなんらかの不眠症状を持っているといわれる。しかし、多くの人が対処方法や改善手段の正しい知識を有していないことから、睡眠改善薬などを手がけるエスエス製薬株式会社が制定。不眠の改善について適切な情報発信を行う。日付は２と３で「不眠」と読む語呂合わせから。また、不眠の症状は一年中起こるので毎月23日も「不眠の日」とした。

絵手紙の日

日本絵手紙協会が制定。「絵手紙」をかいて送ることを世界中に呼びかける日。日付は２と３で「ふみ」と読む語呂合わせから。絵手紙は季節の風物などに短い言葉を添えた手紙で、書き手の感性や人柄が感じられることから趣味とする人が増えている。

巻寿司の日

[立春の前日、年によって変わる]⇨「１年間に複数日ある記念日」の項を参照。

ササミ巻きガムの日

「Petio（ペティオ）」などのブランドでペットケア事業を展開する株式会社ヤマヒサが制定。ワンちゃんのおやつとして2000年２月から発売している人気商品「ササミ巻きガム」のPRが目的。日付は節分に食べると縁起が良いとされる恵方巻きに倣い、ワンちゃんの無病息災を願って「ササミ巻きを丸かぶり」をお客様に届けたいとの思いから、節分になることが多い２月３日に。

2/4

立春（りっしゅん）

[年によって変わる]二十四節気のひとつ。春の始まりを意味する日で、この日から数えていろいろな行事が行われる。たとえば雑節の八十八

夜、二百十日など、二百二十日は立春を起点とする。

Nissyの日

エイベックス・エンタテインメント株式会社が制定。同社の人気アーティストであるNissy（西島隆弘）の魅力をさらに多くの人に知ってもらうとともに、ファンとの絆を深めるシンボルの日とするのが目的。日付は2と4で「ニッ（2）シー（4）」の語呂合わせから。

ビタミンCケアの日

「肌トラブルに悩むすべての人々を救う」を企業理念に掲げるメディカルコスメの株式会社ドクターシーラボが制定。「ビタミンC」は数ある栄養素の中でもシミ、シワの悩みを解決するのに役立ち、その効果をより多くの人に実感してもらうのが目的。日付は二十四節気で立春となることの多い2月4日で、春が始まり紫外線が気になる時季にビタミンCで日焼けや肌あれをケアしてもらいたいとの願いから。

妊娠の日

妊娠前から出産後まで女性をサポートするジュンビー株式会社が制定。妊娠、出産についての情報、商品の提供を通じて出産を望む女性が望みどおりに未来を手に入れ、産後まで健やかな毎日を過ごしてもらうのが目的。日付は2と4で「妊（2）娠（4）」と読む語呂合わせから。

ぷよの日

世界的なゲームメーカーである株式会社セガゲームズが国民的な人気ゲーム「ぷよぷよ」シリーズの魅力を多くの人にPRするために制定。2と4で「ぷよ」の語呂合わせから。

レディース・ユニフォームの日

レディースユニフォーム協議会が制定。日本の制服文化を背景に、女性にとってのオフィスユニフォームの必要性やユニフォームの役割、効用などを発信し、ユニフォームマーケットの活性化を図るのが目的。日付はこの日が立春となることが多く、全国的に春夏用の展示会が行われる時期であること。そして「ユニ（2）フォー（4）ム」と読む語呂合わせから。

2/5

ニゴロブナの日

1500年の歴史を誇る滋賀県の伝統的な発酵食品で、郷土料理百選にも選定された「鮒（ふな）ずし」には、琵琶湖固有種のニゴロブナが使われる。その産地である滋賀県高島市がニゴロブナを全国にPRし、後世に伝えていくことを目的に制定。日付は2と5、6、7で「ニゴロブナ」と読む語呂合わせと、この頃が最もおいしいことから。2月6日、2月7日も記念日としている。

エコチュウの日

エコロジーへの関心の高まりとともに中古車に乗ることは新車の製造過程で排出されるCO_2削減に貢献できることをアピールしようと、クルマ情報誌「Goo（グー）」シリーズを展開する株式会社プロトコーポレーション（愛知県名古屋市）が制定。日付は2（ツー＝チュウ）と5（コ）で中古車によるエコロジー貢献活動を始めた日から。

2/6

プロフェッショナルの日

プロフェッショナル人材向けのビジネスマッチングおよび転職支援を行う株式会社みらいワークスが制定。2019年4月以降高度プロフェッショナル制度が創設されるのにともない、「プロフェッショナル」を身近に感じてもらうのが目的。プロフェッショナルとは自分の活躍できる環境を自ら選択していく主体性のある人を指し、意識次第で誰もがなれる存在。日付は2と6で「プ（2）ロ（6）」の語呂合わせから。

ちゅる肌の日

Webマーケティング事業などを展開する株式会社Faber Company（ファベルカンパニー）が制定。脱毛をして「つるつる」よりも上の「ちゅるちゅる肌」を普及するのが目的。日付は2と6で「ちゅ（2）る（6）」と読む語呂合わせから。

環境・エネルギーに取り組むブルーの日

大阪府大阪市に本社を置き、総合エネルギー・マーケティング事業を手がけるブルーコンシャス株式会社が制定。地球、海、空などに通じる青色を意識した取り組みを行い、その美しい色を維持するための日とするのが目的。日付は2と6で「冬の青空」を表す2月と、心を清らかにする「六根清浄」の六から6日に。

ディズニーツムツムの日

ウォルト・ディズニー・ジャパン株式会社が制定。積み上げて楽しめるディズニーストアのぬいぐるみ「TSUM TSUM」シリーズをテーマとしたスマートフォン向けアプリゲームなど、日本で生まれたコンテンツ「ツムツム」の魅力をさらに多くの人に知ってもらうのが目的。日付は2と6で「ツ（2）ム（6）」と読む語呂合わせから。

お風呂の日

日本のお風呂文化をユネスコの世界無形文化遺産登録にと活動する「一般社団法人HOT JAPAN」が制定。温泉、銭湯、家庭風呂など、日本独自のお風呂文化の魅力をさらに多くの人に知らせるのが目的。日付は2と6で「風呂」と読む語呂合わせから。

C1000の日

「C1000ビタミンレモン」「C1000レモンウォーター」など、「C1000」ブランドを販売するハウスウェルネスフーズ株式会社が制定。商品1本に1000㎎のビタミンCを配合している同ブランドは、いつでもどこでもビタミンCを手軽に摂れる人気の商品。日付は「C1000」シリーズが誕生した1990年2月6日を記念して。

海苔の日

1967（昭和42）年に全国海苔貝類漁業協同組合連合会が制定した日で、海苔の需要拡大を目指したPRデー。その由来は由緒正しく、701（大宝元）年制定の大宝律令で海苔が年貢のひとつに指定されたことに基づいている。日付は翌年の律令施行日が2月6日だったため。

ブログの日

ブログの普及を目的に、株式会社サイバーエージェントが制定。ブログを開設して、ブログを楽しむ日にしようと同社が運営する「Amebaブログ」ではさまざまなイベントなどを行う。日付は2と6でブログのブロ（26）の語呂合わせから。

ニゴロブナの日

⇨2月5日の項を参照。

2/7

北方領土の日

1981（昭和56）年に閣議決定されたが、その由来は、1855（安政元）年のこの日（旧暦12月21日）、日露和親条約が締結され、北方四島が日本固有の領土として認められたことから。各地で北方領土返還のための運動が行われる。

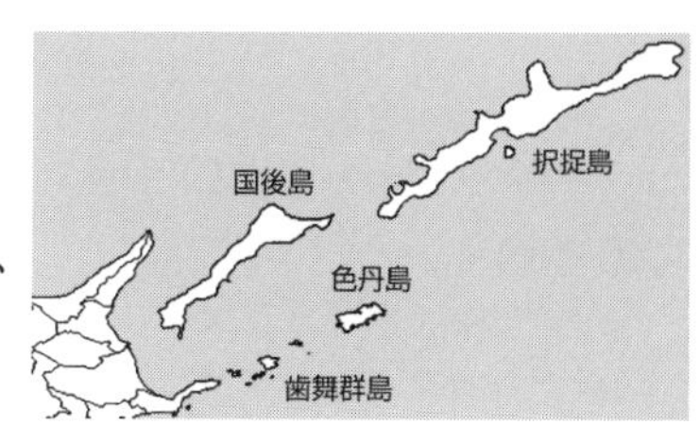

オリンピックメモリアルデー

1998年２月７日長野冬季オリンピック開会の日を記念して、社団法人日本青年会議所北信越地区長野ブロック協議会が制定。長野オリンピックの理念が「自然との共生」であることから、長野の自然を考える日とした。

ニゴロブナの日

⇨２月５日の項を参照。

2/8

東京二八そばの日

東京都内に500店舗以上のそば・うどんの加盟店をもつ東京都麵類協同組合が制定。同組合では、最も風味豊かで喉ごしの良いおいしいそばは、そば粉八割、小麦粉二割の黄金比で作られ「二八」と言われていることから、2019年12月に「東京二八そば」としてブランド化。江戸時代からの職人の技を継承し、より多くの人に「東京二八そば」のおいしさを改めて知ってもらうのが目的。日付は「二八」の名前となったそば粉と小麦粉の割合にちなみ２月８日とした。

結婚相談・トゥルーハートの日

大阪府大阪市に本社を置き、結婚相手紹介サービスなどを行う株式会社ソルヴズが制定。同社は結婚相談所「トゥルーハート」を運営。婚活を頑張るすべての人を応援するために記念日を設けることで、活動の支えにしてもらうのが目的。日付は２と８で「トゥルー（２）ハート（８）」の語呂合わせから。

STICK MASTERの日

神奈川県川崎市の福祉用具などを手がける株式会社REVO（レボ）が制定。歩行、散歩、登山などで使う「STICK（杖）」の活用方法をアドバイスできる人材「STICK MASTER」を育成し、健康長寿社会を目指すのが目的。日付は２と８で「STICK＝杖（ツエ）」を２の「ツー」と８のエイトから「エ」と読む語呂合わせで２月８日に。

坪庭の日

千葉県東金市でエクステリア・ガーデンの設計施工などを手がける株式会社ダイカワが制定。家に一か所お茶室のような大宇宙を想起する「坪庭」を設けることで、日本の文化や緑の大切さを感じてもらいたいとの思いから「坪庭文化」を広めるのが目的。日付は２と８を「坪庭」の「に（２）わ（８）」と読む語呂合わせから。

和ちょこの日

明治２年に京都・山城で創業して以来、茶一筋に取り組み大阪府大阪市に本社を置く株式会社宇治園が制定。抹茶チョコレートなどの「和ちょこ」をさらに多くの人に知ってもらい、和と洋を融合させた日本ならではの食文化を世界に発信するのが目的。日付は日本茶（煎茶）の生みの親である永谷宗円の誕生日の延宝９年２月８日（1681年３月27日）から。

にわとりの日

福岡県福岡市に本社を置き、九州北部で銘柄鶏「華味鳥（はなみどり）」を育てているトリゼンフーズ株式会社が制定。ふだん何気なく食べている鶏肉にも、命をいただいているという意識を持ち、鶏に感謝する日とするのが目的。日付は２と８でにわとりの「に（２）わ（８）」と読む語呂合わせから。

双葉・二葉の日

俳人で植物研究家の野川美渦（みうず）氏が制定。花も野菜も大木も、初めは小さな双葉・二葉からだが、それは大地の芽吹き、生命力、希望を意味する。本葉が生えてくるまでのわずかな時間を慈しむ心を大切にしたいとの思いが込められている。日付は冬から春に向かう季節感と、２と８で「双葉・二葉」と読む語呂合わせから。

艶の日

しっとりとした艶やかな髪を実現するヘアケアブランド「TSUBAKI」を展開する株式会社エフティ資生堂が制定。ひとりでも多くの女性に、艶のある髪で魅力を高めてもらいたいとの願いが込められている。日付は２と８で「艶＝つ（２）や（８）」と読む語呂合わせから。

針供養

縫い針を休め、折れた針を供養する日として、古くから行われている行事。豆腐やコンニャクに古い針を刺して川や海に流したり、折れた針を紙に包み神社に納めたりする。

白馬そばの日

冷涼な気候と清流から風味豊かなそばが収穫される長野県白馬村。その白馬商工会が、地域の魅力ある資源を国内外にPRする機会にと制定。日付は秋に収穫された新そばが厳冬期（２月頃）に熟成され、香りと甘みのバランスがとれたおいしい「寒そば」となることと、1998年２月８日に長野オリンピックのアルペンスキー、クロスカントリー、ジャンプ競技が白馬村で始まったこと、898＝ハクバの語呂合わせ、それにご当地食「白馬ガレット」のガレットのト（10）から、2月の8日、9日、10日の3日間とした。

ニッパーの日

犬と蓄音機のマークは、株式会社JVCケンウッドの登録商標です

音楽・映像ソフトの製作販売などを手がけるビクターエンタテインメント（株式会社JVCケンウッド・ビクターエンタテインメント）が制定。ロゴマークやグッズとして音楽ファンを中心に広く親しまれているビクターのシンボル犬「ニッパー（NIPPER）」の認知度をさらに高めて、ニッパーの原画にまつわる心温まるストーリーと、ビクターの目指す音楽の感動を未来に伝えていくことが目的。日付は2と8で「ニッパー」の語呂合わせから。

スパの日

特定非営利活動法人日本スパ振興協会が制定。健康と美の増進を目的とする施設である「スパ」に関する知識の普及と、その水準を高めるのが目的。日付は2と8で「スパ」と読む語呂合わせと、スパの利用促進のためのイベント「スパ&ウエルネスウィーク」が2月に開催されること、「日本スパ振興協会」の設立月が2月であることなどから。

2/9

木曽路「ふぐの日」

愛知県名古屋市に本社を置き、数多くの飲食料理店を全国で展開する株式会社木曽路が制定。冬の味覚である「ふぐ」を贅沢に使用した「てっちり」や「てっさ」をはじめとしたふぐ料理を、しゃぶしゃぶ・日本料理の「木曽路」で堪能してもらい、多くの人にそのおいしさを知ってもらうのが目的。日付は2と9で「ふぐ」の語呂合わせから。

木曽路「肉の日」

愛知県名古屋市に本社を置き、数多くの飲食料理店を全国で展開する株式会社木曽路が制定。しゃぶしゃぶ・日本料理の「木曽路」をはじめとして、焼肉の「じゃんじゃん亭」、鶏料理の「とりかく」、和食しゃぶしゃぶ「鈴のれん」、ワイン食堂「ウノ」、からあげ専門店「からしげ」などを展開する同社は厳選された肉をさまざまな形で提供。そのおいしさをさらに多くの人に知ってもらうのが目的。日付は2と9で「肉」の語呂合わせから。

大福の日

総合食品商社の株式会社日本アクセスが制定。和菓子の代表的な商品である「大福」の記念日を制定することで、小売業での和菓子の販売促進企画を進めるのが目的。日付は２と９で「大福」の「ふ（２）く（９）」と読む語呂合わせから。

副業（複業）の日

プロ人材の副業紹介サービス「プロの副業」などを展開する株式会社ホールハートが制定。「副業」を通してスキルを磨いた個人が、パラレルな「複業」を実現させ、さらには個人が社会で「幸福」に働くことができる文化を生み出すのが目的。日付は２と９で「副」「複」「福」の三つの「ふ（２）く（９）」から２月９日に。

福寿の日

健康、福祉、介護事業などを手がける株式会社琉球福寿が（沖縄県那覇市）制定。「福寿の島・沖縄」から世界に向けて、楽しくていきいきとした健康長寿を意味する福寿人生の素晴らしさを発信していくのが目的。日付は２と９と10で「福寿（ふくじゅ）」と読む語呂合わせから、２月９日と10日の２日間としたもの。

白馬そばの日

⇨２月８日の項を参照。

とらふぐ亭の日

泳ぎとらふぐ料理専門店「とらふぐ亭」を運営する株式会社東京一番フーズ（東京都新宿区）が制定。同社は1996年の創業以来、多店舗展開と養殖事業などに取り組んでおり、ふぐ料理をより身近なものにして、ふぐ文化を発展させることが目的。日付は２と９で「ふぐ」と読む語呂合わせから。

2/10

伝筆の日

愛知県名古屋市にオフィスを置く一般社団法人伝筆協会が制定。伝筆（つてふで）とは筆ペンで描く筆文字のことで、ユニークであたたかい文字。正しく描くという目的でもなく、文字を崩しすぎることもないので、あたたかく相手の記憶に残り話題となる。日付は２と10で「ふ（２）で（10）」と読む語呂合わせから。

筆アートの日

埼玉県さいたま市で社会にたくさんのありがとうを増やすことを目指

して活動する「一般社団法人ありがとう」が制定。筆を使って描く文字や絵（筆アート）は個性豊かで、他人を喜ばせたり癒すために描かれることが多い。その製作者にエールを送り、みんなが筆アートを活かした感謝のはがきを書く日とするのが目的。日付は２と10で「ふ（２）でアート（10)」と読む語呂合わせから。

レンジフードの日

神奈川県相模原市に本社を置き、厨房用の電気製品の企画製造などを手がける富士工業株式会社が制定。台所用換気扇であるレンジフードについて、記念日を通じて多くの人に知ってもらうのが目的。日付は２と10で「レンジフード」の「フー（２）ド（10)」と読む語呂合わせから。

パンプスの日

京都府京都市に本社を置く株式会社ワコールが制定。同社では女性の下着や衣料品の他、女性用パンプスも展開している。女性たちにより快適なパンプスを選んでもらい、パンプス市場を活性化するのが目的。日付は春の新生活や就職活動に向けて、初めて、もしくは新しいパンプスを購入する人が多い時期であり、２と10で「フット＝foot」と読む語呂合わせと、同社の女性用パンプス「サクセスウォーク」の出荷累計100万足を記念して。

フルートの日

国内のフルートメーカーと楽器販売店などで構成する日本フルート普及推進協議会が制定。記念日を通じてフルートの魅力をもっと多くの人に知ってもらい、演奏を始めるきっかけの日となることが目的。日付は２と10で「フ（２）ルート（10)」の語呂合わせから。

フードの日

一般社団法人日本野菜ソムリエ協会が制定。南北に長く、四季折々に多様で豊かな自然がある日本。そこで育まれた各地の食や食文化を世界にPRするのが目的。地域ならではの魅力的な食文化を総合的に提供し体感できる地域を「フードツーリズムエリア」として認定、表彰する。日付は２と10を「ふう（２）ど（10)」として「FOOD＝食べ物」「風土」と読む語呂合わせから。

封筒の日

各種の封筒や紙製品全般、パッケージ、手提げ袋などの製造販売を手がける株式会社ムトウユニパックが制定。アナログ的なコミュニケーションである封筒文化、手紙文化の良さをあらためて多くの人に知ってもらうのが目的。日付は2と10で「封（2）筒（10)」と読む語呂合わせから。

ふきとりの日

大阪府大阪市に本社を置く株式会社ナリス化粧品が制定。同社の「ふきとり用化粧水」は1937年から発売されているロングセラー商品。2017年で発売80年となり、年間企業別売上シェア1位にもなったこの商品の効果と魅力をより多くの人に知ってもらうのが目的。日付は2と10で「ふ（2）きとり（10)」と読む語呂合わせから。

左利きグッズの日

社会生活で左利きの人が感じている道具の使いづらさ。それを解消する左利き用グッズの普及を目指し、左利きグッズを扱う菊屋浦上商事株式会社（神奈川県相模原市）が制定。日付は2月10日（0210）が「0（レ）2（フ）10（ト）＝左」と読めることから。

簿記の日

簿記の原点である福沢諭吉の訳本『帳合之法』が1873（明治6）年の2月10日に慶應義塾出版局から発行されたことにちなみ、社団法人全国経理教育協会が制定。

太物（ふともの）の日

絹の着物を呉服と呼ぶのに対して、綿や麻やウールなど太い糸の着物を「太物」と呼ぶ。普段着として着ることの多い太物をもっと楽しんでもらおうと、呉服店「株式会社こだま」（宮崎県宮崎市）の提唱で、全国の太物ファンによって制定。この日は太物を着て一日を過ごすことを提案。日付は「2（ふ）10（と)」の語呂合わせから。

ドクター・ショール フットの日

1904年に誕生したフット＆レッグケア専門ブランドのドクター・ショール。健康的で美しい足を作り出すことを目的に、自分自身の足元を見つめて手入れをする日にと、ドクター・ショールを展開するレキットベンキーザー・ジャパン株式会社が制定。日付は2と10を「フット」と読む語呂合わせから。

フットケアの日

糖尿病や末梢動脈疾患による足病変の患者が増加していることから、足病変の予防、早期発見、早期治療の啓発を目的に、一般社団法人日本フットケア・足病医学会、日本メドトロニック株式会社が制定。足病変は重症化すると足の切断にまで至る大変な病。日付は2と10で「フット＝足」の語呂合わせから。

豚丼の日

北海道札幌市、芦別市を拠点に、豚丼や焼き肉、ジンギスカン、しゃぶしゃぶなどのたれ等の製造、販売を行う株式会社ソラチが制定。同社は「北海道のたれ屋」として有名で、十勝名物の豚丼が全国的に知られる原動力のひとつとなった。日付は2で「ぶた」10で「どん」と読む語呂合わせから。

白馬そばの日

⇨2月8日の項を参照。

福寿の日

⇨2月9日の項を参照。

二重(ふたえ)の日

ナチュラルな二重（ふたえ）が作れる二重メイクアイテム「ダイヤモンドアイリッド」をプロデュースする株式会社SBYが制定。目をパッチリと大きく見せ、ハツラツなイメージを与える二重になって、多くの女性にきれいになってもらうことが目的。日付は2と10で「にじゅう（二重）」＝「ふたえ」と読む語呂合わせから。

二世帯住宅の日

高いデザイン性と優れた耐火性・耐震性の戸建住宅「へーベルハウス」や、オーナーが長期安定経営を実現できる集合住宅「へーベルメゾン」などで知られる旭化成ホームズ株式会社が制定。「二世帯住宅」という言葉をつくり、1975年に販売を開始した「へーベルハウス二世帯住宅」の40周年を記念したもの。日付は「二（に＝2）世帯住（じゅう＝10）宅」の語呂合わせから。

ふとんをクリーニングする日

医師が開発したふとんクリーナー「レイコップ」の製造販売などを手がけ、ふとんクリーナーのトップメーカーとして知られるレイコップ・ジャパン株式会社が制定。「レイコップ」を通じてふとんを清潔にする大切さと、ふとんをクリーニングする習慣を広めることが目的。ふとんのダニやハウスダストを取り除いて、多くの人に心地よい毎日を送ってほしいとの思いが込められている。日付は「ふ（2）とん（10）」の語呂合わせから。

フルーツアートの日

一般社団法人日本フルーツアートデザイナー協会が制定。フルーツアートの魅力を広く知ってもらうのが目的。ペティナイフを使いフルーツを美しく、おいしく食べられるアート作品のように仕上げるフルーツアートは、フルーツの新たな魅力を引き出し、生産者と消費者をつなぎ、ふだんは捨てられてしまうことの多い葉や皮も巧みに利用してフルーツの付加価値を高める。日付は「フ（2）ルーツアート（10）」の語呂合わせから。

2/11

建国記念の日

国民の祝日のひとつで「建国をしのび、国を愛する心を養う」日。1966（昭和42）年に制定（実施は翌年から）。この日は、かつて紀元節として奉祝されてきたが戦後は廃止されていた。名称を「建国の日」ではなく、あくまでも「建国を記念する日」としたのも、紀元節のイメージを抑えるためとされる。

初午いなりの日

一般社団法人全日本いなり寿司協会が制定。初午とは2月最初の午の日のことで、稲荷神社では五穀豊穣を願う祭りが行われる。初午は運気が高まるとされ、稲荷神社の使いであるキツネの好物の油揚げを使った「いなり寿司」を食べると福を招くという。このいなり寿司を「初午いなり」と呼ぶことを知ってもらうのが目的。日付は初午となる日に近い国民の祝日の「建国記念の日」と同じ日に。なお、日本記念日協会では初午の日にいなり寿司を三つ食べることを提唱している。「いなり」のそれぞれの文字から「い＝命が延びる、な＝名を成す、り＝利益を上げる」の願いが叶う縁起物なので。

干支（えと）供養の日

１年間大切に飾られ、厄を払ってくれた干支置物に感謝し、また元の土に還す日という意味から、立春明けの２月土（つち）の日、土（つち）の時を「干支供養の日」としたのは干支置物を中心とする陶磁器メーカーの株式会社中外陶園。

仁丹（じんたん）の日

口中清涼剤「仁丹」の製造販売元として知られる森下仁丹株式会社（大阪市）が制定。日付は自社の創業日1893（明治26）年２月11日と、「仁丹」の発売日1905年２月11日から。森下仁丹は100年以上の長きにわたり、医薬品や健康食品などを手がけてきた日本を代表する医薬品メーカーのひとつ。

創業当時の印刷物

わんこそば記念日

岩手県名物「わんこそば」の元祖・発祥の地とされる岩手県花巻市で「わんこそば全日本大会」を運営する「わんこそば全日本大会運営委員会」が制定。1957（昭和32）年から続く同大会は、1980年から開催日が２月11日となり、全国から多数の「食士」が参加する。大会では、小学生・中高生・団体・個人などの種目で制限時間内に食べられる数を競う。

2月

2/12

ブラジャーの日

女性下着などを中心とした衣料品のトップメーカー、株式会社ワコールが制定。日付は1913年２月12日にアメリカのメアリー・フェルプス・ジェイコブ氏が、ハンカチをリボンで結んだだけのブラジャーの原型となるものを考案し、特許を取得したことから。

ボンカレーの日

1968（昭和43）年のこの日「ボンカレー」が発売されたことにちなみ、発売元の大塚食品株式会社が制定。レトルトカレーの代名詞とも言える「ボンカレー」は50年以上も愛されてきた国民的カレー食品。

レトルトカレーの日

1968（昭和43）年のこの日、日本初のレトルトカレーが発売されたことから発売元の大塚食品株式会社が制定。その商品名は「ボンカレー」。

黄ニラ記念日

和食、中華、洋食で幅広く使われている岡山県特産の黄ニラを、より多くの人にアピールしようと全国農業協同組合連合会岡山県本部（JA全農おかやま）が制定。日付は２月が黄ニラの最盛期であり、鍋物などへの需要期であること、そして「にっこり（２）いいニラ（12)」の語呂合わせなどから。

2/13

日本遺産の日

地域の歴史的魅力や特色を通じて我が国の文化・伝統を語るストーリーを「日本遺産」として認定する文化庁が制定。ストーリーを語る上で欠かせない魅力あふれる有形無形のさまざまな文化財群を、地域が主体となって総合的に整備･活用し国内外に発信していく「日本遺産」に対する理解と関心を高めるのが目的。日付は「日本遺産」が地域の活性化を図るために観光振興を推進することも主な目的としていることから、ゴールデンウィークなどの旅行先選びに宣伝効果のある2月で､親しみやすく憶えやすい「にほん（2）いさん（13）＝日本遺産」の語呂合わせで。

土佐文旦の日

高知県の特産果樹「土佐文旦（とさぶんたん）」の生産者、農協、県などで組織する土佐文旦振興対策協議会が制定。高知県が生産量日本一の「土佐文旦」を、より広く全国にPRすることが目的。日付は2月が「土佐文旦」が旬を迎えて出荷量が増えることと、2を「ぶんたん」、13を「とさ」と読む語呂合わせから。

豊後高田市恋叶ロードの日

大分県豊後高田市が制定。同市の海岸線を走る国道213号線沿いには「縁結びのパワースポット・粟嶋神社」「夕陽の絶景スポット・真玉海岸」「花とアートの岬・長崎鼻」など、ロマンティックなスポットが点在している。そこでこのスポットを結ぶドライブルートを、恋が叶う道「恋叶（こいかな）ロード」と命名。恋人同士はもちろん、多くの人が訪れるようになることが目的。日付は国道213号線から2月13日に。恋人たちの愛の日「バレンタインデー」の前日にあたる。

NISAの日

年金加入者が自分の責任で資産形成のための賢い選択を行えるように、その効果的な教育を中立の立場で支援する特定非営利活動法人確定拠出年金教育協会が制定。2014年から新しく、少額投資非課税制度、NISA（ニーサ）が始まったことを記念し､その内容を広めるのが目的。日付は2と13で「ニーサ」と読む語呂合わせから。

2/14

セカンドオピニオンを考える日

さまざまな新しい健康インフラサービスを提供するティーペック株式会社が制定。セカンドオピニオンは主治医とは別の医師に意見を求めるもので、自身や家族のもしもの時に備えてセカンドオピニオンについて正しく理解してもらうことが目的。日付は2と14で2番目（2）の医師（14）と読む語呂合わせと、大切な人を思いやる（考える）日の「バレンタインデー」から2月14日としたもの。

ザ・ローリング・ストーンズの日

ユニバーサルミュージック合同会社が制定。「サティスファクション」「ジャンピン・ジャック・フラッシュ」など、数々のヒット曲を持ち、世界中で絶大な人気を誇るイギリスの伝説のロックバンド「ザ・ローリング・ストーンズ」。彼らの魅力をさらに多くの人に知ってもらうのが目的。日付はデビューから28年経った1990年2月14日に初めて日本公演を行ったことから。

恋の神様の日

新感覚の出会いスポット「恋愛コンセプトカフェ」を運営するファインドザワン株式会社が制定。若い人たちの恋愛離れをくい止めるために、恋活パーティーなどを開催して素敵な出会いの場を提供するのが目的。日付はバレンタインデーに新しい恋の日をとの思いから。

バレンタインデー

女性から男性に向かって恋を打ち明ける日とされ、日本では愛の証としてチョコレートを贈る。この習慣は、1958（昭和33）年にメリーチョコレートが東京・新宿の伊勢丹で販売促進のためのキャンペーンとして展開したことから大きく広まっていった。もともとは、ローマ皇帝の迫害により殉教した聖ウァレンティヌス（Valentinus）が紀元269年に殉教した日に由来する。当時、ローマ軍の兵士は士気が下がるとの理由から婚姻が禁止されていたが、司祭ウァレンティヌスは秘密裡に兵士を結婚させたため、処刑された。このことから愛の聖人、カップルの守護者とされることになった。欧米ではこの日に恋人たちがたがいに花束や菓子を贈るという。

聖ウァレンティヌス

ふんどしの日

日本古来の文化であり、伝統的な下着の「ふんどし」。その普及と人々のふんどしに対する理解と関心を高めることを目的に、日本ふんどし協会が制定。日付は2と14で「ふんどし」と読む語呂合わせから。バレンタインデーと同日であることから、女性から男性へ「ふんどし」を贈る提案も行う。

イケメンの日

ブランディングの向上を目的としたオリジナルお菓子の商品開発などを手がける株式会社ESSPRIDE（エスプライド）が制定。同社が開発した「イケメン」のトレーディングカードが入ったポテトチップス「全国企業選抜‼ イケメンチップス」のPRが目的。日付は同社が「イケメン」の定義を見た目だけではなく、仕事での活躍や気配りなどの内面も含めて光り輝いている男性としていることから、2月14日の「バレンタインデー」が最もふさわしい日と考えてこの日に。

自動車保険の日

1914（大正3）年2月14日に、東京海上日動火災保険株式会社（当時は東京海上保険株式会社）が「人とクルマの毎日を安心なものにしたい」という思いのもと、日本初の自動車保険の営業認可を取得したことから同社が制定。2014年で「自動車保険誕生100周年」となり、自動車保険の大切さを多くの人に知ってもらうのが目的。日付は営業認可を取得した日から。

予防接種記念日

「予防接種は秋月藩から始まった」キャンペーン推進協議会（福岡県朝倉市）が制定。日付は1790（寛政2）年2月14日に秋月藩医・緒方春朔が大庄屋の天野甚左衛門の二人の子どもに、初めて天然痘の予防接種である人痘種痘を行い成功させたことから。また、秋月藩主の黒田長舒は緒方春朔を藩医に取り立て種痘研究を助け、成功した種痘を全国に広げるように支援した。この秋月藩の天然痘予防に尽力した緒方、天野、黒田の三偉人を顕彰し、予防接種は秋月藩から始まったことを広く知らせるのが目的。

ロディの日

シンプルでかわいいらしい馬をモチーフにしたデザインのキャラクター「ロディ」の魅力をもっと多くの人に知ってもらうことを目的に、「ロディ」の商品ライセンス管理を行っている株式会社JAMMY（ジャミー）が制定。乗れる玩具として有名な「ロディ」だが、インテリアとしても人気が高く、数多くのキャラクターグッズも作られている。日付は「ロディ」がイタリアのオソッポ村で生まれたのが1984年の２月14日であることから。

2/15

次に行こうの日

株式会社国立音楽院が制定。学校になじめないなどさまざまなことで悩んでいる小学生、中学生、高校生が、同音楽院の自由な環境の中で一人ひとりに合った音楽活動を学び、新たな一歩を踏み出すきっかけの日とするのが目的。日付は４月の新学期を前に、２と15で「次に（２）行（１）こう（５）」の語呂合わせから。

ツクールの日

ゲームソフトプログラムの知識がない人でも、手軽にゲーム制作が楽しめるソフトウェア「ツクール」シリーズを手がける株式会社KADOKAWAが制定。日付は「ツクール」の語呂合わせで296。これを２月９＋６日と見立てて２月15日とした。ゲーム制作の楽しさを広めることを目的としている。

2/16

似合う色の日

兵庫県神戸市に事務局を置き、「グラデーションカラースケール®」で、一人ひとりに本当に似合うパーソナルカラー診断を提供している一般社団法人日本パーソナルファッションカラーリスト協会（JPFCA）が制定。「グラデーションカラースケール®」の認知度とカラーリストのスキルの向上が目的。似合う色を身につけることで、心豊かに人生を満喫できるようにとの願いが込められている。日付は２と16で「似（２）合う色（16）」の語呂合わせから。

寒天の日

日本一の寒天の産地、長野県の茅野商工会議所と、長野県寒天水産加工業協同組合が制定。日付は2005年のこの日、テレビの全国放送で寒天が健康食品として紹介され、その後の大ブームにつながったことと、天然製造の寒天がこの時期に大詰めを迎えることから。

2/17

ガチャの日

日本で初めてカプセル玩具の「ガチャ」(何が出てくるかわからないのが楽しい「手のひらサイズのサプライズ」商品)を導入した株式会社ペニイが制定。同社では「ガチャ」の自動販売機および商品の販売を行っており、年齢、性別を問わず幅広い人々に愛されているその魅力を、さらに多くの人に知ってもらうのが目的。日付は同社の創立記念日(1965年2月17日)から。

天使のささやきの日

1978(昭和53)年2月17日、北海道幌加内町母子里では非公式ながら氷点下41.2度の国内最低気温を記録した。そこで1987年より、地元の有志がこの寒さを通して人々の出会いの場をと「天使のささやきを聴く集い」と名付けたイベントを始めたことにちなみ、1994年に制定された。「天使のささやき」とは氷点下20度以下になると空中にできる氷の結晶、ダイヤモンドダストのこと。

電子書籍の日

国内最大級の電子書籍蔵書数を誇り、さまざまな電子書籍事業を手がけるトッパングループの株式会社BookLiveが制定。電子書籍の認知度向上や利用促進を図り、市場の拡大と豊かな読書体験の提供が目的。日付は同社が総合電子書籍ストア「BookLive!」の運営など、電子書籍サービスを開始した2011年2月17日から。

千切り大根の日

乾燥野菜食品メーカー、こだま食品株式会社(広島県福山市)が制定。同社は千切り大根の普及に努めており、日本の伝統食である千切り大根の良さを広く知ってもらうのが目的。日付は千切り大根の生産が2月に最盛期を迎えることと、「千」の字を「二」と「1」に見立て、「切」の字の「七」とを合わせて2月17日とした。

2/18

嫌煙運動の日

1978(昭和53)年のこの日、東京・四谷で「嫌煙権確立をめざす人びとの会」が設立され、日本でも本格的な嫌煙運動がスタートしたことに由来する。当時は嫌煙権という言葉も耳新しく、多くのマスコミがこの集会を報道、一気に嫌煙運動が盛り上がっていった。

2/19

雨水（うすい）

［年によって変わる］二十四節気のひとつで、立春から15日目頃となる。雪が雨になり、草木も芽を出し始め、日ごとに春らしくなるという意味がある。

2月

ひな人形飾りつけの日

［年によって変わる］「雨水」の日にひな人形を飾りつけると良縁に恵まれるとされ、江戸時代から風習として伝えられている。

「信州・まつもと鍋」の日

⇨「１年間に複数日ある記念日」の項を参照。

2/20

アイラブミー記念日

愛知県名古屋市に本社を置き、化粧品の通信販売などを行う株式会社未来が制定。同社の発行する「アイラブミー会報誌」の「自分をもっと好きになり、すべての人ももっと好きになってほしい」というメッセージが多くの人に広がり、自分を愛することの素晴らしさをあらためて思い出す日にとの願いが込められている。日付は会報誌の創刊号が発行された2011年２月20日から。

キヌアの日

日本キヌア協会が制定。優れた栄養価で知られ、スーパーフードの代表格ともいわれるキヌアの普及、国産キヌアの栽培促進、食育や地域おこし、キヌアを通した国際交流、国際協力活動などを進めるのが目的。日付は国連が2013年２月20日に「国際キヌア年」の開幕式典を開催したことと、2016年の同日に日本キヌア協会が発足したことから。

リフレの日

日本で初めて誕生した気軽にリフレクソロジーが受けられる癒しのサロン「クイーンズウェイ」を運営する株式会社RAJAが制定。同社のイタ気持イイ刺激の「英国式リフレクソロジー」を日常に取り入れることで、多くの人に美しく健康的な毎日を過ごしてもらいたいとの願いが込められている。日付は２と20を「リ（２）フ（２）レ（０）」と読む語呂合わせと、「クイーンズウェイ」の１号店が1998年２月に誕生したことから。

尿もれ克服の日

「尿（2）」と「も（英語でtoo＝ツー＝2）」「れ（0）」の語呂合わせから、尿もれを克服した人たちで結成した元患者の団体「ひまわり会」が制定。尿もれに関する認識を高めてもらうのが目的。

夫婦円満の日

誰が淹いれても濃くてまろやかなおいしいお茶「こいまろ茶」を飲んで、夫婦円満に暮らしてもらいたいとの思いから「こいまろ茶」を販売する株式会社宇治田原製茶場（京都府宇治田原町）が制定。日付は「ふう（2）ふ（2）円満（0）」の語呂合わせから。

2/21

国際母語デー

国連の教育科学文化機関、UNESCO（ユネスコ）が制定した国際デー。言語と文化の多様性とあらゆる母語の尊重の推進が目的。

2/22

デニャーズの日

レストラン事業、ファストフード事業などを全国展開する株式会社セブン＆アイ・フードシステムズが制定。同社の運営するファミリーレストラン「デニーズ」の公式キャラクターである「デニャーズ」をさらに多くの人に愛してもらうのが目的。日付は「デニャーズ」が猫の３兄弟であることから猫の鳴き声の「ニャ」を３つ並べた「ニャ（2）・ニャ（2）・ニャ（2）」の語呂合わせで２月22日に。また同日は「猫の日」と言われていることから。

にゃんまるの日

全国でパチンコホール、ボウリング場、アミューズメント施設などを運営する株式会社マルハンが制定。同社のイメージキャラクターである「にゃんまる」の誕生日。同社は「人生にヨロコビを」をコーポレートメッセージに掲げている。「にゃんまる」はヨロコビを届け、人を笑顔にすることが大好きなキャラクター。必殺技はヨロコビーム。

折箱の日

「折箱」などの食品包装容器の製造、販売を行う業者の全国組織である全折食品容器連合会が制定。時代を超えて受け継がれ、日本の食文化を担ってきた「折箱」をさらに広め、その魅力を伝えるのが目的。日付は聖徳太子が遣隋使によりさまざまな文化を輸入したときに、朝廷への献上物をのせるために使用した台紙が「折箱」のルーツとされることから、畏敬の気持ちを込めて太子の命日とされる２月22日に。

スニーカーの日

一般社団法人ウェルネスウェンズデー協会が制定。健康に良い履物として定着しているスニーカーを、通勤やウォーキングでもっと履いてもらい、さらに多くの人に健康になってもらうのが目的。日付はスニーカーの語源が「スニーク」（忍び寄る）からきているので、「忍者の日」でもある２月22日とした。

ふふふの日

美容と健康に関するフリーマガジン「太陽笑顔fufufu」を発行するロート製薬株式会社が制定。健康寿命の延伸を目指して、食事・運動・睡眠・ココロなどの観点からセルフメディケーションの大切さを伝える同誌をより多くの人に知ってもらい、笑顔のfufufu（ふふふ）ブランドの認知度向上が目的。日付は２と22で「ふ（２）ふふ（22)」と読む語呂合わせから。

ハイドロ銀チタン®の日

「ハイドロ銀チタン®で未来をつくるプロジェクト」（代表・DR. C医薬株式会社）が制定。花粉、ハウスダスト、インフルエンザウイルスなどのたんぱく質を分解する新物質の「ハイドロ銀チタン®」を活用して、人々の健康を守ることが目的。日付はチタン（Ti）の原子番号が22であり、2017年２月22日にプロジェクトの発足記者会見を行ったことから。

EXILE THE SECOND DAY

エイベックス・ミュージック・クリエイティヴ株式会社が制定。日本の音楽シーンを代表するモンスターグループEXILEの中心メンバーにして、次の時代のEXILEを創る６人のユニットEXILE THE SECOND。その魅力とパフォーマンスをさらに多くのファンの心に焼き付けてもらうのが目的。日付はユニット名のSECONDから２が３つ並ぶ２月22日に。

行政書士記念日

1951（昭和26）年２月22日に行政書士制度の根幹となる「行政書士法」が公布されたことにちなみ、日本行政書士会連合会が制定。行政書士の自覚と誇りを促すとともに、組織の結束と制度の普及を図るのがその目的。

2
月

猫の日

2月22日を猫の鳴き声「ニャン・ニャン・ニャン」ともじって決められた日で、猫の日制定委員会が1987（昭和62）年に制定した。

ヘッドホンの日

どこにでも持ち歩けるヘッドホンは2チャンネルの出力で音楽を楽しめることから、2の重なる日を記念日としたのはヘッドホンのサイト「ヘッドホンナビ」。「2」にはP 2 M（peer to music）で、みんなと音楽の架け橋にとの思いも込められている。

おでんの日

越乃おでん会が制定。新潟のおでんをPRするとともに、オリジナルおでんの開発や全国おでん合戦開催などを行う。日付はアツアツのおでんを「ふー（2）ふーふー（22）」と息を吹きかけて食べることから2月22日とした。

ひざイキイキの日

ひざ関節症に効果的なヒアルロン酸製剤などの製造、販売で知られる医薬品・医療機器メーカーの生化学工業株式会社が制定。ひざの健康を維持して、元気な生活を送れるようにとの願いが込められており、ひざの病気やその治療法についての正しい情報を発信していく日に。日付は「ひざ」は英語で「knee（ニー）」なので、2と22で「ニーニーニー」と読む語呂合わせから。

駅すぱあとの日

交通機関の最適な経路を提供する日本初の案内ソフト「駅すぱあと」を開発､販売する株式会社ヴァル研究所が制定。日付は「駅すぱあと」が初めて発売された1988（昭和63）年2月22日を記念して。

乃木坂46の日

「AKB48」の公式ライバルとして結成されたアイドルグループ「乃木坂46」。そのデビューした日を記念して、所属事務所である乃木坂46合同会社が制定。日付は2012年2月22日にファーストシングル「ぐるぐるカーテン」でCDデビューをしたことから。

からだのレシピシリーズ・生酵素の日

健康食品の企画、製造、販売を手がける株式会社GypsophilA（ジプソフィラ）が制定。女性がいつでも元気でいられることをテーマとした自社商品「からだのレシピシリーズ・生酵素」をPRするのが目的。日付はこの商品には222種類の食物発酵エキスが配合されており、「222」の愛称で親しまれていることから2が3つ並ぶ2月22日に。

温泉マークの日

群馬県安中市の磯部温泉組合が制定。妙義山を望む碓氷川沿いに開けた磯部温泉は、古くから中山道を往来する旅人や湯治客で賑わってきた名湯。江戸時代の磯部の古文書に温泉記号（温泉マーク）が記されていることから「日本最古の温泉記号の地」であることを広く知ってもらうのが目的。日付は温泉マークの３本の曲線の湯気が逆から見ると数字の２が３つ並んでいるように見えることと、温泉地らしい３つの言葉（風情、風景、風味）の頭文字である「ふ＝２」を３つ並べた日付から。

忍者の日

店舗デザイン、空間デザイン、忍者をテーマとしたレストランのプロデュースなどを手がける株式会社グラフィクスアンドデザイニングが制定。同社はレストラン「Kyoto Ninja」からの委託を受けて忍者ショーの運営を行っていたことからそのPRに。日付は２と22で忍者の忍、忍術の忍など、忍を重ねた「ニンニンニン」の語呂合わせから。

猫背改善の日

パソコンやスマートフォンなどの普及で、日常的に背中が丸まっている猫背の人が増えていることから「猫背改善専門スタジオ きゃっとばっく」が制定。猫背を改善し、肩こりや腰痛などの予防、姿勢を良くすることで前向きな人生を送ってもらうのが目的。日付は、数字の「２」が猫背の人を横から見た状態と似ており、２月22日が１年で最も２が多く並ぶ日ということと、季節的にも寒く、首をすくめて猫背になりやすいため。

ディズニー マリーの日

1970年公開のディズニーアニメ「おしゃれキャット」に登場する子ネコのマリー。人気キャラクターのマリーの魅力をさらに多くの人に知ってもらおうと、ウォルト・ディズニー・ジャパン株式会社が制定。パリに住む貴婦人に大切にされている「貴族ネコ」のマリーは、真っ白な毛にピンクのリボンが愛らしく、母親ネコの美しいダッチェスの３匹の子ネコのうちの１匹で、音楽家を目指すベルリオーズ、画家を目指すトゥルーズという兄弟を持つ。日付はこの日が「猫の日」として知られていることから。

2/23

天皇誕生日

2019（令和元）年５月１日に即位された現在の天皇（第126代）が1960（昭和35）年２月23日にお誕生になったことから。国民の祝日。

夫婦で妊活の日

医師、医療研究者などが共同で男性不妊治療の研究、情報の収集を行う「NPO法人男性不妊ドクターズ」が制定。子どもを授かりたい夫婦が妊娠するために行う「妊活」についての正しい知識を広めるとともに、記念日を制定することで継続的な活動を行い、不妊問題の解決を図るのが目的。日付は妊娠は夫婦で「二（２）人（２）三（３）脚」で取り組むものとの意味を込めた語呂合わせから２月23日に。

咸宜園の日

大分県日田（ひた）市が制定。江戸時代後期、豊後国日田郡（現在の大分県日田市）に生まれた儒学者の廣瀬淡窓（たんそう）が開いた日本最大規模の私塾「咸宜園（かんぎえん）」の認知向上が目的。咸宜園は年齢、学歴、身分を問わず、すべての門下生を平等に教育することを理念とした塾で、日本最大規模の藩校「弘道館（こうどうかん）」（茨城県水戸市）、日本最古の学校「足利（あしかが）学校」（栃木県足利市）、日本最古の庶民学校「閑谷（しずたに）学校」（岡山県備前市）とともに近世日本の教育遺産群としてユネスコの世界文化遺産登録を目指している。日付は「咸宜園」が1817（文化14）年のこの日（旧暦２月23日）に開かれたことから。

税理士記念日

税理士法の前身である「税務代理士法」が1942（昭和17）年のこの日に制定されたことに由来。税理士の職務の重要性を再確認するとともに、申告納税制度の普及、税理士制度の社会的意義の周知をはかる。

富士山の日

パソコン通信上の「山の展望と地図のフォーラム」が制定。２と23で「富士山（ふじさん）」の語呂合わせと、この時期は富士山がよく望めることが日付の理由。オンラインを通じて、全国一斉に富士山の見え具合をネット上で報告し合うなど、富士山をテーマとした活動を活発に行っている。

ふろしきの日

1200年以上の歴史を誇る風呂敷は、くり返し使え、環境保全に役立つエコマーク商品である。その風呂敷の価値を広くアピールしようと、京都ふろしき会が制定、日本風呂敷連合会が記念日登録の申請をした。日付は2と23で「つ（2）つ（2）み（3）＝包み」の語呂合わせから。

工場夜景の日

工場の夜景を新たな観光資源として捉え活動する「全国工場夜景都市」（北海道室蘭市、神奈川県川崎市、三重県四日市市、福岡県北九州市、山口県周南市、兵庫県尼崎市、静岡県富士市で構成）が2016年に制定。工場夜景の魅力を発信し、工場夜景観光の発展が目的。日付は第1回の「全国工場夜景サミット」が2011年2月23日に神奈川県川崎市で開かれたことから。

2/24

二部式帯の日

大阪府大阪市の二部式帯（にぶしき）&着物のウェブサイト「CHAI-SHOP（チャイショップ）」が制定。簡単でお洒落に装える「二部式帯」の良さをより多くの人に伝えるのが目的。日付は2と24で「二（2）部（2）式（4）」と読む語呂合わせと、季節的にもお正月や成人式、卒業式や入学式で和服の魅力をいっそう感じられる時期であることから。

等伯忌

石川県七尾市で長谷川等伯を顕彰する市民団体「等伯会」（大林重治会長）が制定。長谷川等伯は安土桃山時代から江戸時代にかけて活躍した能登・七尾生まれの絵師。代表作である『松林図屏風』は国宝に指定されている。日付は長谷川等伯の命日（慶長15年2月24日）から。講演会や作品観賞会などを行い、その功績を顕彰し、遺徳をしのぶ。

2/25

とちぎのいちごの日

⇨「1年間に複数日ある記念日」の項を参照。

ヱビスの日

東京・恵比寿に本社を置くサッポロビール株式会社が自社ブランドのヱビスビールをPRするために制定。ヱビスビールは厳選されたアロマホップをふんだんに使用し、長期熟成によって生まれた、素材と製法にこだわった麦芽100%の「ちょっと贅沢なビール」。日付は1890（明

治23）年２月25日にヱビスビールが初めて発売されたことから。

225の日

個人投資家向けに日経225先物などの情報提供を行っている株式会社ゲイターズが、自社の運営サイト「225ラボ」にちなんで制定。日付は多くの個人投資家や投資関連企業に活用してもらえるようにと、２と25で「225の日」とシンプルにした。

ひざ関節の日

機能性表示食品の「ひざサポートコラーゲン」を開発・販売するキューサイ株式会社（福岡県福岡市）が制定。ひざの痛みがなく、自分の足で100歳まで歩けるような身体づくりをすることで、健康寿命を延ばす同社の「100歳まで楽しく歩こうプロジェクト」のPRが目的。日付は「ひざ」を英語で「ニー（knee)」ということからの２と、楽しいことを「ニッコリ」と表現することの25を組み合わせて。

親に感謝の気持ちを伝える日

「還暦祝い本舗」「プレゼント本舗」「手元供養本舗」などのサイトでメモリアルギフトの販売を手がける株式会社ボンズコネクト（大阪府大阪市）が制定。日頃は面と向かって言えない親への感謝の気持ちをきちんと伝えるきっかけの日としてもらうのが目的。日付は２と25の２が親と子の双方を、25がニコニコ笑顔を表していることから。

2/26

包む(ラッピング)の日

贈り物などを包むための商品を企画・販売する「株式会社包む」が制定。大切な人のことを想い、感謝の気持ちを込めて贈り物や商品を包むことで、楽しさと豊かさを届ける日とするのが目的。日付は２と26で「つ（2）つ（2）む（6)」と読む語呂合わせから。

フロリダグレープフルーツの日

世界でいちばんおいしいと言われるフロリダ産のグレープフルーツを日本でもっと知ってもらい、販売促進につなげることを目的にアメリカのフロリダ州政府柑橘局が制定。日付は２月からフロリダ産グレープフルーツが旬になること、26をフロリダの「フロ」と読む語呂合わせから。

2/27

Pokémon Day

「ポケットモンスター」（通称・ポケモン）のブランドマネジメントを行う株式会社ポケモンが制定。「ポケモン」の最初のゲームソフトである「ポケットモンスター 赤・緑」が発売されたのが1996年２月27日。ポケモンの記念すべき始まりの日であることから、海外のファンの間では「Pokémon Day」と呼ばれ大切にされている。日本のファンにもこの日を知ってもらい、末永く愛してもらうのが目的。

冬の恋人の日

２月14日のバレンタインデーのあと３月14日のホワイトデーまでに恋人同士の絆を深める日をと、結婚カウンセラーなどが制定。日付は寒さが厳しい冬でも愛情を育んでくれる月の２月と、二人の強い結びつきを表す絆（きずな）の「ずな」を27日と読む語呂合わせから。

2/28

ビスケットの日

1855（安政２）年のこの日の日付の書簡に、ビスケットの製法が書かれていたことを記念して、全国ビスケット協会が1980（昭和55）年に制定。この書簡は、軍用パンの製法をオランダ人から学ぶために長崎にいた水戸藩の蘭医・柴田方庵が、同じ水戸藩の者に宛てたもの。

2/29

閏日（うるう）

暦と季節とのずれを調整するために４年に一度、暦に設けられる日。英語では「LEAP DAY」と呼ばれる（通常なら翌年の曜日は１日ずれるだけだが、閏日があるときは２日ずれてひとつ飛び越える（leap）ことになるため）。日本の法律では、この日に生まれた人は２月28日生まれとみなされ、年齢にかかわる諸規定が適用される。

にんにくの日

「伝統にんにく卵黄」などの健康補助食品の通信販売で知られる株式会社健康家族（鹿児島県鹿児島市）が制定。「にんにく卵黄」は古くから親しまれてきた伝統食品で、同社の商品は農薬を使わないにんにくと、そのにんにくを食べて育った有精卵黄で作られている。日付は２と29で「にんにく」と読む語呂合わせから。

円満離婚の日

１年で離婚の件数が最も多いとされる３月の前日で、４年に１度巡ってくるうるう年の２月29日。この日を夫婦の絆、結婚・離婚の本質や夫婦関係などをあらためて考える日にしようと「離婚式」のプランナー寺井広樹氏が制定。日付は２と29で「２人に、福（29）あれ」との語呂合わせから。

富士急の日

２と29の語呂合わせから富士急行株式会社（山梨県吉田市）が2003年１月１日に制定。４年に１度の「富士急の日」には富士急ハイランドなどで特別イベントが行われる。

年によって日付が変わる記念日

旧正月

ギョーザの日

冷凍ギョーザを販売する味の素冷凍食品株式会社が、この日にギョーザを大いに食べて、そのおいしさをもっと知ってもらおうと制定。日付はギョーザの生まれ故郷である中国では、縁起の良い食べ物として旧正月にギョーザを食べる習慣があることから。制定者は同社の冷凍餃子販促キャラクター「ギョーザる」。

２月第２月曜日

世界てんかんの日

公益社団法人日本てんかん協会が制定。てんかんについての正しい知識を広めるのが目的。日付は国際てんかん協会と国際抗てんかん連盟がヨーロッパでは聖ヴァレンタインがてんかんのある人々を救った聖人としてたたえられていることにちなみ、バレンタインデー直前の月曜日を「世界てんかんの日」（International Epilepsy Day / IED）としたことにならい、２月の第２月曜日に。

２月第４日曜日

ハンドメイドの日

⇨「１年間に複数日ある記念日」の項を参照。

コラム2

日本記念日協会の歩み②

1991年4月1日に正式に発足した「日本記念日協会」は、テレビ局、ラジオ局、新聞社、雑誌社などのメディアをはじめとして、広告代理店、学校などへ向けて記念日についての情報紙『生活情報カレンダー・エブリデータ365』の発行を始めた。

この情報紙は「国民の祝日」や「節分」「バレンタインデー」「母の日」「父の日」など、年中行事になっている記念日をはじめとして、その日の歴史上の出来事、その日に生まれた著名人やその日にまつわるコラムなどを掲載し、さまざまな番組や誌面の企画用に、あるいは校長先生が朝礼で話すときの材料などに役立てていただいた。

しかし、記念日は日付にこだわったデータなので、毎年新しく提供できる情報が限られている。そこで新しく自分たちで記念日を作りたいと思っている人のために記念日の登録制度を始めることにした。

ところが、自分たちの記念日を作れるとはほとんどの人が思っていないので、最初の年は1件も登録申請書が来なかった。

そして翌年、あるラジオ局が日本記念日協会の記念日登録制度のことを番組で紹介したところ、それを聴いていた婦人靴で有名なダイアナ株式会社の役員の人が「9月2日を『ダイアナの靴の日』として記念日登録したい」と申請書を送ってきてくれた。

1992年6月22日付の「記念日登録申請書」第1号は今も日本記念日協会の記念すべき宝物となっている。

その後は毎年10件前後の登録で推移するが、1999年に大きな転機となる申請書が届く。江崎グリコ株式会社からの「ポッキー＆プリッツの日」(11月11日) の申請だ。

ポッキーもプリッツも、その棒状の形から11月11日を記念日にしたのだが、この年は平成11年で1が6つ並ぶおめでたい日なので、記念日登録を思いついたという。

この記念日が大きな反響を呼び、記念日をPRに活用したいと多くの企業・団体などから申請書が送られてくるようになる。

MARCH

旧　暦　弥生（やよい）
語源：草木がいやが上にも生えることを意味する「いやおい」が転じたもの。

英　名　March
語源：ローマ神話の軍神マルス（Mars）に由来する。

異　名　花月（かげつ）／桜月（さくらづき）／桃月（とうげつ）／染色月（しめいろつき）／花見月（はなみつき）／春惜月（はるおしみつき）／夢見月（ゆめみつき）

誕生石　コーラル（珊瑚）／アクアマリン（藍玉）

誕生花　桜／スイートピー／チューリップ

星　座　魚座（～3/20頃）／牡羊座（3/21頃～）

３月の記念日で人気のあるのは「ひな祭り」。女の子のお祝いの日であるが、古くから奇数が重なる縁起の良い日として「三の日」「春のちらし寿司の日」も。

「ホワイトデー」は２月の「バレンタインデー」のお返しという新しい発想に基づいて制定された記念日。また、11日の「いのちの日」「おうえんの日」は、2011年のこの日に発生した東日本大震災を忘れずに、命の大切さを育む日にとの願いが込められている。

桜

マヨサラダの日

キユーピーグループに属し、サラダ、総菜、麺とパスタ、デザートなどの食品を製造販売するデリア食品株式会社が制定。幅広い世代に愛されている「マヨサラダ」（マヨネーズ類を使用したサラダ）の魅力やおいしさを広めるのが目的。日付は３月１日がキユーピー株式会社が制定した「マヨネーズの日」なので同じ日に。

切抜の日

1890（明治23）年のこの日、日本で最初の切り抜き（クリッピング）会社、日本諸新聞切抜通信が設立されたことにちなみ、株式会社内外切抜通信社が制定。同社は国内外の新聞・雑誌のクリッピング、テレビ、ウェブのモニター調査などを手がける1939（昭和14）年創業の業界の草分け的企業。

ビキニ・デー

1954（昭和29）年のこの日、ミクロネシアのビキニ環礁でアメリカが行った水爆実験により、静岡県焼津市のマグロ漁船第５福竜丸が死の灰を浴びた。乗組員全員が被爆し、久保山愛吉無線長が半年後に死亡した。この日をビキニ・デーとして反核の集会などが行われる。

デコポンの日

柑橘類の果実、デコポンが熊本県より初めて出荷され、東京の青果市場で取引されたのが1991年のこの日。この日を記念して日本園芸農業協同組合連合会が３月１日を「デコポンの日」に制定した。消費者にデコポンのおいしさをPRする日。

未唯mieの日

コンサート、CD、舞台、テレビ、ラジオ、CMなど、多方面で活動するアーティストの「未唯mie」。その記念日を作りファンとの交流を深めることを目的に、元ピンクレディーの「ミー」こと根本美鶴代氏が制定。日付は３と１で「未唯mie」と読む語呂合わせから。

防災用品点検の日

⇨「１年間に複数日ある記念日」の項を参照。

ファミリーファーストの日

「ライオンズマンション」で知られ、マンションの分譲、不動産販売、都市開発などを手がける株式会社大京が制定。家族想いの象徴としてライオンのブランド名を掲げる同社は、いつも「家族の幸せを第一に」と考え、商品やサービスの提供を心掛けている。そんな「Family First（ファミリーファースト）」の気持ちの大切さを広く伝えるのが目的。日付は「Family First」のブランドタグラインを初めて（1）立ち上げた3月（3）と、家族みんな（3）のことを一番（1）に想う気持ちの語呂合わせから。

未来郵便の日

未来に向けて発信し、5年後、10年後の指定した日に届く未来郵便制度を発足させた長野県下水内郡栄村の栄村国際絵手紙タイムカプセル館と、その運営を手がける絵手紙株式会社が制定。日付は3と1で「みらい」と読む語呂合わせから。

オリジナルTシャツの日

一般社団法人日本オリジナルTシャツ協会が制定。多くの人にオリジナルTシャツの素晴らしさ、楽しさを知ってもらうのが目的。日付はオリジナルTシャツを制作するときに「Message（メッセージ）」「Memorial（思い出）」「Mind（心・絆）」という「3つのM」を「世界でたった1つのTシャツ」に込めてほしいという協会の思いを数字の3と1にかけて3月1日としたもの。

マヨネーズの日

マヨネーズ、ドレッシング、ジャムなど数多くの食品を製造販売するキユーピー株式会社が制定。おいしくて栄養があり、安心して食べられ、さまざまな料理に活用できるマヨネーズをアピールするのが目的。日付は同社が1925（大正14）年3月に日本で初めてのマヨネーズを製造販売したことと、日本初（1）にちなんで1日としたもの。初めて発売されたマヨネーズは瓶詰めタイプで、当時からラベルにはキユーピーちゃんが描かれていた。

再石灰化の日

食品、化粧品、医療品などの事業を手がける株式会社ヤクルト本社が制定。自社製品のハミガキ「薬用アパコートS.E.〈ナノテクノロジー〉」の活用をとおして、歯の大切さや口の中の健康を訴える日とするのが目的。日付は同商品に配合されている薬用ハイドロキシアパタイトが、歯のエナメル質にできた初期むし歯を再石灰化することから、3と1を再石灰化の「再」と読む語呂合わせで。

3/2

meethの日

スキンケア商品などの化粧品の開発、製造、販売を手がける株式会社meeth（ミース）が制定。「美肌は最高のジュエリー」をコンセプトに、アジアのすべての女性の肌を美しくすることを目指す自社ブランド「meeth」をより多くの人に知ってもらうのが目的。日付は3と2で「ミー（3）ス（2）」と読む語呂合わせから。

スーツを仕立てる日

「TOKYO SUIT AWARD」を主催し、カスタムオーダーファッション事業を展開する株式会社FABRIC TOKYO（ファブリックトウキョウ）が制定。学生が社会人になるときにスーツを仕立てることで、社会人生活を始める気持ちを高め、働くことに向き合ってもらう日とするのが目的。日付は3と2で「スー（3）ツ（2）」の語呂合わせから。

ミニストップの日

全国に約2000店舗のコンビニエンスストア「ミニストップ」を展開するミニストップ株式会社が制定。近くの街角にあるというコンセプトのもと、ちょっと立ち寄れるところという意味の「MinuteStop（ミニットストップ）」から名付けられた。その「おいしさ」と「便利さ」をより多くの人に知ってもらい、親しみ、喜んでもらうのが目的。日付は3と2で「ミニストップ」の「ミ（3）ニ（2）」から。

ご当地レトルトカレーの日

一般社団法人ご当地レトルトカレー協会が制定。全国各地にあるレトルトカレーを通して各地域の魅力をより多くの人に知ってもらうのが目的。日付は「カレーの日」が1月22日、「レトルトカレーの日」が2月12日であることから、1月、2月に続いて3月とし、22日、12日のつながりで2日として3月2日に。

ミニーマウスの日

ウォルト・ディズニー・ジャパン株式会社が制定。オシャレで、楽しいことが大好きなミニーマウスの魅力を伝え、ミニーマウスとデイジーダックのように仲良しの女ともだち同士が素敵な時間を過ごすことを応援する日。日付は3と2で「ミニー」と読む語呂合わせと、女の子がオシャレを楽しみ輝く早春であり、女の子の節句「ひな祭り」と同じ時期であることなどから。

サニの日

日本を代表するインナーウェア、アウターウェアなどの繊維製品を製造、販売する株式会社ワコール（京都市）が制定。生理期間をより楽しく、快適に過ごすために必要な機能を付加したサニタリーショーツ（生理用ショーツ）をPRする記念日。女性たちが自身の体について考える日にとの願いも込められている。日付は3と2でサニタリーの「サ（3）ニ（2）」の語呂合わせから。

出会いの日

出会いに感謝して新たな愛を育む日をと、再婚の人などに素敵な出会いを提供する会員制組織の株式会社カラットクラブの代表でライフアップコンサルタント、マリッジカウンセラーの岡野あつこ氏が制定。日付は3と2で出会いを意味するミーツ（meets）と読む語呂合わせから。

少額短期保険（ミニ保険）の日

少額短期保険の認知度向上と普及促進を目的に、一般社団法人日本少額短期保険協会が制定。少額の保険金額で、保険期間が短期の保険のみを扱い、シンプルで加入しやすいことなどからミニ保険とも呼ばれる少額短期保険は、ピンポイントなニーズに応える商品やユニークでバラエティに富んだ商品が多いのが大きな魅力。日付は3と2で「ミニ」と読む語呂合わせから。

3/3

桃の節句

五節句のひとつ「上巳（じょうし）」の別名。古代中国では3月上旬の「巳（み）」の日に川で身を清める「上巳の祓（はらえ）」が行われていた（「ひな祭り」の項を参照）。「桃の節句」と呼ぶのは、旧暦3月ごろに桃の花が咲くことから。ちなみに桃は日本でも古来邪気を祓うものとされ、たとえば伊弉諾尊（いざなぎのみこと）が黄泉（よみ）の国の亡者から逃れるときには桃を投げて逃げのびているし、桃から生まれた桃太郎は鬼を退治している。

桃の花

ひな祭り

3月3日の「桃の節句」に行われる行事で、紙で作った人形を川や海に流して、汚れを祓う行事がその起こりといわれるが、今でも「流しびな」として行う地方がある。現在のようなひな人形を飾るようになったのは、江戸時代初期のころからと考えられている。

クレーンゲームの日

クレーンゲームの普及や人材育成を行い、アミューズメント業界の発展を目指す一般社団法人日本クレーンゲーム協会が制定。日本全国のアミューズメント施設で人気のクレーンゲームを、国内はもとより世界中にさらに広めていくことが目的。日付は3と3を向かい合わせることでクレーンゲームの景品を擱み取るアームの形を想起させることから3月3日としたもの。

mimi no hi（ミミの日）

ファッションジュエリーの企画、デザイン、販売を手がける株式会社テイクアップが制定。同社が運営するピアスショップ「TAKE-UP」を「耳まわりのオシャレをもっと自由に楽しんでいただき、その思いを叶えられるブランド」として多くの人に知ってもらうことが目的。日付は3と3で「ミミ＝耳」と読む語呂合わせから。

みよた壱満開の日

長野県御代田町にあるケーブルテレビ局、株式会社西軽井沢ケーブルテレビ（略称・テレビ西軽）が制定。同局が1984年12月12日の放送開始以来行ってきた生放送が1万回を迎えた日（2017年3月3日）を記念したもので、地域密着のケーブルテレビの魅力をあらためて知ってもらうのが目的。テレビ西軽は長野県内を走る「しなの鉄道」の御代田駅構内にあり、日本一小さいテレビ局と呼ばれている。

三輪車の日

幼児用三輪車、自転車、のりもの玩具などを手がけるアイデス株式会社が制定。子どもが初めて自力で動かす乗り物である三輪車。座面が低く、安定感があり、ペダルをこぐ動きを習得できる三輪車の良さを見直してもらうのが目的。日付は3と3で三輪車をイメージしやすいことと、気候も良く外遊びに向き始める時期であることから。

ジグソーパズルの日

頭と手を使い楽しく遊びながら脳の健康を保ち、集中力を向上させるとして、子どもからお年寄りまで幅広い人気のジグソーパズル。これをさらに多くの人に親しんでもらおうと、ジグソーパズル扱う各社で構成された「ジグソーパズルメーカー会」が制定。日付は数字の３は裏表を組み合わせるとピタリとはまるジグソー風な形になることから。

耳の日

３月３日をミミと読む語呂合わせから日本耳鼻咽喉科学会が1956（昭和31）年に制定。耳の衛生についての知識の普及、聴覚障害の予防・治療などの理解を深めるのが目的。

三の日

日本人は古くから数字の３を好んできた。「三種の神器」「日本三景」など、３つでくくることで物事が安定すると考えたからだ。三について収集・研究をしている日本三大協会が1993年に制定。

ポリンキーの日

ひとくちサイズの三角形でサクサク軽い食感が特徴のスナック菓子ポリンキー。そのおいしさをPRすることを目的に、発売元である株式会社湖池屋が制定。日付は商品の形が三角形であることから３が重なる日に。

耳かきの日

耳の衛生について、知識の普及や聴覚障害の予防・治療などへの理解を深めることを目的に３と３で「耳」と読む語呂合わせから制定された「耳の日」。その日をなじみ深い耳用品の「耳かきの日」にもと制定したのは、耳かき具のトップメーカーの株式会社レーベン販売（神奈川県横浜市）。耳の衛生の大切さをアピールするのが目的。

美熊くん誕生日

パチンコホールなどを運営する株式会社ジョイパック（茨城県つくば市）が制定。自社のパチンコホール「ビックマーチ」のキャラクター「美熊（びくま）くん」の誕生日。日付は屋号の「ビッグマーチ」を訳すと３月になり、３が重なるゾロ目の日であることから。パチンコ、スロットの魅力を伝え、楽しんでもらうのが目的。

オーディオブックの日

書籍を音声化し、耳を使って読書ができるオーディオブック。いつでもどこでも手軽に読書の時間を持つことが可能なこの文化を広めることを目的に、日本最大のオーディオブック配信サイト「FeBe（フィービー）」を運営する株式会社オトバンクが制定。日付はオーディオブックが耳で聴くものなので、３と３で「耳」の語呂合わせから。

春のちらし寿司の日

ちらし寿司などの調理用食材の製造販売メーカー、株式会社あじかん

(広島県広島市）が制定。ひな祭りの定番メニューであるちらし寿司をさらに多くの人に食べてもらうことが目的。日付は３月３日が桃の節句であり、ひな祭りが行われることから。ちらし寿司はその華やかな彩りが食卓に春を呼び、ひな祭りの食べものとして人気がある。なお同社では６月27日を「ちらし寿司の日」として登録している。

３x３の日

公益財団法人日本バスケットボール協会と総合スポーツマーケティング企業のクロススポーツマーケティング株式会社が「３x３（スリー・エックス・スリー)」の普及と発展を目的に制定。３x３とは国際バスケットボール連盟（FIBA）がストリートなどで行われている３ on ３（スリー・オン・スリー）に正式なルールを設け、競技種目に発展させたスポーツ。日付は３と３で「３x３」と読む語呂合わせから。

ささみの日

各種冷凍食品の製造販売などを手がける株式会社味のちぬや（香川県三豊市）が制定。低脂肪で良質なたんぱく質を含むことで人気の「ささみ」。その魅力を多くの人に知ってもらうのが目的。日付は「ささ(３)み（３)」の語呂合わせから。

3/4

スカーフの日

日本スカーフ協会が制定。おしゃれなファッションアイテムとして人気のスカーフの魅力をさらに多くの人に知ってもらうのが目的。日付は古くからヨーロッパではカトリックのミサの際に女性が三角形や四角形のベールを頭から被るのが礼儀とされ、ベールを忘れないように首に巻いたのがスカーフの始まりと言われていることから三角形と四角形の３と４で３月４日とした。また、春先にスカーフを巻く人が多いこともその由来のひとつ。

酸蝕歯（さんしょくし）の日

食事中の酸により歯のエナメル質が摩耗した状態を酸蝕歯と呼ぶ。歯の健康のために酸蝕歯の改善に取り組んできたグラクソ・スミスクラインのブランド「シュミテクト」が制定。酸蝕歯の周知が目的。日付は３と４で「さんしょくし」と読む語呂合わせから。

雑誌の日

日本初の雑誌・定期購読専門サイト「fujisan.co.jp」を運営する株式会社富士山マガジンサービスが2008年２月23日の「富士山の日」に制

定。3月、4月は新しい季節の始まる月であり、新入学、新年度に向けて雑誌で新しい知識を得ようという時期にあたる。3と4で「雑誌」と読む語呂合わせと、この記念日から約2か月間を雑誌の「志」(こころ34)を贈るのにふさわしい時期の始まりとの意味合いもある。

オーミケンシ・レーヨンの日

レーヨン綿や紡績糸などの繊維事業を中心に製造販売を行うオーミケンシ株式会社(大阪市)が制定。自社の多彩な機能を付加したレーヨン綿からその製品までの販売促進が目的。レーヨンは石油系を原料とする合成繊維と異なり、木材などの天然原料からできており、地球環境にも優しい繊維として世界から注目を集めている。日付は0304で「オーミレーヨン」と読む語呂合わせから。

三姉妹の日

女性ばかりの姉妹の中でもひときわ華やかで絆が強いとされる長女、次女、三女の三姉妹。その調査・研究を行っている三姉妹総合研究所が制定。「ひなまつり」「国際女性デー」など、女性の月ともいえる3月で、3と4で「三姉妹」と読む語呂合わせから。

サンヨーの日

産業廃棄物のリサイクルなどを手がける株式会社サンヨー(山口県岩国市)が制定。未来の子どもたちへ「この素晴らしい地球」を遺していくという初心を忘れないようにと、地域の清掃活動などを行う。日付は3と4で社名のサンヨー(3・4)の語呂合わせから。

バウムクーヘンの日

1919(大正8)年3月4日に広島県物産陳列館(のちの原爆ドーム)で行われたドイツ俘虜(ふりょ)展示即売会で、ドイツ人のカール・ユーハイム氏がドイツの伝統菓子のバウムクーヘンを出品。これが日本におけるバウムクーヘンの始まりであることから、ユーハイム氏を創業者とする株式会社ユーハイム(神戸市)が制定。同社のバウムクーヘンはその「まっすぐなおいしさ」と「こだわりの技術と材料」によって多くのファンを獲得している。

差し入れの日

仕事を頑張る人たちが前向きな気持ちになることで効率を上げ、日本を明るく元気にすることを目指す日本残業協会が制定。会社で疲れている時に嬉しい応援方法である「差し入れ」を啓蒙することで、社内コミュニケーションの活性化を促し、業務効率のアップやモチベーションアップなどを図ることが目的。日付はこの頃が多くの会社で決算前の繁忙期であることと、「サ（3）シ（4）入れ」の語呂合わせから。なお、日本残業協会は残業の是非を問う団体ではない。

3/5

常陸牛の日

茨城県茨城町の全農茨城県本部内に事務局を置く茨城県常陸牛振興協会が制定。茨城産黒毛和牛の「常陸牛（ひたちぎゅう）」のさらなる認知度の向上と消費の拡大、ブランディングの確立が目的。日付は同協会が設立された1977年3月5日から。「常陸牛」は肉質のきめ細やかさと柔らかさ、豊かな風味で人気のブランド牛。

産後ケアの日

尿もれなどの産後のトラブルを予防・改善する産後ケアの大切さを知ってもらおうと、尿ケア専用品のパイオニア「ポイズ」を販売する日本製紙クレシア株式会社が立ち上げた「産後ケア」の日実行委員会が制定。出産を経験したすべての女性たちが産後トラブルから解放され、いつまでも内面から美しく、毎日が楽しく、心地よく過ごせるようにとの願いが込められている。日付は3と5で「産後」と読む語呂合わせから。

安藤百福の日

世界初のインスタントラーメン「チキンラーメン」、世界初のカップめん「カップヌードル」などを発明し、「インスタントラーメンの父」と呼ばれる安藤百福（あんどうももふく）氏。日本はもちろん、世界の食文化に革命を起こした安藤氏の「人間にとって一番大事なのは創造力であり、発明、発見こそが歴史を動かす」との熱い思いを伝えたいと、日清食品ホールディングス株式会社が制定。日付は安藤氏の誕生日1910（明治43）年3月5日から。2010年の生誕百年を機に制定。

三幸（さんこう）の日

新潟市に本社を置く三幸製菓株式会社が制定。三幸製菓はあられ・おかき・おせんべいの製造販売で知られ、ソフトせんべいの「雪の宿」、おせんべいの「新潟仕込み」など、数々のヒット商品を持つ。社名でもあり企業理念の「三つの幸せ」をアピールするのが目的。日付は3と5で「三幸」と読む語呂合わせから。

3/6

啓蟄（けいちつ）

［年によって変わる］二十四節気のひとつ。冬眠をしていた地中の虫が春の陽気に誘われて這い出してくる日とされる。

36（サブロク）の日

日本労働組合総連合会（連合）が制定。すべての職場でより良い働き方を実現するために、長時間労働の是正に向け、多くの人に「働き方」や「働くこと」について考えてもらうのが目的。日付は労働基準法第36条に規定されている「時間外・休日労働に関する協定」が「36（サブロク）協定」と呼ばれていることから。

Miru（見る）の日

愛知県名古屋市に本社を置き、コンタクトレンズ・ケア用品事業などを手がける株式会社メニコンが制定。同社のコンタクトレンズ販売店「Miru（ミル）」を多くの人に知ってもらい、コンタクトレンズ選びのパートナーとして活用してもらうのが目的。日付は3と6で「「Mi（見）ru（る）」の語呂合わせから。

サンロッカーズの日

プロバスケットボール「B. LEAGUE（Bリーグ）」に所属する「サンロッカーズ渋谷」を運営する株式会社日立サンロッカーズが制定。「サンロッカーズ渋谷」の魅力を広め、バスケットボールをする楽しさ、観る楽しさ、応援する楽しさを伝えるのが目的。日付は3と6で「サン（3）ロッカーズ（6）」の語呂合わせから。B. LEAGUEで初の記念日登録チーム。ちなみに「B. LEAGUEの日」は9月22日に記念日登録されている。

ミールタイムの日

「mealtime（ミールタイム）」の名称で健康食の宅配事業を行っている株式会社ファンデリーが制定。健康維持には食事が大切であることを認識してもらうためと、健康食の「ミールタイム」のPRが目的。日付は「ミール」が食事を意味することから3と6を「ミー（3）ル（6）」と読む語呂合わせで。

世界リンパ浮腫の日

リンパ浮腫（ふしゅ）の正しい知識と情報を共有し、発信する患者と医療者の会であるリンパ浮腫サポートネットワーク「リンパカフェ」が制定。リンパ浮腫の啓発や治療環境の発展が目的。日付は2016年にアメリカの上院でリンパ浮腫の認識を高めるために3月6日を「World Lymphedema Day」（世界リンパ浮腫の日）と制定したことから。

THIS IS USの日

20世紀フォックスホームエンターテイメントジャパン株式会社が制定。同社は海外ドラマ「THIS IS US 36歳、これから」のDVDを発売。人生の岐路に立つ、誕生日が同じ36歳の男女4人が主人公のこのヒューマンドラマを観て、家族、恋愛、仕事などの人生において大切な人やものを想い、感謝を伝える日にとの願いが込められている。日付は3と6で36歳にちなんで。

mil-kinの日

群馬県前橋市に本社を置く電解水の総合設備メーカー、アクアシステム株式会社が制定。スマートフォンのカメラ機能を使う携行型顕微鏡で、リアルタイムで菌の有無をチェックできる「mil-kin（見る菌）」。飲食店や食品工場などの衛生管理を進化させる「mil-kin」の認知向上が目的。日付は3と6で「見（3）る（6）菌」の語呂合わせから。春先からの食中毒の啓発の日にとの思いも込められている。

ミロの日

兵庫県神戸市に本社を置き、コーヒーのネスカフェ、チョコレートのキットカットなど、人気の飲料や食品を数多く製造販売するネスレ日本株式会社が制定。同社の人気製品である大麦の発芽期の成長力を取り込んだ麦芽飲料「ミロ」をさらに多くの人に飲んでもらうのが目的。日付は3と6で「ミ（3）ロ（6）と読む語呂合わせから。

ダレデモダンスの日

一般社団法人ダレデモダンスが制定。誰もがダンスに親しみやすい環境を創出し、ダンスの普及と指導者の育成、ダンサーの活躍の場の拡大、高齢者の健康増進や生きがいづくりが目的。日付は3と6を、同法人の代表理事でダンス界のカリスマ的存在、TRFのSAM（サム・丸山正温（まさはる）氏）と読む語呂合わせから。

スマートストックの日

⇨「1年間に複数日ある記念日」の項を参照。

サロネーゼの日

サロネーゼとは自宅の部屋などをサロンにして、趣味などの教室を主宰する人のこと。女性の新しい生きかたのひとつとして注目を集めているサロネーゼを、より多くの人に知ってもらい応援する日にと、サロネーゼに関する企画などを手がける有限会社ハッピーキューブス代表のローズ麻生育子氏が制定。日付はこれから花開く早春であり、ひなまつり（3月3日）と国際女性デー（3月8日）と同時期であることと、3と6でサロンの語呂合わせから。

スリムの日

女性用下着などのトップメーカー、株式会社ワコール(京都市)が、徐々に薄着になっていくシーズンを迎えて、ボディシルエットを整えるアウターやインナーに注目してもらい、体型の変化による健康増進を意識してもらいたいと制定。日付は春からの薄着のシーズンインと、3と6で「スリム」と読む語呂合わせから。

日比谷サローの日

東京の日比谷公園の中にある1949年創業のガーデンレストラン「日比谷サロー」(Beer Terrace 1949 HIBIYA SAROH）を経営する山口商事株式会社が制定。公園内の四季折々の風景を眺めながら世界各国のビールと創業当時から続く洋食などが味わえる同店の魅力を、さらに多くの人に知ってもらうのが目的。日付は3と6を「サロー」と読む語呂合わせから。

リニモの日

日本初の磁気浮上式鉄道（リニアモーターカー）「リニモ」を運行する愛知高速交通株式会社（愛知県長久手市）が「リニモ」が走る東部丘陵線の開業10周年を記念して制定。「リニモ」は藤が丘駅(名古屋市)～八草駅（豊田市）間の9駅を約17分で結ぶ営業距離8.9キロの鉄道で、騒音や振動が小さく、快適な乗り心地が特色。日付は開業日の2005年3月6日から。

エステティックサロンの日

エステティックサロン事業者懇談会が制定。エステティックサロンを身近に感じてもらい、その体験を通じてエステティシャンの素晴らしさを知ってもらうことで、日本にエステティック文化を根付かせるのが目的。日付は3と6で「エステティックサ（3）ロ（6）ン」の語呂合わせから。

3/7

家計の見直しの日

熊本県熊本市に本社を置き、住宅紹介、土地の分譲、生命保険などのライフプランニング事業を展開する株式会社みらいコンシェルジュが制定。人生で一番大きな買い物と言われる住宅を購入する機会に、家計の見直しを行うことで後悔のない住宅購入を広めるのが目的。日付は3と7で「見直し」の「み（3）な（7）おし」の語呂合わせから。

さかなの日

さかなジャパンプロジェクト推進協議会が制定。和食の中心となる食材の魚介類をもっとたくさん食べてもらい、魚介類を身近に感じてもらうのが目的。日付は3（さ）と7（な）の付く日は魚を食べることを提案していることから、その二つが合わさる3月7日としたもの。

消防記念日

1948（昭和23）年のこの日、消防組織法が施行されたことに由来する。この法律が施行されるまでは、消防は警察の所管となっていたが、この日からは新設された消防庁の所管となった。消防のPR活動などの行事が行われている。

サウナの日

公益社団法人日本サウナ・スパ協会が制定。サウナは気持ちよく発汗して、交感神経や副交感神経などに作用することで精神の安定に効果がある。疲れている人々にサウナで健康な生活を送ってもらうことが目的。日付は3と7でサウナと読む語呂合わせから。

十歳（ととせ）の祝いの日

10歳の節目を迎える子どもたちの健全な成長を願い、未来像を描いてもらう日をと、十歳の祝い普及促進協議会（京都市）が制定。七五三のような子どもの成長を祝う行事である10歳の「二分の一成人式」「立志式」にならい、通過儀礼のひとつとして和装、洋装の晴れ着を着る機会の提供、親子の絆、地域で子どもを見守る風土の醸成などが目的。日付は3月は年度替わりの月で、対象の子どもの多くが10歳を迎え終わることと、3と7を足すと10になることから。十歳を「ととせ」と読むことで日本らしさ、祝いの日らしさを表現。

メンチカツの日

コロッケやメンチカツをはじめとして、各種の冷凍食品の製造販売を手がけ、全国の量販店、コンビニ、外食産業などに流通させている株式会社味のちぬや（香川県三豊市）が制定。日付は、関西ではメンチカツのことをミンチカツと呼ぶところも多く、3と7で「ミンチ」と読む語呂合わせから。また、受験シーズンにメンチカツを食べて受験に勝ってほしいとの願いも込められている。

すたみな太郎の日

ファミリーレストランチェーン店「すたみな太郎」を全国展開する株

式会社江戸一が制定。豊富なメニューを食べ放題で楽しめる同店をアピールするのが目的。日付は3と7で「すたみ（3）な（7）太郎は、老若男女みん（3）な（7）で楽しめるお店」と読む語呂合わせから。また、3月の新たな出会いの時期に同店で楽しい時間を過ごしてもらいたいとの願いが込められている。

3/8

レモンサワーの日

レモンサワーの味わいを「レモンありのままでしっかりお酒」と定義し、「こだわり酒場のレモンサワー」ブランドを販売しているサントリースピリッツ株式会社が制定。レモンサワー市場を活性化させ、その魅力をより多くの人に楽しんでもらうが目的。日付は3と8でレモンの心地よい酸（3）味と炭酸のパチパチ（8）が爽快に楽しめることから。

スリッパを楽しむ日

石川県金沢市に本社を置き、インテリアファブリックの企画製造などを行うユニベール株式会社が制定。スリッパの履き心地のよさと利便性を広め、友人、家族、恋人同士がスリッパを贈り合い楽しめる日にとの願いが込められている。日付は3と8で「スリ（3）ッパ（8）」の語呂合わせから。

ザンパの日

沖縄県読谷村（よみたんそん）で琉球泡盛の製造販売を行う有限会社比嘉酒造が制定。同社の主力商品である泡盛「残波（ざんぱ）」をさらに多くの人に飲んでもらうことが目的。日付は3と8で「残（ざん＝3）波（ぱ＝8）」と読む語呂合わせと、「残波」を飲み交わしながら、新たな気持ちで春を迎えてほしいという思いを込めて。

miwaの日

シンガーソングライター、miwa（ミワ）の所属事務所である株式会社トライストーン・エンタテイメントが制定。miwaの歌声と楽曲、そして人柄の魅力をより多くの人に伝えるとともに、ファンとの「結(ゆい)」を結ぶ日。日付は3と8で「mi（3）wa（8）」と読むことから。

残薬をへらす日

薬の「飲み残し」「飲み忘れ」による残薬をへらすために、薬局総合ポータルサイト「EPARKくすりの窓口」などの運営を行っている株式会社フリービットEPARKヘルスケアが制定。医療費削減につながる残薬をへらすことを、病院、薬局、患者に目指してもらうのが目的。日付は3と8で「残（3）薬（8）」と読む語呂合わせから。

サヴァ缶の日

一般社団法人東の食の会、岩手缶詰株式会社、岩手県産株式会社が制定。東日本大震災からの復興を目指して、三団体がそれぞれ企画、製造、販売を手がけるサヴァ缶シリーズをさらに多くの人に味わってもらうのが目的。日付は3と8で「サ（3）ヴァ（8）」と読む語呂合わせから。サヴァ缶はサバのオリーブオイル漬けの缶詰で、岩手県が東日本大震災の時に全国の方々からもらった元気をお返ししたいとの気持ちを込めてフランス語の「元気？＝Ça va?（サヴァ）」から名付けられたもの。

紗の日

大阪府大阪市に本社を置き、ペット食品・用品の製造販売などを手がけるドギーマンハヤシ株式会社が制定。ペット用のおやつとして2000年3月に発売された「紗（さや）」のPRが目的。口のサイズや噛む力に合わせてちぎって与えられるやわらかいおやつは、わんちゃんにとって家族の愛情を感じられるものとの思いを込めて。日付は「紗」が発売された月の3月と、「さ（3）や（8）」と読む語呂合わせから。

町家の日

京都府京都市に事務局を置く京町家情報センターが制定。町家の中に蓄積された暮らしと建物の知恵や工夫を再評価し、伝統的価値と素晴らしさを広め、保全と再生を図ることが目的。日付は3月をMarch「まーち」、8日を「や」として「まちや」と読む語呂合わせから。

サワークリームの日

明治初年より生クリームやサワークリームをはじめとした乳製品などの製造、販売を行う中沢乳業株式会社が制定。Nakazawaのサワークリームのおいしさをより多くの人に知ってもらうのが目的。日付は3と8で「サ（3）ワー（8）」と読む語呂合わせから。

ケンミン食品株式会社創業日（周年記念）

1950（昭和25）年3月8日に創業したケンミン食品株式会社（兵庫県神戸市）は、2020年に70周年を迎えた。創業者の高村健民氏が米から作るビーフンの製めんを手がけて神戸で創業し、日本にビーフン料理という新しい食文化を広めた。現在ではビーフン、フォー、ライスパスタ、ライスペーパー、冷凍食品、烏龍茶などの製造、販売、はるさめ、くずきりなどの販売を手がけ、直営レストラン、外食店舗運営事業も展開している。

雅(みやび)の日

1928（昭和３）年の創業以来、婚礼から始まる「お慶びの場」として愛されてきた目黒雅叙園(がじょえん)が制定。名称は目黒雅叙園の「雅」の空間を表し、日付は３と８を「みやび」と見立てたもの。

サンワの日

岡山県岡山市に本社を置くサンワサプライ株式会社が制定。各種コンピュータサプライ商品の企画・製造・販売、デスクなどのオフィス用品、パソコン・周辺機器などを手がける同社のことをさらに多くの人に知ってもらうのが目的。日付は３と８でサンワサプライの「サン（３）ワ（８）」と読む語呂合わせから。

赤ちゃん＆こども「カット」の日

赤ちゃんと子ども専門の理容室の存在を広くPRしたいと、その事業を行っている赤ちゃん筆センター株式会社が1999年に制定。日付の由来は３と８で散髪と読む語呂合わせから。

ビールサーバーの日

ますますビールがおいしい季節を前に、冬の間、眠っていたビールサーバーの点検・掃除をする日にと、「ビールサーバードットコム」の木村栄寿氏が制定したもの。日付の由来は３と８の語呂合わせでサーバーから。

さやえんどうの日

さやえんどうの主産県である和歌山県の農業協同組合連合会が制定。和歌山県では３月にハウスのさやえんどうが最盛期となることと、３月８日で「さや」の語呂合わせからこの日に。収穫の恵みを喜び、消費者に和歌山県のおいしいさやえんどうをPRするのが目的。

鯖(さば)すしの日

滋賀県木ノ本町の北国街道（第二の鯖街道）沿いにあり、創業100年を数える老舗「すし慶」が制定。初代より「鯖の棒すし」を作り続け、そのおいしさで全国的に知られている「すし慶」では鯖のPRにつとめている。日付は３月８日を「サバ」と読む語呂合わせから。

三矢の日

味、品質、安全性など自信を持って勧められる優良農産品を「三矢ブランド」として認定している広島県安芸高田市が制定。「三矢ブランド」のPRと普及が目的。安芸高田市は「三本の矢」の訓えで知られる毛

3月

利元就のゆかりの地であり、「三矢ブランド」はその教訓のごとく市とJA、生産者の連携から生まれた。日付は3と8で「三矢」と読む語呂合わせから。

三板(サンバ)の日

代表的な琉球楽器のひとつで、すぐれた奏法と表現力を持つ三板（サンバ）は、文字どおり三枚の板を紐でつなぎ、指の間に挟んで打つ軽打楽器。世界に誇る名楽器の素晴らしさを多くの人に知ってもらおうと、沖縄三板協会（沖縄市）が制定。日付は3と8を「サンバ」と読む語呂合わせから。

サぱの日

全国の高速道路のサービスエリア、パーキングエリア、ハイウェイオアシスをこよなく愛する日本サぱ協会（愛知県名古屋市）が制定。これらの場所を積極的に利用して、その土地の文化や風土を愛する日。日付は3と8で「サぱ」と読む語呂合わせから。「日本サぱ協会」の「サ」はサービスエリア「ぱ」は「パーキングエリア」を表す。

散髪の日

ヘアサロン「saloon hair（サルーンヘアー）」（愛知県犬山市）が制定。記念日を通して広く業界の活性化をはかり、お客様には散髪を通して身も心もすっきり、さっぱりして、精神衛生の向上を図っていただくことが目的。日付は3と8で「散（3）髪（8）」と読む語呂合わせから。

サバの日

サバを専門に取り扱う株式会社鯖や（大阪府豊中市）が制定。多くの人にサバについて興味・関心をもってもらい、日本人が昔から恩恵を受けているサバへの感謝を示すとともに、サバについて深く考える日とすることが目的。日付は3と8で「サバ」と読む語呂合わせから。

3/9

サクナの日

鹿児島県喜界島の喜界町に本社を置き、農産物や薬草の栽培と販売などを行う株式会社喜界島薬草農園が制定。健康長寿の島として知られる喜界島では、青汁の原料として使われるボタンボウフウ（長命草）のことを「サクナ」と呼び、一株食べると1日長生きできるという言い伝えがある。サクナを使った製品を開発し、島の活性化に寄与していくのが目的。日付はサクナの旬が春であることと、3と9で「サ（3）

ク（9）ナ」と読む語呂合わせから。

3.9サキュレントデー

群馬県館林市でサボテン・多肉植物の生産からデザイン、販売を手がけるサボテン相談室が制定。癒しと幸せを与えてくれるさまざまなサキュレント（多肉植物）に感謝の気持ちを伝える日。記念日名は「サンキューサキュレントデー」と読み、日付はサキュレントに感謝を伝えることから3と9で「サンキュー＝3.9」と「サ（3）キュ（9）レント」の語呂合わせを組み合わせたもの。

感謝状Shopの日

茨城県つくば市で学習参考書の制作などを手がける株式会社シーアンドシーが制定。同社の運営する「感謝状Shop」は心のこもった美しい感謝状をオリジナルで受注・作成している。経営者が社員へ感謝の気持ちを伝えたり、家族同士が絆を深めるためなど、さまざまな場面で感謝の気持ちを表すために感謝状を贈ってもらうことが目的。日付は3と9で「サン（3）キュー（9）」の語呂合わせから。

ざっくぅの日

株式会社ジュピターテレコムが制定。「ざっくぅ」とは同社が運営するケーブルインターネットサービス「ZAQ（ザック）」のキャラクターで、ケーブルテレビのある地域に棲息し、人々が安全・安心・快適・便利にインターネットを利用できるように、いつもそばで見守っている。その「ざっくぅ」をさらに多くの人に知ってもらうのが目的。日付は3と9で「ざ（3）っくぅ（9）」と読む語呂合わせから。

松本山賊焼の日

長野県松本市で郷土料理の松本山賊焼を愛する市民や事業所によって設立された松本山賊焼応援団が制定。松本山賊焼は、鶏肉をにんにくなどが入ったタレに漬け込み片栗粉をつけて揚げたもの。松本の地元グルメ、名物として県内外の多くの人に松本山賊焼のおいしさを知ってもらい、同市の魅力のひとつとして広めるのが目的。日付は3と9で「さん（3）ぞく（9）」の語呂合わせから。

西京漬の日

京都府京都市に本社を置き、西京漬を中心とした京都の食文化を伝える商品を手がける株式会社京都一の傳が制定。西京漬とは西京味噌で漬けられた魚や肉などのことで、そのおいしさを多くの方に味わってほしいとの願いが込められている。日付は同社では魚を二昼夜以上漬け込む「本漬け」と呼ばれる昔ながらの製法でつくり、素材の旨味を引き出していることから、3と7で「サ（3）カナ（7）」と読む3月7日の二昼夜後の3月9日とした。

サンクスサポーターズデー

日本生命保険相互会社が制定。日頃、支えてくれている人に感謝の気持ちを伝える日とするのが目的。日付は3と9で「サン（3）キュー（9）＝ありがとう」の語呂合わせから。

さくさくぱんだの日

岡山県岡山市に本社を置くカバヤ食品株式会社が制定。自社の人気商品でパンダの顔の形をしたチョコビスケット「さくさくぱんだ」のおいしさ、かわいらしさをさらに多くの人に知ってもらうのが目的。日付は「さ（3）く（9）さ（3）く（9）ぱんだ」の語呂合わせと、3月9日は「3.9ディ（ありがとうを届ける日）」であることから「さくさくぱんだ」を贈ることで「ありがとう（サンキュー）」を伝える日にとの思いから。

ミックスジュースの日

大阪府大阪市でコーヒーストアの経営などを手がける、おおきにコーヒー株式会社が制定。自社のメニューにもある大阪のエナジードリンク、ミックスジュースを世界に広め、みんなで笑顔になろうという「おおきに！ミックスジュースプロジェクト」を推進するのが目的。日付は3と9で「ミ（3）ック（9）ス」の語呂合わせから。「おおきに＝ありがとう＝thank you＝39」にも掛かっている。

ザグザグの日

岡山県岡山市に本社を置き、中国、四国地方で数多くのドラッグストア、調剤薬局を展開する株式会社ザグザグが制定。店舗名でもあるザグザグ（ZAG ZAG）をより多くの人にPRするのが目的。日付は3と9で「ZAG（ザ＝3とグ＝9）」と読む語呂合わせから。

試薬の日

一般社団法人日本試薬協会が制定。試薬は試験研究用として、化学、生物、材料、臨床検査、環境分析など広い分野において用いられ、科学技術の振興などに役立っていることを広く知らせるのが目的。日付は日本で初めて「試薬」という言葉を使った津山藩医で幕末の蘭学者、宇田川榕菴（うだがわようあん）の生誕日、1798（寛政10）年の旧暦3月9日にちなんで。

雑穀の日

日本古来の主食の原点ともいえる雑穀の素晴らしさについて、より多くの人に知ってもらおうと日本雑穀協会が制定。日付は3と9で「ざっこく」と読む語呂合わせから。雑穀料理のコンテスト、会員企業による店頭PR、雑穀産地でのイベントなどを行う。

感謝の日

「父の日」「母の日」など身内に対する感謝の日はいくつかあるが、人生を重ねていくうえで、いろいろな形で感謝したい人や出来事に出会う。そんな今までの人生でめぐりあったものに思いを寄せる日をと、愛媛県の横山重子氏が制定。日付は3と9でサンキューの語呂合わせから。

3.9デイ(ありがとうを届ける日)

NPO法人のHAPPY & THANKSが社会教育の推進や子どもの健全育成などの活動で、よりよい人材育成と社会の発展などを目的に制定。「ありがとう」という言葉に託して感謝を伝えあう日。日付はサンキュー(3と9)から。

佐久の日・ケーキ記念日

日本三大ケーキのまちのひとつ、長野県佐久市の「信州佐久・ケーキ職人の会」が制定。日付は3と9で「佐久」と読む語呂合わせから。

脈の日

脳卒中に関する正しい知識の普及と予防、患者の自立と社会参加の促進を目的として活動する公益社団法人日本脳卒中協会(大阪府大阪市)が制定。不整脈の一種である心房細動が原因で起こる脳梗塞は死亡率が高く、重い後遺症を残すことが多い。しかし、適切な管理をすることで脳梗塞の6割は予防できることから、その予防法のひとつとして脈のチェックを呼びかけるのが目的。日付は3と9で「みゃ(3)く(9)」の語呂合わせから。

子宮体がんの日

子宮の内側の粘膜にできる悪性腫瘍の「子宮体がん」のことを多くの人に知ってもらい、早期の発見につながる検診や予防の啓発を目的に、茨城県で活動する「子宮体がんの会 ももとうふ」が制定。「子宮体がん」のシンボルはピーチリボン。日付は「子宮頸がんを予防する日」が4月9日であることから、頸部よりも体の上にできるがんなので、その1か月前の3月9日を「子宮体がんの日」とした。

ネットワークの日

情報ネットワークが社会インフラとなった現代、信頼性の高いネットワークインフラを提供し、利用者のためのさまざまな事業を展開する、アライドテレシス株式会社が制定。ネットワークについての各種啓蒙活動を行うことが目的。日付は同社の創立記念日（1987年3月9日）から。

3/10

見合いの日

オンライン上での結婚相談所の運営を中心に、婚活サービスを展開するエン婚活エージェント株式会社が制定。同社は結婚しない人の理由の大きな部分を占める「ふさわしい相手と巡り会えない」という問題を解決して「幸せが続く結婚をすべての人に」というビジョンを掲げている。出会いの機会を提供し、幸せな結婚を推奨していくことが目的。日付は3と1と0で「み（3）あい（1）＝見合い」「ミー（3）ト（10）＝meet」「0＝円＝縁」の語呂合わせから。

サトウ記念日

テレビアニメ「キャプテン翼」の日向小次郎、「ジョジョの奇妙な冒険」のシーザー・アントニオ・ツェペリ、「アイドリッシュセブン」の十龍之介など、数多くの役を演じる声優・俳優・ラジオパーソナリティーの佐藤拓也氏の活躍を記念して、出演番組などを手がけるセカンドラインが制定。日付は3と10で「サトウ」と読む語呂合わせから。

ミードの日

京都府京都市に事務局を置く一般社団法人日本ミード協会が制定。人類最古のお酒とも言われる蜂蜜を原料とする醸造酒の「ミード」（蜂蜜酒）の認知度を高め、そのおいしさを味わってもらうのが目的。日付は3と10で「ミー（3）ド（10）」と読む語呂合わせから。

たけのこの里の日

チョコレート菓子「たけのこの里」を発売する株式会社明治が制定。1979年の発売以来、チョコレートとクッキーを組み合わせた絶妙な食感とおいしさで愛されてきた「たけのこの里」から、多くのファンに感謝の気持ちを伝える日。日付はたけのこの旬が3月からで、3と10で「里（さと）」と読む語呂合わせから3月10日に。

名古屋コーチンの日

愛知県と一般社団法人名古屋コーチン協会が制定。日本を代表するブランド地鶏である名古屋コーチンのより一層の消費拡大を図るのが目的。日付は尾張藩士の海部壮平（かいふそうへい）、海部正秀（かいふまさひで）兄弟によって手がけられた地鶏の名古屋コーチンが、その優れた肉質や産卵能力が評価されて1905（明治38）年3月10日に日本初の実用品種として日本家禽（かきん）協会から認定された史実から。

クラシアンの日

神奈川県横浜市に本社を置く株式会社クラシアンが制定。1991年6月に創業した同社は「水のトラブルはクラシアン」を掲げ、水まわりの緊急メンテナンス業を中心に活動している。2016年の創業25年の節目に「水のトラブルを解決する会社」であることをPRするのが目的。日付は「水（3）トラブル（10)」と読む語呂合わせから。

マルヨのほたるいかの日

⇨「1年間に複数日ある記念日」の項を参照。

東京都平和の日

1945（昭和20）年3月10日深夜0時8分、アメリカ空軍のB29爆撃機が東京上空に飛来して大空襲が行われ、最大級の被害をもたらした。東京都ではこの日を「東京都平和の日」と定め、都民一人ひとりが平和を考える日として、さまざまな行事を行っている。

農山漁村女性の日

1988（昭和63）年に農林水産省が制定した日で、農林漁業で働いている女性の地位向上を目的とする。3月10日となったのは農閑期であることや、女性だけの休息日とされる女人講などが10日に開かれていたため。

ミントの日

2000年12月にクラシエフーズ株式会社が制定。ミントのPRを目的とした日で、日付は3月10日をミントと読む語呂合わせから。同社ではクールでさわやかなミント風味のタブレット菓子「FRISK（フリスク)」を発売している。

サボテンの日

サボテン類の生産額日本一を誇る岐阜県本巣郡巣南町にある「さぼてん村」を経営する株式会社岐孝園が制定。日付の由来は3と10でサボテンの語呂合わせから。また、サボテンは3月に花を咲かすためという意味合いも。

ミルトンの日

ママたちが赤ちゃんの衛生管理について考えるきっかけの日をと、哺乳瓶用の消毒剤として有名な「ミルトン」を発売する杏林製薬株式会社が制定。日付は3と10で「ミルトン」と読む語呂合わせから。

3/11

おうえんの日

山下翔一（株式会社ペライチ）、柚木昌宏（bond club）、高田洋平（マネバナ）の３氏が制定。2011年３月11日に発生した東日本大震災では多くの人が亡くなった。その日を忘れることなく、今生きている人たちが、小さな一歩を踏み出そうとする人を愛を持って応援することで、人の優しさにあふれる日とするのが目的。

いのちの日

2011年３月11日に発生した東日本大震災では多くの命が失われた。震災で学んだことを風化させることなく災害に備えようと「災害時医療を考える会（Team Esteem）」が制定。災害時医療の改善を図るとともに、９月１日に防災訓練が行われるように、３月11日には健康、医療、災害時の体制などを考える機会を設けたいとの思いから。

3/12

咲顔（えがお）の日

咲顔と書いて「えがお」。これは民俗学者の柳田國男が「笑む」を「咲む」と書いたことにはじまる。誰もが心からほころぶような咲顔の人になることを願い、喜田寛氏（株式会社喜田寛総合研究所代表）が制定。日付は喜田寛氏の誕生日（1945年３月12日）から。

だがしの日

全国の駄菓子メーカーなどで結成された、一般社団法人DAGASHIで世界を笑顔にする会（岡山県瀬戸内市）が制定。日本の精神・文化が凝縮された駄菓子業界の活性化と、DAGASIを世界平和のキーワードとして世界中の人々に知ってもらうことが目的。日付はお菓子の神様、菓祖として知られる田道間守（たじまもり）公を祀る橘本神社（和歌山県海南市）の前山和範宮司の提唱により、田道間守公の命日とされる３月12日に。

サイズの日

女性下着などを中心とした衣料品のトップメーカー、株式会社ワコール（京都市）が制定。３月は新生活に向けて服や靴、インナーなどさまざまなものを買い替える時期。この日をきっかけにサイズの大切さをより多くの人が知り、自分の体形にフィットするものを選んでもらうのが目的。日付は３と12で「サ（３）イズ（12）」の語呂合わせから。

サイフの日

レディースやメンズのバッグ、サイフなどのライセンスブランド商品の企画・販売を手がけ、「Good Style, Good Life ～スタイルが人生を豊かにする～」を企業理念に掲げるスタイル株式会社が制定。買い換え需要の多い時期である３月にサイフ売り場の活性化を図るのが目的。日付には３と12で「サイフ」と読む語呂合わせの意味もある。

3/13

ペヤングソースやきそばの日

群馬県伊勢崎市に本社を置き、即席麵を中心とした食料品の製造販売を行う、まるか食品株式会社が制定。同社の代表的な商品「ペヤングソースやきそば」をより多くの人に知ってもらい、そのおいしさを味わってもらうのが目的。日付は「ペヤングソースやきそば」が1975年３月13日に発売されたことから。当時はカップ麵が高価であったため、若いカップルに二人でひとつのものを仲良く食べてほしいとの思いから「ペア」と「ヤング」をあわせて「ペヤング」という名前を付けたという。

新選組の日

1863（文久３）年の３月13日、京都・壬生に屯所を置いていた近藤勇などの浪士隊のもとに会津藩公用方から会津藩御預りとする連絡が入ったことから、新選組ゆかりの東京都日野市観光協会が制定。

近藤勇

崔さんの日

株式会社崔さんのお店（大阪府泉佐野市）が制定。同社では生春巻きを中心に「巻く」「包む」にこだわったサラダと、韓国と日本の味をコラボレートしたドレッシングをはじめとする商品などの製造販売を手がけていることから、その魅力をPRするのが目的。日付は３と13で「崔(さい)さん」と読む語呂合わせ。

3/14

不二家パイの日

「ミルキー」「ルック」「ホームパイ」などの人気菓子やケーキ・洋菓子の製造販売で知られる株式会社不二家が制定。３月14日の「ホワイトデー」に不二家のパイを食べてもらいその品質の良さを知ってもらうのが目的。ホワイトデーはバレンタインデーのお返しの日ということで、生地を何度も折り返し層を重ねて作るパイは贈り物にふさわしいことと、記号のπ（パイ）は一般的に3.14と憶えられていることから。

オキシクリーンの日

化粧品、日用雑貨、健康食品、医薬品、日用雑貨などの企画製造販売を手がける株式会社グラフィコが制定。同社が日本の正規販売代理店である衣料用漂白剤の「オキシクリーン」をより多くの人に知ってもらうのが目的。日付は漂白の「白」と、ホワイトデーの「ホワイト＝白」を掛けて３月14日としたもの。

オキシ漬けの日

化粧品、日用雑貨、健康食品、医薬品、日用雑貨などの企画製造販売を手がける株式会社グラフィコが制定。同社が日本の正規販売代理店である衣料用漂白剤の「オキシクリーン」を使用する漬け置き洗いを「オキシ漬け」と呼ぶ。その愛称と利便性をより多くの人に知ってもらうのが目的。日付は漂白の「白」と、ホワイトデーの「ホワイト＝白」を掛けて３月14日としたもの。

ホワイト・デー

バレンタインデーのお返しの日としてこの日を制定したのは福岡市の菓子店、石村萬盛堂。1977（昭和52）年の制定当時は「君からもらったチョコレートを僕の心（マシュマロ）でやさしく包んでお返しするよ」という意味づけで、マシュマロを返すのが正式なルールだったという。

数学の日

円周率の3.14……にちなみ、３月14日を数学の日としたのは日本数学検定協会。数学を生涯学習として、子どもから大人まで楽しめるものに発展させようと制定したもの。

美白デー

すべての女性に美白についての高い意識と深い知識をもってもらいたいとの願いから、日本を代表する化粧品メーカーの株式会社ポーラが制定。日付は美白にちなみ「もうひとつのホワイトデー」と呼ばれるようにとこの日に。

さーたーあんだぎーの日

「さーたーあんだぎー」とは砂糖、小麦粉などを使い、油で揚げた沖縄を代表するお菓子。「さーたーあんだぎーのうた」を2004年３月14日に発表した沖縄出身のミュージシャン「シューベルトまつだ」が制定。「ホワイトデーには『さーたーあんだぎー』をお返しに贈ろう」と呼びかけ、全国に沖縄の家庭の味「さーたーあんだぎー」を普及させるのが目的。

切腹最中の日

浅野内匠頭が吉良上野介への刃傷沙汰から切腹をされ、のちの「忠臣蔵」へとつながるのが元禄14年３月14日のこと。「忠臣蔵」にまつわる数々の事柄を多くの人に語り継いでいただこうと、「切腹最中」をつくる東京新橋の和菓子店、新正堂（大正元年創業）が制定。新正堂は浅野内匠頭が切腹された田村右京太夫屋敷に在する老舗和菓子店で「仮名手本忠臣蔵味こよみ」「景気上昇最中」などの人気商品がある。

ホームインスペクションの日

ホームインスペクション（住宅診断）とは、住宅に精通したホームインスペクター（住宅診断士）が、住宅の劣化状況、欠陥の有無、改修すべき箇所やその時期、おおよその費用などを見きわめ、アドバイスを行う専門業務のこと。NPO法人日本ホームインスペクターズ協会が制定。日付は一般的な住宅１軒を診断する時間が平均３時間14分であることから。

ピカジョの日

ブランディングの向上を目的としたオリジナルお菓子の商品開発などを手がける株式会社ESSPRIDE（エスプライド）が制定。同社が開発した仕事でも輝いている女性である「ピカジョ」のカードが入ったポテトチップス「全国企業選抜‼ピカジョチップス」のPRが目的。日付は３月14日が女性が輝く「ホワイト・デー」から。

花贈り男子の日

2013年３月に活動を始めた男子から女子へ花を贈る文化を創造するプロジェクト「FLOWER GIFT STORY」が設立１周年を記念し、ホワイトデーに花を贈る男子と花を贈られて喜ぶ女性を増やしたいとの思いから制定。そこには一年を通じて花を贈る良さを伝え続けているメンバーへの恩返しの意味と、新しい文化を創った嬉しさを共有して活動を活性化させていきたいとの願いが込められている。

ドメインの日

ドメインはインターネット上の住所のこと。国内最多の1000種類以上のドメインを提供する、ドメイン取得サービスの株式会社インターリンクが制定。新しいドメインや世界各国に割り当てられているドメインの認知度の向上が目的。日付はドメインネーム「symbolics.com」が正式なDNS（Domain Name System）管理手順に沿って、世界で初めて登録されたドメインとなった1985年３月15日から。

最硬の盾の記念日

出版・映像事業などを手がける株式会社KADOKAWAのアニメ事業局が制定。同社出版のライトノベル『盾の勇者の成り上がり』と『痛いのは嫌なので防御力に極振りしたいと思います。』のテレビアニメのPRが目的。両作品では「盾」が最も防御力の高い（最硬）アイテムとしてフィーチャーされている。日付は３と15で「さ（３）い（１）こ（５）＝最硬」と読む語呂合わせから。

温泉むすめの日

地域活性クロスメディアプロジェクト「温泉むすめ」の運営を行う株式会社エンバウンドが制定。アニメや漫画、キャラクターや声優などが持つ創造的な価値を通じて、全国の温泉地や地方都市の魅力を国内外に発信する「温泉むすめ」。各地の温泉地をモチーフとしたキャラクターを制作して、さまざまなメディア展開を行うこのプロジェクトを多くの人に広め、いつまでも愛してもらうことが目的。日付はプロジェクトが本格的に活動を始めた2017年３月15日から。

「会いに、走れ。」記念日

卒業や就職など、別れと旅立ちと出会いのある３月中旬。大切な人を思い出し、走って会いに行く決意を促そうと、世界的なスポーツシューズメーカー、ニューバランスの日本での展開を行う株式会社ニューバランスジャパンが制定。

眉の日

顔の印象の８割を決めるとも言われる眉は、プロが客観的に見て整えることが大切。そこで化粧品の販売、眉の専門家であるアイブロウスペシャリストのサロン「アナスタシア」の運営などを手がけるクレディアワールドワイド株式会社が、サロンで眉を整える文化を普及させることを目的に制定。日付は新生活を迎えるこの時期に「さあ（３）

行こう（15）」「最高（315）の眉、最高（315）の笑顔」などの意味の語呂合わせから。

3/16

おかでんチャギントンの日

岡山県岡山市に本社を置き、岡山を中心に交通事業、運輸事業、まちづくり事業などを手がける両備ホールディングス株式会社が制定。「チャギントン」はイギリスで生まれた鉄道アニメで、作品に登場する人気キャラクターのウィルソンとブルースターを、同社のグループ企業のひとつである岡山電気軌道株式会社（通称・おかでん）が実車化。2019年３月16日に初めて岡山市内の路面電車に観光電車として走り出したことを記念したもの。

ミールオンデマンドの給食サービスの日

⇨「１年間に複数日ある記念日」の項を参照。

ミドルの日

男性用化粧品のトップメーカー、株式会社マンダム（大阪市）が制定。自社製品の無香料整髪料「ルシード」のリニューアルを記念して、日本を支えるミドル世代の男性の活き活きとした若々しい生き方を応援する日。日付は３と16で「ミドル」と読む語呂合わせから。

3/17

みんなで考えるSDGsの日

総合PR会社である共同ピーアール株式会社の総合研究所（PR総研）が制定。国連が定めた持続可能な開発目標であるSDGs（Sustainable Development Goals）についてのさまざまな企業の取り組みをより多くの人に伝えることが目的。企業だけでなく一人ひとりがSDGsについて考える日にとの思いも込められている。日付は持続可能な世界を実現するための「17のゴール」から、「みんな（３）」で「17」のゴールを実現しようという意気込みで。

セント・パトリック・デー

アイルランドの守護聖人セント・パトリックの祝日。アイルランドの国花・三つ葉のクローバーがシンボル。これは、聖人が三位一体を説く時にクローバーを用いたことに由来するとか。

この日、シンボルカラーの緑色のものを身につけると幸福になれるとされる。

3/18

点字ブロックの日

視覚障害者の安全な歩行を助ける点字ブロック。この点字ブロックが世界で初めて岡山県立岡山盲学校に近い交差点に敷設されたのが1967（昭和42）年３月18日。これを記念し、点字ブロックの安全性の確保と発展を目指して社会福祉法人岡山県視覚障害者協会が制定。

3/19

眠育の日

大阪府大阪市に本社を置き、繊維製品や健康寝具などの製造販売を手がける西川株式会社が制定。発育における子どもたちの睡眠の大切さ、成長とその関係性などを知ってもらい「眠育®」を幅広い世代に認知拡大していくことが目的。日付は３と１と９で「みん（３）い（１）く（９）」と読む語呂合わせから。

ウィッグ（Wig）の日

総合毛髪関連事業の株式会社アデランスが制定。ウィッグとは装飾や髪形を変える目的で用いられるかつらのこと。ウィッグをポジティブに捉えてもらうとともに、同社の新ブランドである「o-wig（オーウィッグ）」の発売を記念するのが目的。日付は３と19の３を右に90度回転させるとアルファベットの「w」、１は「i」、９は「g」に見え、つなげると「wig」（ウィッグ）と読めることから。

ミュージックの日

音楽関係の労働者の団体、日本音楽家ユニオンが1991年に制定。３月19日をミュージックと読ませる語呂合わせから。クラブなどで働く演奏家たちの存在をアピールするのが目的。

ミックの日

不動産などを手がける株式会社三春情報センターが制定。同社の英語表記Miharu Information Centerの頭文字からMic（ミック）と呼ばれる。ホームページのURLもMicにちなんで319.jpであり、30周年を迎えることを記念して制定したもの。

3/20

未病の日

神奈川県横浜市に本社を置く株式会社ブルックスホールディングスが制定。未病とは東洋医学において「明確な病気ではないが体調がすぐれない状態」を表す。同社が未病を改善する取り組みを推進する神奈川県と連携し、神奈川県大井町と協働しながら運営する「未病バレービオトピア」を多くの人に知ってもらうのが目的。日付は3月20日は体調を崩しやすい季節の変わり目の春分の日となることが多く、日頃の生活習慣に目を向けてもらいたいとの願いから。また、3と20で「未（3）病（20）」と読む語呂合わせも。

サブレの日

クッキーの一種で、バター風味とサクッとした食感が特徴のサブレ。ココナッツサブレやセサミサブレ、バターサブレなどを製造販売する日清シスコ株式会社（大阪府堺市）が制定。日付は3と20で「サブレ」と読む語呂合わせから。

日やけ止めの日

肌を日やけから守る「ANESSA」などの商品を手がける化粧品メーカーの株式会社資生堂が制定。春分の日を境に日照時間が長くなり、日にやける機会が増えることから、その前に日やけ防止の意識を持ってもらうのが目的。日付は春分の日となることが多い3月21日の前日であり、年により春分の日にもなる3月20日に。3と20で「サニー・ゼロ」の語呂合わせも。

3/21

春分（しゅんぶん）

［年によって変わる］二十四節気のひとつ。この日は、太陽が真東から昇って真西に沈み、昼と夜の長さが同じになる日。

春分の日

［年によって変わる］国民の祝日としての「春分の日」は、「自然をたたえ、生物をいつくしむ」日とされる。国民の祝日に関する法律によって現在の名称になったが、1947（昭和22）年までは春季皇霊祭という祭日であった。

プリの日

「きれいに写る感動をみんなに伝える」をモットーに、プリントシール機（プリ）の企画、開発、製造、販売を手がけるフリュー株式会社が制定。プリントシール機で撮影する楽しさをより多くに人に知ってもらうのが目的。日付はプリントシール機で撮影するときに「３・２・１」と掛け声をかけることから。

木挽BLUEの日

宮崎県宮崎市に本社を置き、焼酎を中心とした酒類の製造販売を行う雲海酒造株式会社が制定。独自開発した酵母「日向灘黒潮酵母」を用いて製造した、すっきりとしてキレがありロックでも飲みやすい本格芋焼酎「木挽BLUE（こびきブルー）」を、より多くの人に楽しんでもらうことが目的。日付は「木挽BLUE」が全国発売された2017年３月21日にちなんで。

はじめようの日

株式会社大丸松坂屋百貨店が制定。春、何かを新しく始める人を応援する日。「さぁ、始めよう」という気持ちを思い起こしてもらい、それを応援するのが目的の「行動応援型」の記念日。日付はチャレンジを始めるためのカウントダウン「３、２、１」を表す３月21日に。

酒風呂の日

［春分、年によって変わる］⇨「１年間に複数日ある記念日」の項を参照。

アクションスポーツの日

［春分の日、年によって変わる］アクションスポーツメーカー、小売店、関連企業などが協力して設立された一般社団法人JASA（日本アクションスポーツ連盟、JAPAN ACTION SPORTS ASSOCIATION）が制定。サーフィン、スケートボーディング、スノーボーディングなどに代表されるアクションスポーツの普及、促進が目的。日付は、雪の上でスノーボーディングができ、またサーフィンもできる春分の日とした。

昔 ピュアな乙女達の同窓会の日

［春分の日、年によって変わる］大阪府羽曳野市で中学時代を過ごした幼なじみの佳代子・あっちゃん・チャーミ・マミの４人組が制定。「久しぶり」のひと言で「あの頃」に戻れる同窓会。みんなで歩いた青春の日々が蘇る感動的な日を楽しんでもらいたいとの願いが込められている。日付は青春をイメージし、卒業式のシーズンであり、みんなが

集まりやすい祝日の「春分の日」に。

ランドセルの日

６年間の思い出をいっぱい詰めこんだランドセルに感謝の気持ちをと、ミニランドセルの制作者らが制定。３月21日は卒業式の頃、そして３＋２＋１＝６で６年間ありがとうの意味もこめられている。ちなみに、ランドセルはオランダ語の「ランセル（背嚢）」がなまったもの。

日本手ぬぐいの日

注染（ちゅうせん）手ぬぐいなどの製造、販売を手がける株式会社ナカニ（大阪府堺市）が制定。地場産業の発信と手ぬぐい文化の発展、継承が目的。日付は春を迎えて手ぬぐいの需要が高まり、生産も増え始める頃で、「春分の日」となることがある３月21日とした。同社では注染の技法を活かした新たな個性的な手ぬぐいのブランド「にじゆら」を展開し、幅広い業界から注目を集めている。

3/22

さくらねこの日

兵庫県芦屋市の公益財団法人どうぶつ基金が制定。「さくらねこ」とは不妊手術済みの印に猫の耳先を桜の花びらの形に少し切った「さくら耳」を持つ猫のことで、そのための「TNR活動」(トラップ＝捕獲、ニューター＝不妊手術をしてさくら耳に、リターン＝元の場所に戻す）を多くの人に知ってもらうのが目的。同法人では行政による犬や猫の殺処分ゼロを目指し、不幸な命を減らすために無料不妊手術などを行っている。日付は３と22で桜の季節の３月と猫の鳴き声を掛けた「さくら（３）ねこ＝にゃんにゃん（22)」の語呂合わせから。

放送記念日

1925（大正14）年のこの日、東京・芝浦に設けられた東京放送局仮スタジオから日本初のラジオ仮放送が行われたことを記念して、NHKが1943（昭和18）年に定めた日。仮放送当日の第一声は、「アー、アー、アー聞こえますか」だったとされる。

3/23

世界気象デー

1950年のこの日、世界気象機関条約が発効し、国連の専門機関（WMO）が正式に発足したことを記念して、1960年に制定。自然災害の防止や地域の気象観測にも、国際的な気象観測の協力体制はますます必要不可欠なものとなっている。

3/24

人力車発祥の日（日本橋人力車の日）

明治３（1870）年のこの日、人力車の発明グループの３人（鈴木徳次郎、高山幸助、和泉要助）に、東京府より人力車の製造と営業の許可がおり、日本橋のたもとで営業を始めたことにちなみ、人力車の営業活動を行っている「くるま屋日本橋」が制定。人力車は各地の観光地やイベントなどで人気が高く、また環境を考える乗り物として評価する声もある。くるま屋日本橋では、東京の日本橋まつりなどに参加し、人力車の魅力をアピールしている。

ホスピタリティ・デー

思いやり、もてなしといった意味のホスピタリティの精神を広めるためにNPO法人日本ホスピタリティ推進協会（旧・日本ホスピタリティ協会）が1994年３月24日に制定。この日を日常生活の中で他人に対して思いやる心をほんの少しでも表す実践の日として位置づけ、その普及を目ざしている。「３」は新しいものを創り出すエネルギー、自己表現を表し、「２」は思いやり、協力を意味し、「４」は全体を作りあげる基礎の数字とされることから、３月24日を記念日とした。

未来を強くする日

「あなたの未来を強くする」をブランドメッセージにする住友生命保険相互会社が制定。お客様からみて「一番薦めたい保険会社」を目指している同社の、新しい挑戦のきっかけとなる卒業・旅立ちの季節に、最初の一歩を踏み出すきっかけの日にしてほしいとの願いが込められている。日付は３と24で「未（３）来を強く（24）」の語呂合わせから。

恩師の日（「仰げば尊し」の日）

京都府の山中宗一氏が、学校時代の先生はもちろん、人生の中で師と仰ぎ「恩師」と呼べる人に、唱歌『仰げば尊し』の歌詞のような感謝の気持ちを込めて、お礼の手紙を書く日にと制定。恩師への感謝の思いを忘れることなく生きて行こうとの願いが込められている。日付はこの頃に卒業式が各学校などで行われることから。

3/25

ご自愛の日

「最愛の自分に最高の運命を」と、ご自愛ライフスタイルを提唱するご自愛学会が制定。自分を大切にすること（ご自愛）の大切さを広めるのが目的。日付は自分の愛し方の専門家で、ご自愛ライフスタイル研究室を主宰する小原綾子氏の誕生日から。

みんなでニッコリみんなで健康長寿の日

福岡県福岡市に本社を置き、ヘルスケア商品、スキンケア商品などの製造、販売を行うキューサイ株式会社が制定。「100歳まで楽しく歩こうプロジェクト」を推進している同社が、健康長寿には運動・食事・交流が重要として、２月25日の「ひざ関節の日」（運動）、４月25日の「しあわせニッコリ食で健康長寿の日」（食事）とともに、交流の大切さを多くの人に知ってもらうのが目的。日付は３と25で「みんなで（３）ニッコリ（25）」の語呂合わせから。

EGSスリースマイルの日

神奈川県横浜市に本社を置き、石油製品の販売などを手がける株式会社ENEOSジェネレーションズが制定。同社は2017年から「お客様を笑顔に」「従業員を笑顔に」「地域から愛されるお店に」の「３つのスマイル」を企業ブランドの誓いに掲げて行動指針としており、社内のクレドとして浸透している。記念日を設けることでさらに社員の心をひとつにするのが目的。日付は「３つのスマイル」を「３つのニッコリ（25）」と読み替えて３月25日としたもの。

とちぎのいちごの日

⇨「１年間に複数日ある記念日」の項を参照。

電気記念日

1878（明治11）年のこの日、東京・虎ノ門で行われた電信中央局の開業パーティーで50個のアーク灯が点灯された。この日本初の電灯の点灯を記念して、日本電気協会が1955（昭和30）年に制定。

サガミのみそ煮込の日

和食麺類のファミリーレストランチェーンを展開する株式会社サガミホールディングス（愛知県名古屋市）が制定。みそ煮込のおいしさを全国に知ってもらうことが目的。同社はみそ煮込を年間175万食販売。日付は３と25で「み（３）そ煮込（25）」の語呂あわせから。

3/26

サク山チョコ次郎の日

茨城県筑西市に本社・工場を置き、チョコレート、ビスケットなどの菓子の製造販売を手がける株式会社正栄デリシィが制定。「一緒ならもっと楽しい。もっとおいしい」をテーマに、サクサクビスケットとミルクチョコレート、ミルククリームを組み合わせた一口チョコビスケット「サク山チョコ次郎」。そのおいしさとコミュニケーションチョコビスケットの魅力を楽しんでもらうのが目的。日付は３と26で「サ（３）ク山チョコ次郎（26）」の語呂合わせから。

3/27

祈りの日

全日本宗教用具協同組合が制定。宗教用具を通じて祈りの文化を幅広い世代に広めていくのが目的。日付は『日本書紀』に記載された詔（みことのり）に「諸国の家ごとに佛舎（ほとけのみや）を作り、即ち佛像と経とを置きて礼拝供養せよ」とあり、その日が当時の暦で３月27日であったことにちなむ。

さくらの日

日本さくらの会が1992年に制定。日本を代表する花である桜への関心を高め、花と緑の豊かな国土を作ろうというのがその目的。七十二候の「桜始開（さくらはじめてひらく）」の時期であり、「咲く」の語呂合わせ３×９＝27であることから３月27日となった。

3/28

八幡浜ちゃんぽん記念日

愛媛県八幡浜市が制定。市民のソウルフードである「八幡浜ちゃんぽん」でまちを元気にするのが目的。市では商工観光課にちゃんぽん係長を配置したり、八幡浜ちゃんぽん振興条例を設けるなど、その知名度向上に取り組んでいる。日付は旧八幡浜市と旧保内町が合併した2005年３月28日から。八幡浜ちゃんぽんは鶏ガラ・鰹・昆布などでダシを取った黄金色のスープで、あっさりとした風味が特徴。特産品の蒲鉾・じゃこ天などの水産練製品が具材として使われている。

酵水素328選の日

ヘルスケアセールス事業、ヘルスマーケティング事業などを行うジェイフロンティア株式会社が制定。同社の「酵水素328選」は328種類の原材料を使用した植物発酵エキスを使って作られた栄養機能食品。多くの人に「酵水素328選」を知ってもらい健康的な体作りの一助としてもらうことが目的。日付は商品名から３月28日としたもの。

三ツ矢サイダーの日

1884（明治17）年に「三ツ矢平野水（ひらのすい）」として販売が開始された、日本を代表する清涼飲料水三ツ矢サイダー。その製造販売元であるアサヒ飲料株式会社が制定。日付は３月28日を三ツ矢（ミツヤ）と読む語呂合わせから。

三ツ矢の日

清く、涼しく、気持ちがスーッと澄みわたる国民的炭酸飲料「三ツ矢サイダー」を製造販売するアサヒ飲料株式会社が制定。「三ツ矢サイダー」は磨かれた水、果実などから集めた香料のみを使い、非加熱製法の爽やかな味わいで、保存料を一切使わない安心安全な透明炭酸飲料。日付は３と28で「三ツ矢」（ミツヤ）と読む語呂合わせから。

グリーンツーリズムの日

大分県各地で活動を行う特定非営利活動法人大分県グリーンツーリズム研究会（大分県宇佐市）が制定。グリーンツーリズムとは農山漁村地域において、自然、文化、人々との交流を楽しむ滞在型の余暇活動のことで、その振興と発展が目的。日付は1996（平成８）年３月28日に、日本におけるグリーンツーリズムの発祥と言われる大分県安心院町グリーンツーリズム研究会が発足したことから。

3/29

作業服の日

ものづくり大国の日本では多くの労働者が第二次産業に従事している。日本の屋台骨を支えている作業服姿の人々に感謝し、新年度の４月１日から新しい作業服でさらに頑張ってもらいたいとの願いを込めて、作業服の販売などを手がける、まいど屋株式会社が制定。日付は３と29で「作業服」の語呂合わせでもある。

みんつくの日

岡山県岡山市の「つなぐ、つたえる、シェアをする」をキーワードに、社会のさまざまな課題の解決を目指す公益財団法人「みんなでつくる財団おかやま」（通称・みんつく）が制定。一人ひとりが自分の未来に対して、意志をもってお金や時間を使い、社会をより良くするために行動する日。日付は「みん（３）つく（29）」と読む語呂合わせから。

サニクリーンの日

「子ども達の笑顔が続く未来のために、さわやかな環境づくり」を掲げ、清掃で安心や健康をサポートする株式会社サニクリーンが制定。同社では地域社会の一員として環境保全、社会貢献活動に取り組んでいることから、一人ひとりが「子ども達の未来」について考え、行動を起こすきっかけの日になってほしいとの願いが込められている。日付は「サ（3）ニクリーン（29）」の語呂合わせから。

3/30

3月

サラサーティの日

大阪府大阪市に本社を置き、医薬品や芳香剤、衛生雑貨品などを製造販売する小林製薬株式会社が制定。同社が発売するおりものシート「サラサーティ」で多くの女性が不快に感じているおりものの悩みを解消してもらうのが目的。日付は「サラ＝3」「サーティ＝30」の語呂合わせと、生理日以外の毎日のデリケートゾーンがサラサラで快適に過ごせるようにとの願いから。

スポーツ栄養の日

株式会社日刊スポーツ新聞社が制定。同社が運営するスポーツ栄養サイト「アスレシピ」をより多くの人に活用してもらうのが目的。日付は「アスレシピ」がオープンしたのが2016年3月30日であり、アスリートにとってバランスの良い食事は、主食・主菜・副菜・汁物・果物・乳製品の6種類であることから、3月30日を3＋3＋0＝6と見立てて。

信長の野望の日

1983（昭和58）年3月30日に発売された歴史シミュレーションゲームソフト「信長の野望」。その発売30周年を記念して、開発・販売元の株式会社コーエーテクモゲームス（神奈川県横浜市）が2013年に制定。「信長の野望」は多くのファンから愛され、今もシリーズ化されている人気のゲームソフト。日付は「信長の野望」シリーズ第一作が発売された日。

妻がうるおう日

菓子、牛乳、乳製品、食品、一般用医薬品の製造販売などを手がける株式会社明治が制定。年度末に主婦のこの一年度の努力をたたえ、新しい年度（季節）の始まりに向けて「家のことありがとう、自分が喜ぶこともしてね」と感謝の気持ちを伝える日。家族の応援で身も心もうるおってもらうのが目的。日付は同社のアミノコラーゲンヨーグルトの発売日（2015年3月30日）から。

サミーの日

パチンコ・パチスロの開発、製造、販売などを手がけるサミー株式会社が制定。「新しいことはサミーから」という開発方針のもと、パチンコ・パチスロ業界で新しいチャレンジを続ける同社の企業認知度をさらに向上させることが目的。日付は３と31で「サ（３）ミー（31)」と読む語呂合わせから。

カワマニの日

大阪府大阪市に本社を置き、バッグ・財布などのレザーグッズの製造卸しを手がける株式会社ポームが制定。皮革製品に対する知識を広め、革の魅力とその価値を知ってもらうのが目的。「カワマニ」とは革製品を愛するカワマニアなカワウソのキャラクター名で、革に親しんでもらいたいとの願いが込められている。日付は３月31日を「0331」と見立て「レザー（03）サイ（31）コー」と読む語呂合わせから。

サンミーの日

大阪府大阪市に本社を置き、パン・洋菓子・デリカ食品などの製造販売、ベーカリーレストランなどの運営を手がける株式会社神戸屋が制定。同社の人気商品の「サンミー」は大阪のソウルパンとも言われ、関西圏を中心に幅広い年齢層から愛される菓子パン。デニッシュ生地にクリームを包み、ケーキ生地をトッピングして焼き上げ、チョコを線描きすることでクリームとケーキとチョコを一度に味わえることから「三味（サンミー)」と名付けられたパンで、記念日を通してさらに多くの人に愛してもらうことが目的。日付は３と31で「サン（３）ミイ（31)」と読む語呂合わせから。

サザンイエローパインの日

屋外での耐久性に優れたアメリカ産木材のサザンイエローパイン。この木材を輸入し、大阪のユニバーサルスタジオジャパン（USJ）の屋外施設を建設した中川木材産業株式会社が制定。日付は３（サ）３（ザン）１（イエロー）の語呂合わせと、USJのオープンの日から。

山菜の日

山菜料理の出羽屋（山形県西村山郡西川町）が制定。多くの人に山菜のおいしい食べ方、保存方法、加工食品などについて知ってもらうのが目的。日付は雪の多い同町では春の山菜が待ち遠しいこともあり、３月の最終日に「春ですよ」との合図を込めるとともに、３と３と１

で「山菜（さんさい）」と読む語呂合わせから。

体内時計の日

「からだと社会をつなぐ。」を企業ビジョンとするドコモ・ヘルスケア株式会社が制定。同社の健康的な体づくりを支援するサービス「からだの時計 WM」により、体内時計を整え、健やかな24時間の使い方と、体が持つ本来の力を引き出してもらうのが目的。日付は入社や入学などの新生活の変わり目に、生活リズムを省みる日として、新年度が始まる前日の３月31日に。

3月

経理の日

経理・会計ソフト「弥生会計」など、業務ソフトウェアの開発、販売、サポートを手がける弥生株式会社と、クラウド請求管理サービスを行う株式会社Misoca（ミソカ）が制定。多くの企業が３月31日に年度末を迎えることから、経理の重要性を再確認する日とするのが目的。また、経理に関わる人が翌日から新たな気持ちで新年度を迎えられるようにとの願いも込められている。

菜の日

⇨「１年間に複数日ある記念日」の項を参照。

年度末

学校の学年、役所などの会計年度は４月１日から翌年の３月31日までを１年としている。つまり、この日はその年度の最後の日。

年によって日付が変わる記念日

3月第４土曜日

焼肉開きの日

神奈川県横浜市に本社を置き、焼肉のたれなどさまざまな調味料食品の製造販売を行うエバラ食品工業株式会社が制定。卒園、卒業、入学、新学期、新生活のスタートなど、お祝いの機会が多い春休みに、焼肉を囲んで新たな門出を祝ってほしいとの思いが込められている。日付は春休みの最初の土曜日となることが多い３月の第４土曜日に。

APRIL

旧　暦　卯月（うづき）

語源：卯の花が咲く季節であり、卯花月の略といわれている。

英　名　April

語源：ローマ神話の美と愛の女神ウェヌス（ヴィーナス Venus）に由来する。

異　名　卯花月（うのはなづき）／乾月（かんげつ）／首夏（しゅか）／初夏／清和月（せいわづき）／鳥月（とりづき）／夏端月（なつはづき）

誕生石　ダイヤモンド（金剛石）

誕生花　忘れな草／藤／かすみ草

星　座　牡羊座（～ 4/19頃）、牡牛座（4/20頃～）

４月は新年度の始まりの月。そこで「トレーニングの日」「お弁当始めの日」「出発の日」など、スタートすることについての記念日が目立つ。「ガッツポーズの日」は人の姿勢を記念日とするユニークなところが話題性を呼び、「オレンジデー」は３月の「ホワイトデー」に続く恋愛記念日として注目されている。

また、４月の語呂合わせから「よいお肌の日」「よい風呂の日」など、頭に「よい」を付けた記念日も多い。

忘れな草

エイプリルドリームの日

プレスリリース配信サービス「PR TIMES」などを手がける株式会社PR TIMESが制定。「エイプリルフール」はジョークでウソをついてもよい日とされていることから、その反対にウソではなく実現を目指す大きな夢をプレスリリースで配信するプロジェクト「エイプリルドリーム」を展開し、企業、団体、個人が夢を語れる日とするのが目的。日付は「エイプリルフール」と同じ4月1日として、新しい発信文化を提唱していく。

居酒屋で乾杯の日

居酒屋から日本を元気にしたいとの思いから、エントリーされた居酒屋の中で日本一の店舗を決める全国大会「居酒屋甲子園」を運営するNPO法人居酒屋甲子園が制定。日本独自の居酒屋文化の継承と業界の発展、乾杯文化を後世に伝えていくことが目的。日付は「良い居酒屋」「良い乾杯」の「良（4）い（1）」と「酔（4）い（1）」の語呂合わせと、年度の始まりで飲み会も多く、乾杯をする機会も増えることから4月1日に。

日本記念日協会創立記念日

1991年4月1日に日本記念日協会が創立されたことから。以来、日本記念日協会では「記念日の認定登録制度」をはじめとして、記念日カレンダー、記念日の本など、記念日関連のものを多数刊行するなど、日本で唯一の記念日の総合情報機関として、記念日文化の向上のためにさまざまな活動を行っている。「記念日の聖地」の選定、「誕生日の丘」の設置なども。2011年には「記念日文化研究所」を開設。

黒ラベルの日

サッポロビール株式会社が制定。「黒ラベル」は1977年4月1日に発売された「サッポロびん生」に多くのファンがつけた愛称。名付け親であるファンへの感謝の気持ちと、1989年に正式なブランド名となった「黒ラベル」は今後も愛されるブランドであり続けるとの同社の決意が込められている。日付は「黒ラベル」の原点である「サッポロびん生」の誕生日から。

グッドスーツの日

スーツ販売数世界一の青山商事株式会社が制定。自分に合った「グッドなスーツ」を着こなして、見た目も気持ちも晴れやかに新しいスタートを切ってもらうのが目的。同社の「スーツによって日本のビジネスマンを見た目と気持ちの両面から応援したい」との願いが込められている。日付は新年度、入社、入学など新たな生活が始まる４月１日で、「グッドスーツ」にちなんで「よ（４）い（１）＝グッド」の語呂合わせから。

サントリー赤玉の日

1922年のポスター

サントリーワインインターナショナル株式会社が制定。サントリーの酒造りの原点である「赤玉ポートワイン」の発売110周年を記念し、その魅力をさらに広めるのが目的。日付は「赤玉ポートワイン」が発売された1907年４月１日にちなんで。

はがねの日

一般社団法人全日本特殊鋼流通協会が制定。人々の暮らしや産業の発展に欠かすことのできない素材である鋼（はがね）の価値と、その流通の大切さをより多くの人に知ってもらうのが目的。日付は同協会の前身の全日本特殊鋼販売組合連合会から現在の全日本特殊鋼流通協会に改組した1994年４月１日に由来する。

エイプリル・フール

16世紀の西欧では３月25日からが新年と決められ、４月１日まで春の祭りを行っていた。ところが、1564年フランスのシャルル９世が１月１日からを新年とする暦を採用。これに反発した人々が４月１日をウソの新年の始まりとして馬鹿騒ぎをするようになったという。

トレーニングの日

春のスポーツシーズンを迎え、ジョギング、フィットネスなどのトレーニングを始めるには、４月１日の新年度のスタートの日がふさわしいとの考えから、スポーツ用品のミズノの直営店・エスポートミズノが制定。

熊本甘夏の日

熊本甘夏が熊本市場に出荷されてから2006年で50年となったことを記念して、熊本県果実農業協同組合が制定。４月になると熊本甘夏の販売量が増加して、本格的な需要期を迎えることが日付の由来。

オンライントレードの日

1996年のこの日に、日本で初めて大和証券株式会社がインターネットでの株式の取り扱い（オンライントレード）を開始したことから同社が制定。同年の4月1日にミニ株式を、6月24日には単元株の取り扱いを開始した。

携帯ストラップの日

1991年4月1日に日本で初めてストラップ用の通し穴をもつ携帯電話「ムーバTZ-804」が発売された。この日を記念してモバイルアクセサリーの代表的メーカー、Hamee（ハミイ）株式会社が制定。

ビックリマンの日

ビックリマンチョコシリーズの企画開発を行う「ビックリマンプロジェクト」が制定。1977（昭和52）年に発売を開始したビックリマンチョコシリーズは、おまけシールのビックリする仕掛け作りで子どもたちに親しまれている。日付はビックリマンのコンセプトである「人をビックリさせる」ことにこだわり、一般的に人をビックリさせる「エイプリルフール」の4月1日とした。ビックリマンチョコを広くPRすることが目的。

WHOPPER®の日

株式会社バーガーキング・ジャパンが制定。自社の看板商品であり、その大きさとおいしさで世界中で大人気のハンバーガー「WHOPPER®（ワッパー®）」。それには「とてつもなく大きいもの」「大ぼら」「うそ」などの意味があることから、エイプリル・フールの4月1日を記念日とした。

不動産鑑定評価の日

公益社団法人日本不動産鑑定士協会連合会が制定。社会や国民に向けて不動産を鑑定する業務と不動産鑑定士の社会的な役割を周知することが目的。日付は不動産鑑定評価に関する法律が施行された1964（昭和39）年4月1日にちなんで。

4/2

リーブ21・シャンプーの日

大阪府大阪市に本社を置き、発毛事業などを手がける株式会社毛髪クリニックリーブ21が制定。シャンプーには髪の汚れを落として清潔に保つとともに、頭皮の健康を維持する効果があるが、頭皮の毛穴に皮脂やフケなどの老廃物が溜まり塞がれてしまっていると髪の成長にも悪影響を及ぼす。そこで髪と頭皮のことを考えて良いシャンプーをすることの大切さを理解してもらうのが目的。日付は４と２で「シャン（４）プー（２）」と読む語呂合わせから。

木曽路「しゃぶしゃぶの日」

愛知県名古屋市に本社を置き、数多くの飲食料理店を全国で展開する株式会社木曽路が制定。同社のしゃぶしゃぶ・日本料理 木曽路では、厳選された上質な牛肉を秘伝のごまだれでいただく「しゃぶしゃぶ」をお値打ち価格で提供。お祝いごとや家族の集まりにぴったりのこの「しゃぶしゃぶ」のおいしさをより多くの人に知ってもらうのが目的。日付は卒業、入学、就職などのお祝いごとが４月に多いことと、４と２で「しゃ（４）ぶ（２）しゃぶ」と読む語呂合わせから。

CO_2削減の日

身近なことからCO_2の削減に取り組もうと、静岡県浜松市の富士金属興業株式会社（サービス名・ドラゴンパーツ）が制定。リサイクル部品（リビルト品、中古品）による自動車修理は、新品を使用するよりも大幅なCO_2の排出削減ができることをアピールするのが目的。日付は４月２日（402）で「シー（４）オー（０）ツー（２）」と読む語呂合わせから。

国際子どもの本の日

児童文学の図書館としては世界最大の規模を誇るミュンヘン国際児童図書館の創設者イエラ・レップマンが1966年に提唱、子どもの本に対する一般の関心を喚起することを目的に、アンデルセンの誕生日であるこの日を記念日とした。

歯列矯正の日

歯列矯正の大切さをアピールする日にと、OCA Japan株式会社が2001年６月に制定。日付は、「歯（４）列（02）」の語呂合わせと、物事を新たに始めるのに４月はふさわしいから。

4/3

輸入洋酒の日

輸入酒類の普及および宣伝、海外および国内事業の調査など、輸入酒類に関してのさまざまな活動を行う日本洋酒輸入協会が制定。同協会は1959年４月３日に発足し、2019年で60周年を迎えた。輸入酒類の専門業者として消費者、同業者に対してその存在感を高め、輸入洋酒の良さをさらに多くの人に知ってもらうのが目的。日付は同協会が発足した日から。

ドモホルンリンクル「しみキレイ」の日

熊本県益城町に本社を置き、化粧品や医薬品の製造販売を手がける株式会社再春館製薬所が制定。人生100年時代、さまざまな年代の肌に寄り添うスキンケアで、一人ひとりの「100年キレイ」を応援。代表的な肌の悩みである「しみ」に打ち克ち、日々の適切なスキンケアで自分の肌に向き合うことの大切さや想いを新たにしてほしいという願いが込められている。日付は４と３で「しみ」の語呂合わせから。４月８日をドモホルンリンクル「しわキレイ」の日としている。

資産形成を考える日

投資の初中級者を応援するウェブサービス「LIMO（リーモ）」を運営する株式会社ナビゲータープラットフォームが制定。将来の資産形成の必要性について知り、自分に適した方法を考える日とするのが目的。日付は４と３で「資（４）産（３）」と読む語呂合わせから。

プラズマレーザーの日

一般社団法人プラズマレーザー研究会が制定。プラズマレーザーを用いた最先端の歯科診療について、歯科医師はもちろん広く一般の人にも口腔疾患の治療法・予防法として普及させるのが目的。日付はプラズマが固体・液体・気体に続く物質の第「４」の状態であることと、「レーザー＝03」と読めること。また、同研究会の第１回設立記念臨床報告会が2016年４月３日に行われたことから。

シースリー記念日

全身脱毛サロンC3（シースリー）（運営・株式会社ビューティースリー）がサポートするファッション雑誌「SHE THREE」が制定。女性にとっての「うれC」「たのC」「うつくC」の３つのCを応援するためのキャンペーンを行うのが目的。日付は４と３で「シー（４）スリー（３）」と読む語呂合わせから。

シーザーの日

ペットフードなどの輸入・販売を行うマース ジャパン リミテッドが制定。自社の世界的な犬用フードブランド「シーザー」のさらなる知名度向上と、愛犬とドッグオーナーを幸せにするのが目的。日付は４と３で「シー（４）ザー（３）」と読む語呂合わせから。

マルヨのほたるいかの日

⇨「１年間に複数日ある記念日」の項を参照。

葉酸（ようさん）の日

葉酸の認知度を高め、妊婦や女性にその摂取を呼びかけようと、葉酸の学術研究者や管理栄養士らによる一般社団法人「母子の健康を考える会」が制定。日付は４と３で「葉酸」と読む語呂合わせから。

シミ対策の日

女性の肌の悩みのひとつ「シミ」に対して「しっかりと手入れをして美しくなりましょう！」と、素肌美研究家で株式会社クリスタルジェミー社長の中島香里氏が制定。シミをなくして美肌への意識を高めるきっかけの日とするのが目的。日付は４と３で「シミ」と読む語呂合わせから。

みずの日

清く静かに澄んだ水は平和の象徴で、畏敬の念をもたれるものとの思いから、環境の浄化、心の浄化を目指す日として全国清水寺ネットワーク会議が制定。日付は４と３で「しみず」と読む語呂合わせから。

読み聞かせの日

読む人と聴く人の心をつなぐ朗読に関しての研究や、朗読に対する客観的な評価をする朗読検定、読み聞かせ検定などを行う一般社団法人日本朗読検定協会（大阪市）が制定。読み聞かせ文化のさらなる普及と振興が目的。日付は４と３で読み聞かせの「読み」の語呂合わせから。

ことばを伝える力、"朗読力"を証明する
朗読検定®
一般社団法人 日本朗読検定協会
Japan Reading Approve Association

フォーサイトの日

行政書士、社会保険労務士などの資格取得の通信講座で知られる株式会社フォーサイトが制定。自社のモットー「楽しく学べ、わかりやすく効果的に勉強ができ、教育効果の高い通信教育」をアピールするのが目的。日付は４と３で「フォーサイト」と読む語呂合わせから。

ケシミンの日

医薬品や芳香剤、衛生雑貨品などを製造販売する小林製薬株式会社が制定。多くの人にシミの無い健やかで若々しい肌を保つために、自社製品「薬用ケシミン」でシミ対策をしてもらうのが目的。日付は紫外線が本格的に強くなる季節の前であることと、「シ（４）ミ（３）」の語呂合わせから。

ピンクデー

出会った人にしあわせになってもらいたいと毎日ピンク色の服を着ていることから「ピンク社長」と呼ばれる多田多延子氏が制定。ピンク色の紙に手紙を書いたり絵を描いて送ったり、プレゼントを贈るなどして、しあわせを分かち合う日とするのが目的。日付は４と４を合わせて「し（４）合わせ＝しあわせ」と読むことと、Present for youなどの「for you」が「４you」と聞こえること、四つ葉のクローバーのように４が幸運を意味する数字を連想させることから。

しあわせ写真の日

一般社団法人全日本福祉写真協会が制定。新年度を迎え春爛漫のスタートの時期に、フォトレターを渡し合うことでお互いに感謝と愛情と友情の気持ちを感じて「HAPPY」になるのが目的。また、写真を通じてしあわせを表現するイベントを推進する。日付は４と４が合わさることで「し（４）あわせ」と読む語呂合わせから。

幸せの日

３月３日の女の子の日とされる「桃の節句」と、５月５日の男の子の日とされる「端午の節句」。そのほぼ中間にあり月日が同じ数字のゾロ目の日となる４月４日は、女の子の子（し）と男の子の子（し）が合わさり「しあわせ」と連想できることから、すべての子どものしあわせを願う日とされている。

あんぱんの日

1875（明治８）年のこの日、木村屋の初代・安兵衛が明治天皇に初めてあんぱんを献上した史実にちなみ、株式会社木村屋總本店が制定。この時に桜の花びらの塩漬けを埋め込んだあんぱんが誕生した。

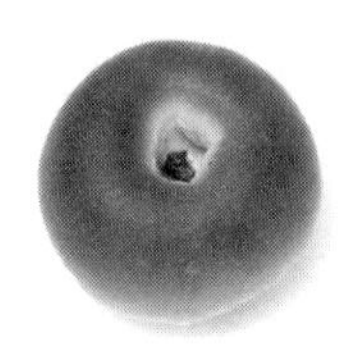

脂肪０％ヨーグルトの日

脂肪０％ヨーグルトのリーディングカンパニーである日本ルナ株式会社（京都府八幡市）が制定。脂肪分がなくてもおいしく健康的な脂肪０％ヨーグルトのPRと普及を目的としている。日付は４月４日を404として「脂肪（４）０％（０）ヨーグルト（４）」の語呂合わせから。

ピアノ調律の日

国際ピアノ製造技師調律師協会が、ピアノ調律に対する理解と認識を深めてもらうために1993年５月15日に制定。ピアノの調律は、基準音中央のA＝440ヘルツを採用するのが世界的にも一般的であるため、AをApril、440を４月４日にあてはめて記念日とした。日本でも一般社団法人日本ピアノ調律師協会が、記念日としてその定着に努めている。

どらやきの日

3月3日の「桃の節句」と5月5日の「端午の節句」にはさまれた日を、あんこを間にはさむ「どらやき」の日としたのは、どらやきの製造販売を手がける丸京製菓株式会社（鳥取県米子市）。日付には4と4で「みんなで食べて、みんなで幸せ（4合わせ）」との意味もあり、この日にどらやきを食べようと提唱している。

歯周病予防デー

歯周病罹患率80％という日本の現状を改善しようと、全国の歯科衛生士が立ち上げた新たな歯周病予防法（歯肉のプラークコントロール）の普及活動を行う「Goodbye Perio プロジェクト」が制定。日付は4と4で「歯（4＝シ）周病」「予（4＝ヨ）防」の語呂合わせと、プロジェクトが本格的に活動を開始した2012年4月4日にちなんでいる。

コメッ子記念日・米粉の日

米粉王国として知られる新潟県で米粉の用途や需要の拡大を目指している新潟米粉研究会が制定。日付は「米」という漢字は分解すると八十八になる。米粉は米の子ども、米の半分と解釈して八十八の半分の四十四から4月4日を記念日とした。「コメッ子」とは米粉食品を食べて元気に育つ子どものこと。

シシリアンライスの日

佐賀県佐賀市のご当地グルメとして人気を集めている「シシリアンライス」を全国的にPRすることを目的に、一般社団法人佐賀観光協会が制定。シシリアンライスとは1枚の皿に温かいライスを敷き、その上に炒めたお肉と生野菜を盛り合わせてマヨネーズをかけたもので、1975（昭和50）年頃に佐賀市内の喫茶店で誕生したとされる。日付は4と4を「シシリアン」の「シシ」と読む語呂合わせから。

養子の日

さまざまな社会問題の解決に取り組む、公益財団法人日本財団が制定。子どもの福祉の観点から永続的な家庭を提供する仕組みである養子縁組の普及と啓発が目的。日本財団では特別養子縁組の普及を目指して「ハッピーゆりかごプロジェクト」を展開している。日付は4と4で「養子（よーし）」と読む語呂合わせから。

KOBE JAZZ DAY 4/4

豊かな文化の創造を目的として、さまざまな芸術文化事業を展開する公益財団法人神戸市民文化振興財団（兵庫県神戸市）が制定。1923（大正12）年の4月、日本で初めてプロバンドによるジャズの演奏が行われた神戸市は、日本のジャズの発祥の地とされている。その日付は定かでないが、ジャズと言えば４ビート（4/4拍子）であることから４月４日としたもの。4/4はエイプリル・フォースと読む。

フォーの日

「スーパーカップ」「スープはるさめ」「ワンタンメン」など数多くの人気の即席麺・スープを製造、販売する、エースコック株式会社（大阪府吹田市）が制定。お米から作られたベトナムを代表するめんのフォー。そのなめらかな食感と、だしのきいた味わい深いスープに具材を加えた自社の即席めんのフォーのおいしさを広めるのが目的。日付は数字の４が英語で「フォー」と読むことから、４が重なる４月４日とした。

猪肉の日

長野県飯田市南信濃の遠山郷と呼ばれる地で、猪肉・鹿肉・熊肉などさまざまなジビエの肉などを扱う有限会社肉の鈴木屋が制定。昔から「イのいちばん」と呼ばれるほどおいしい猪肉は、疲れを取り、体内の活性化にも役立つとされる。野性食肉のシンボルとしてその歴史や文化を大切にしながら、多くの人に猪肉を味わってもらうのが目的。記念日名は「ししにくの日」と読み、日付は４と４で「シシ」の語呂合わせから。

男前豆腐の日

「男前豆腐」「風に吹かれて豆腐屋ジョニー」「男勝りお嬢」など、今までにないネーミングやパッケージ、個性的な味で人気の豆腐商品を製造販売している男前豆腐店株式会社（京都府南丹市）が制定。自社商品の魅力を多くの人に伝えるのが目的。日付は「男前」という言葉は男性に限らず女性にも使われることから、女性の日である桃の節句（３月３日）と男性の日である端午の節句（５月５日）の真ん中の４月４日とした。

女子ロックの日

ファッションアイテムブランド「ハナゾノハウス」（京都府京都市）が制定。「ロックだね～」を合い言葉に女子ロックを楽しむ日。すべての女の子たちがロックファッション・ロックミュージックに触れて、新たな自分を発見してほしいとの願いが込められている。日付は４と４を「女（４）子（４）」と読んで。

四輪駆動の日

1907年に世界初となる四輪駆動システムを備えた乗用車を開発した現在のダイムラー社。その子会社として1986年に設立されたメルセデス・ベンツ日本株式会社が制定。優れたトラクションと安全・安心な走りを実現する技術としてさまざまなモデルに採用されてきた四輪駆動システムをアピールするのが目的。日付は四輪駆動車の世界共通の呼称である「4×4」から4月4日に。

4/5

清明（せいめい）

［年によって変わる］二十四節気のひとつ。「草木清明にして東南風の心地よい季節」という意味。中国ではこの日を清明節と呼び、日本の彼岸のように先祖の墓参りをする。

横丁の日

地域の魅力ある食材・料理を提供する個性的な店舗が集まった飲食施設「横丁」を展開する株式会社アスラボが制定。同社の「横丁」はすべての飲食をひとつの席で一度の会計で楽しむことができ、飲食店の人には少額資金での開業､出店が可能となるなどの特長があり､「横丁」を通じて地域の熱意ある起業家を支援し、地域経済を盛り上げるのが目的。日付は4と5で「横丁」の「横（ヨ＝4とコ＝5）」の語呂合わせから。

よごそうデー

衣料用洗たく洗剤「アタック」が2017年で誕生から30周年を迎えたことを記念して花王株式会社が制定。子どもから大人まで、よごれを気にせず夢中になって思いっきり楽しんだり、挑戦したりすることで成長してほしいという願いが込められている。日付は4と5で「よ（4）ご（5）そう」と読む語呂合わせから。

新子焼きの日

北海道旭川市の「旭川名物“新子焼き”の会」が、新子焼きのおいしさを多くの人に知ってもらうことを目的に制定。若鶏の半身を焼いてタレなどで味付けをした新子焼きは戦後間もなく誕生し、時代と世代を越えて今もなお愛され続けている旭川のソウルフード。当時一部の地域で出世魚であるコハダの稚魚（シンコ）にちなんで若鶏を新子（シンコ）と呼ぶ風習があり、そこから名付けられたという。日付は4と5で「新子」と読む語呂合わせから。

オープンカーの日

日本オープンカー協会（神奈川県横浜市）が制定。オープンカーの魅力を多くの人に知ってもらい、その快適さを伝えていくのが目的。日付は４月が桜の舞う中を走れるオープンカーにとって最高のロケーションの時期であることと、オープンカーは五感に訴えかける車であることから４月５日に。

4/6

マシュマロの日

長野県安曇野市（あづみの）に本社を置き、マシュマロを中心とした菓子類の製造販売を手がける株式会社エイワが制定。マシュマロをそのまま食べるだけでなく、アレンジして朝食やデザートに取り入れるなど、食生活においしく楽しく活用してもらうのが目的。日付は４月６日を0406と見立てて「ま（０）し（４）ま（０）ろ（６）＝マシュマロ」と読む語呂合わせと、この日は「白の日」で同社の主力製品「ホワイトマシュマロ」と親和性があること、新年度が始まる時期にマシュマロを新しく食生活に根付かせたいとの思いから。

養老渓谷の日

千葉県市原市に事務局を置く一般社団法人市原市観光協会が制定。千葉県有数の温泉地であり、市原市の観光スポットである養老渓谷の名を広め、多くの人にその魅力を楽しんでもらうのが目的。日付は４と６で「よう（４）ろう（６）」と読む語呂合わせから。

さつま島美人の日

鹿児島県長島町にある蔵元の長島研醸有限会社が制定。白麹が原材料の同社の芋焼酎「さつま島美人」が1967年の誕生から2017年で50周年を迎えたことを記念し、白麹特有の優しい口当たりとすっきりとした芋焼酎のおいしさをより多くの人に味わってもらうのが目的。日付は４と６で白麹の「し（４）ろ（６）」と読む語呂合わせから。

事務の日

鹿児島県鹿児島市の事務職啓発普及協会が制定。日頃、縁の下の力持ちとして裏方に徹し、表舞台の営業職や広報、企画職などを支える事務職の労をねぎらうのが目的。この日にお気に入りの文具を贈る（サンキュー ステーショナリー）企画なども。日付は４と６で「事（４）務（６）」と読む語呂合わせから。

春巻きの日

各種冷凍食品の製造販売を手がけ、全国の量販店、コンビニ、外食産業などに流通させている株式会社味のちぬや（香川県三豊市）が制定。新年度を迎えるこの季節に春巻きを食べて幸せを巻きとってほしいという思いから。日付は「春巻き」の春で４月、巻きをロール（６日）と読ませる語呂合わせから。

白の日

「しっかりと手入れをして白く美しい、美白の肌になりましょう！」と、素肌美研究家で株式会社クリスタルジェミー社長の中島香里氏が制定。美肌への意識を生むきっかけの日とするのが目的。日付は４と６で「シロ（白）」と読む語呂合わせから。

シールの日

身近にあるシールが持つ魅力や可能性を広くアピールしようとシール・ラベルの印刷加工メーカーのシーレックス株式会社が制定。日付は４と６で「シール」と読む語呂合わせから。シールを使ったキャンペーン、イベントなどでさらなる普及と発展を目指す。

天塩 塩むすびの日

「赤穂の天塩」を販売する株式会社天塩が制定。天塩は赤穂浪士で有名な赤穂の地、東浜塩田（1612年開業）で江戸時代より続く、にがりを戻す（差す）塩づくりによって仕上げられたおいしい塩。この伝統ある天塩で日本の和食文化の象徴のひとつである「塩むすび」を作り、多くの人に味わってもらうのが目的。日付は「塩（４）むすび（６）」と読む語呂合わせから。

アバの日

「S.O.S.」や「ダンシング・クイーン」など数々のヒット曲を生み出したスウェーデンの世界的なポップミュージックグループ「アバ」。所属先のユニバーサルミュージック合同会社が「アバ」の世界デビュー40周年を記念して制定。日付は1974年４月６日にイギリスのブライトンで行われたユーロヴィジョン・ソング・コンテストで「恋のウォータールー」で優勝したことから。日本独自企画のベスト盤などがリリースされている。

4/7

セルフケアの日

株式会社プラスプが制定。同社が運営する、自分で健康を管理する意識を高めるヘルスケアサイト「ヘルスリテ」の認知度を高め、より多くの人に健康になってもらうのが目的。日付は国連の世界保健機関（WHO）が定めた国際デーの「世界保健デー」に合わせて４月７日に。

歯垢なしの日

千葉県流山市に本社を置き、オーラルケア製品の製造、販売を手がけるアイオニック株式会社が制定。同社の電子イオン歯ブラシ「KISS YOU®（キスユー）」を使って、歯周病などの原因となる歯垢（しこう）をなくし、多くの人に健康で一生笑顔で過ごしてもらうのが目的。日付は４と７で「歯（４）垢な（７）し」と読む語呂合わせから。

夜泣き改善の日

大阪府大阪市の樋屋製薬株式会社が制定。同社の「樋屋奇応丸」（ひや・きおーがん）は厳選された生薬から作られた小児薬で、高ぶった神経を鎮め、心と身体のバランスをととのえることで赤ちゃんの夜泣きを改善する。「樋屋奇応丸」で赤ちゃんと親の健康を守るのが目的。日付は４と７で「夜＝よ（４）泣＝な（７）き」の語呂合わせから。

世界保健デー

1948年４月７日に世界保健機関（WHO）が設立されたことを記念して制定。日本WHO協会では毎年、WHOの標語にちなんだテーマで中学生などから作文を募集し、健康への関心を高めてもらおうとしている。

タイヤゲージの日

車の安全走行に欠かせないタイヤの圧力を計測するタイヤゲージ。管理されたタイヤの圧力の重要性と、正確なタイヤゲージを使用することをPRしようと、タイヤゲージを製造する旭産業株式会社が制定。日付は４月８日が「タイヤの日」であり、その前日をタイヤの圧力を計測する日として関心をもってもらうため。

鳳凰くんの誕生日

茨城県水戸市などで「セブンフォー」の愛称で親しまれている遊技場（パーラー）を経営する747グループの泰成実業株式会社が、グループのキャラクターである「鳳凰くん」の誕生日から制定。その日はホール全体で祝い、お客様に楽しさと喜びを味わっていただくのが目的。

プリン体と戦う記念日

乳製品、菓子、加工食品などを製造販売する株式会社明治が、「プリン体と戦う乳酸菌」をキャッチコピーとする「PA-３乳酸菌」を使用した独自の価値をもつヨーグルト「明治プロビオヨーグルトPA-３」

の発売を記念して制定。この記念日をきっかけにプリン体への理解を深め、より健康的な食生活を送ってもらうことが目的。日付は発売日である2015年４月７日から。

4/8

おからの日

愛知県半田市に事務局を置く、一般社団法人日本乾燥おから協会が制定。新年度が始まる時期に、栄養豊かなおからを食べて慣れない新生活での体調管理と無病息災を祈り、食べ物のありがたみや日本古来の「もったいない」の心を思い起こす機会としてもらうのが目的。日付は４月の別名の卯月は卯の花が咲く月が転じたとの説があり、卯の花はおからの別名であることから、卯の花と縁の深いお釈迦様の誕生を祝う「花まつり」が行われる４月８日としたもの。

シーバの日

ペットフードなどの輸入・販売を行うマース ジャパン リミテッドが制定。自社の世界的な猫用フードブランド「シーバ」のさらなる知名度向上と、愛猫とキャットオーナーを幸せにするのが目的。日付は４と８で「シー（４）バ（８）」と読む語呂合わせから。

柴犬とおっさんの日

さまざまな映像作品を制作、供給するAMGエンタテインメント株式会社が制定。2019年６月14日公開の映画「柴公園」を多くの人に観てもらい、柴犬の魅力を広めることが目的。綾部真弥監督の同作品は、渋川清彦氏、大西信満氏、ドロンズ石本氏、佐藤二朗氏らが共演し街の公園で柴犬連れのおっさんがダラダラとしゃべるだけの会話劇。日付は４と８で「し（４）ば（８）」の語呂合わせから。ちなみに「記念日登録証」には主役の柴犬の「あたる」と「あたるパパ」が連名で記載されている。

清流の日・小川の日

京都府八幡市の山中宗一氏が制定。小学生から大学生までの学年ごとの成長を清流に例え、その流れは小川であってもたゆまぬ努力により進んでいくことをたたえるとともに、大人社会が彼らを快く迎える日とするのが目的。日付は４月のこの時期が入学や新学年の始まりとなることが多いため。

ドモホルンリンクル「しわキレイ」の日

熊本県益城町に本社を置き、化粧品や医薬品の製造販売を手がける株式会社再春館製薬所が制定。人生100年時代、さまざまな年代の肌に寄り添うスキンケアで、一人ひとりの「100年キレイ」を応援。代表的な肌の悩みである「しわ」に打ち克ち、日々の適切なスキンケアで自分の肌に向き合うことの大切さや想いを新たにしてほしいという願いが込められている。日付は4と8で「しわ」の語呂合わせから。4月3日も、ドモホルンリンクル「しみキレイ」の日としている。

木曽路「すきやきの日」

愛知県名古屋市に本社を置き、数多くの飲食料理店を全国で展開する株式会社木曽路が制定。同社のしゃぶしゃぶ・日本料理の「木曽路」では厳選された上質な牛肉をこくのある割下でいただく「すきやき」を求めやすい価格で提供。祝いごとや家族の集まりにぴったりのすきやきのおいしさをより多くの人に知ってもらうのが目的。日付は卒業、入学、就職などの祝いごとが4月に多いことと、4と8で「す（4）きや（8）き」の語呂合わせから。

シャボン（せっけん）の香りの日

海外ブランド品の輸入卸を手がけ、コスメティックブランド「AQUA SAVON（アクア シャボン）」を発売する株式会社ウエニ貿易が制定。強い香りを好まない日本人にとって、シャボン（せっけん）は身近な香りとして愛され続けてきた。これからも日本人に寄り添う香りとして多くの人に親しんでもらうのが目的。日付は4と8で「シャボン（4）」「泡（8）」と読む語呂合わせから。

ホヤの日

ホヤの生産量日本一を誇る宮城県。その県都の仙台市でさまざまなホヤ料理を提供する「まぼ屋」が制定。ゴツゴツしたボディに2つの角を持ち、鮮やかなオレンジ色をした海洋生物ホヤ。甘味、塩味、苦味、酸味、旨味の五つの味覚を併せ持つ珍しい食材のホヤのおいしさをより多くの人に味わってもらうのが目的。日付はホヤが多く出回る4月で、4と8で「ホ＝フォー（4）ヤ（8）」の語呂合わせから。

タイヤの日

春の全国交通安全運動が行われる4月と、輪（タイヤ）をイメージした8を組み合わせて記念日としたのは、社団法人日本自動車タイヤ協会。タイヤの正しい使い方をアピールし、交通安全に寄与するのが目的。

指圧の日

正しい指圧の普及をとおして人々の健康に貢献しようと、特定非営利活動法人日本指圧協会が制定。４月８日は釈迦生誕の日で、釈迦の慈悲の心は指圧の母心に通じるものがあることからこの日に。また、４と８が指（４）圧（８）の語呂に似ていることから。

出発の日

味の素株式会社が制定。新生活のスタートの時期に合わせ、忙しく乱れがちな生活のリズムを整えるために、朝食を摂ることを提案する。日付は新年度のスタートの時期であり、４と８で「出発」と読む語呂合わせから。

シワ対策の日

女性の肌の悩みのひとつ「シワ」に対して「しっかりと手入れをして美しくなりましょう！」と、素肌美研究家で株式会社クリスタルジェミー社長の中島香里氏が制定。シワをなくして美肌への意識を高めるきっかけの日とするのが目的。日付は４と８で「シワ」と読む語呂合わせから。

貝の日

荒々しい太平洋と三河湾の内海に接し、アワビ、サザエ、赤貝、あさり、カキ、ハマグリ、アオヤギなど多様な貝が採れ、日本一の貝の半島と呼ばれる渥美半島。その渥美半島にある渥美商工会（愛知県田原市）が制定。自慢の貝料理でもてなすなどの活動を行っている。日付は貝類のおいしい季節が春であることと、「貝」の字を上下に分けると「目」と「八」になり、「目」を90度横にすると「四」と似ていることから。

美容鍼灸の日

しわ、肌荒れなどは体調とも関連があり、アンチエイジングには体と顔のケアが大切。その両面を整える美容鍼灸を多くの人に知ってもらうため、一般財団法人日本美容鍼灸マッサージ協会が制定。日付は４月に装い新たに美容鍼灸で魅力的になってもらいたいことと、８を「ハリ」と読む語呂合わせから。

炭酸水の日

純水で丁寧に作り、スッキリした飲み口で人気の「おいしい炭酸水」などを製造販売するサッポロ飲料株式会社が制定。炭酸水はそのまま飲んだり、好きな飲み物と割ったりして飲む飲料。日付は４と８を炭酸の飲み口である「シュワ」と読む語呂合わせから。

小ネタの日

地域のビジネスニュース、カルチャーニュースなどを配信する情報サイトによるネットワーク「みんなの経済新聞ネットワーク」が制定。すでに国内外100以上ある各エリアの編集部がさまざまな「街の小ネタ」を配信しており、「小ネタ」をひとつの文化としてさらにその魅力を広めていくのが目的。日付は「小ネタ」はあとから「じわじわ」と心にくるので、4と8を「じわ」と読む語呂合わせで。

白肌の日

日本を代表する化粧品メーカーの株式会社コーセーが制定。すべての女性にいつまでも美しく、透明感のある白い肌でいてほしいとの思いが込められている。日付は4と8で「白（しろ＝4）肌（はだ＝8）」と読む語呂合わせから。

4月

ベビーリーフ記念日

1994年9月4日に関西国際空港が開港したときにベビーリーフを日本に初めて輸入をしたエム・ヴイ・エム商事株式会社（兵庫県神戸市）が制定。ベビーリーフは栄養価が高いことで知られている野菜の幼葉。その魅力をアピールするのが目的。日付は4と8で「幼葉（ようば）」の語呂合わせと、サラダの需要期の春であり、その名が入学式や新学期にふさわしいことから。ちなみにベビーリーフと名付けたのも同社。

芝の日

校庭や園庭、市街地の公園などの芝生化を進めている一般社団法人長野県造園建設業協会が制定。外遊びのできる元気な子どもたちを育み、ヒートアイランド現象や地球温暖化を緩和し、砂塵やほこりの被害を防ぐなど、さまざまな効果のある芝生化で、緑あふれるまちづくりをすることが目的。日付は4と8で「芝」と読む語呂合わせから。

4/9

予祝の日

セミナーや会員制の講演会などを企画、運営する人間力大學の予祝プロジェクトが制定。予祝とは前祝いのことで、春のお花見は満開の桜を見て秋の豊作をイメージして皆で祝う意味が込められているという。日本古来の伝統文化、予祝を広めるのが目的。日付は4と9で「よ（4）しゅく（9）」と読む語呂合わせから。

丸亀市×サン・セバスティアン市「チャコリの日」

1991年からスペインのサン・セバスティアン市と姉妹都市提携をしている香川県丸亀市が制定。サン・セバスティアン市のあるバスク地方で作られる白ワインの「チャコリ」を「美食の街」を目指す丸亀市でも普及させ、国際交流の機運の醸成をはかることが目的。日付は両市が姉妹都市提携の調印をした1991年４月９日から。

鍼灸の日

一般社団法人日本鍼灸協会が制定。鍼灸をもっと身近に、もっと手軽に、もっと安心にとの思いから、鍼灸の啓発活動を行う日とするのが目的。日付は４と９を「鍼（４）灸（９）」と読む語呂合わせから。

食と野菜ソムリエの日

野菜や果物のある豊かな食生活を提起する日として、日本野菜ソムリエ協会が制定。野菜や果物の魅力を伝える人材（野菜ソムリエなど）を通じて、食を楽しむ社会の実現が目的。

子宮頸がんを予防する日

子宮頸がんは前がん状態で発見すれば、がんになる前に治すことができ、予防できるがんである。このことを広く知らせ、検診率を上げるための啓発活動を行っている東京の「子宮頸がんを考える市民の会」が制定。日付は４と９で「子宮」と読む語呂合わせから。子宮頸がんについてのセミナーなどを行う。

よいPマンの日

冬春期のピーマンの主産地である茨城県、高知県、鹿児島県、宮崎県の４県のJAグループ（JA全農いばらき、高知県園芸連、JA鹿児島県経済連、JA宮崎経済連）で組織する「がんばる国産ピーマン」プロジェクトが制定。ピーマンの出荷量が増える４月により多くの人においしいピーマンを食べてもらうのが目的。日付にはPと９の形が似ていることから「よい（４）P（９）マン」「４県のPマン（９マン）」の語呂合わせなどから。

フォークソングの日

日本のフォークソング、ニューミュージック界を代表する数々の名曲を送り出してきた日本クラウン株式会社のPANAM（パナム）レーベルが制定。全国各地にある「フォーク酒場」の盛況ぶりなど、新たなブームとなっているフォークソングをさらに広め、フォークソング文化の発展に寄与するのが目的。日付は「英語のフォー（４）と音読みのク（９）」の語呂合わせから。

4/10

ジルコニウムの日

大阪府大阪市に本社を置き、ジルコニウム化合物のトップメーカーである第一稀元素化学工業株式会社が制定。ジルコニウム化合物はその多様な特性から自動車部品や燃料電池など、さまざまな製品の原料、添加物として利用されている。記念日を通してジルコニウム化合物の認知度を高めるとともに、同社の経営理念の「世に価値あるものを供給し続ける」を実践するのが目的。日付はジルコニウムの原子番号が40であることから「4×10=40」で4月10日としたもの。

よいトマトの日

トマトケチャップ、トマト調味料、飲料、食品などの製造、販売を手がけるカゴメ株式会社が制定。トマトの味の旬は春、収穫量の旬は夏とも言われていることから、新生活、新学期が始まる春においしいトマトをたくさん食べて健康的な生活を送ってもらうことが目的。日付は4と10で「よい(4)トマト(10)」の語呂合わせから。

きょうだいの日(シブリングデー)

大阪府大東市の「NPO法人しぶたね」が制定。病気や障がいをもつ子どもの「きょうだい」への支援の輪を広げるのが目的。日付はアメリカで兄弟姉妹の関係をたたえるための日「Siblings Day」が誕生したきっかけとなった女性のお姉さんの誕生日から。「NPO法人しぶたね」の「しぶ」は「シブリング(sibling:きょうだい)」の「しぶ」で、「たね」はきょうだいたちが安心していられる場所、安心して話ができる人が増える「種」を蒔いていこうと名付けられたもの。

100の日

一般社団法人人生100年時代協議会が制定。シニアライフに貢献する事業を行う同協議会がこの日を「長寿を願い、老舗の商品(店舗・施設)を利用する日」「65歳の4月10日を『終活開始日』」として定着させるのが目的。日付は1月1日から数えて100日目となることが多い(閏年では101日目)4月10日に。

ACアダプターの日

ACアダプター、スイッチ電源の総合メーカーである株式会社ユニファイブが制定。生活に欠かせない身の回りの電化製品などに付随するACアダプター。その正しい使い方、メンテナンスの方法、さまざまな種類など、ACアダプターについて多くの人に知ってもらうのが目的。日付は「A」がアルファベットの1番目で「C」が3番目なので1と3を足して4月。スイッチングのONを数字の「1」に、OFFを数字の「0」に見立てて10日としたもの。

フォントの日

世界的なコンピュータ・ソフトウェア企業のアドビ システムズ株式会社が制定。デザインの重要な要素となっている「フォント」にあらためて注目してもらうことが目的。日付は４と10で「フォン（４）ト(10)」と読む語呂合わせから。

ほうとうの日

山梨県中央市に事務局を置く、たべるじゃんほうとう推進協議会が制定。山梨県の郷土料理である「ほうとう」のおいしさをより多くの人に知ってもらい、消費の拡大を図るのが目的。日付は４と10で「ほう（４＝フォー）とう（10)」と読む語呂合わせから。

お弁当始めの日

冷凍食品やレトルト食品などの製造販売を手がける株式会社ニチレイフーズが制定。新年度、新学期になりお弁当を作り始める人を、同社の豊富な冷凍食品で応援するのが目的。日付は４月10日前後が一般的にお弁当を作る人が増える時期であること、「弁」が数字の４に似ていて、10を「当」と読む語呂合わせなどから。

フォトの日

フォトの日推進委員会（株式会社ビックカメラ、株式会社キタムラ、株式会社コイデカメラ、株式会社プラザクリエイト、株式会社ヨドバシカメラ）が制定。写真を撮る文化に加えて、写真を贈る、飾る文化を広めることで、写真の力や素晴らしさを多くの人に伝えるのが目的。日付は４と10を「フォ（４）ト（10)」と読む語呂合わせから。

月のうさぎの日

群馬県甘楽町（かんらまち）に本社を置き、「こんにゃくパーク」の運営でも有名な、こんにゃくメーカーの株式会社ヨコオデイリーフーズが制定。同社のブランドのひとつ「月のうさぎ」シリーズをPRするのが目的。日付は「月のうさぎ」のキャラクターのマナンちゃんの命名日が2004年４月10日であることから。

スポーツシートの日

愛知県東海市に本社を置く、自動車レーシングスポーツのスペシャルカーシートメーカーであるブリッド株式会社が制定。より快適でより安全なドライビングのための自動車用スポーツシートのPRが目的。日付は４と10で「シー（４）ト（10)」と読む語呂合わせと、４月はドライブに最適な季節であり、10を「10（ド）ライブ」とかけていることから。

モンストの日

⇨「1年間に複数日ある記念日」の項を参照。

駅弁の日

駅弁のPRのため、社団法人日本鉄道構内営業中央会が1993年に制定。駅弁の需要拡大が見込まれる行楽シーズンの4月と、弁当の当(とう)の字から4月10日としたもので、弁当の弁の字が4と十の合成に近いことも日付決定の理由となっている。駅弁のおいしさ、楽しさをより多くの人に知ってもらうのが目的。

「汽車弁当」(水了軒)

4月

ステンレスボトルの日

保温も保冷もできるステンレスボトルを持ち歩く生活のきっかけとなる日にと、象印マホービン株式会社が制定。日付は4（スー・中国語）と10（テン・英語）でステンレスの「ステン」と読む語呂合わせから。

笛吹市桃源郷の日

桃の生産量と耕作面積で日本一を誇る山梨県笛吹市が制定。この「日本一の桃源郷」や笛吹市の知名度を高めて観光振興を図るのが目的。日付は桃の花が満開になるころで、元日から数えてちょうど100日目にあたり、100を「百(もも)」と書き表せること、さらには4と10で「し（4）あわせになる桃花（とうか・10日）」と読む語呂合わせから。

ピークシフトデー

「ピークシフト自販機」を開発し、設置を促進している日本コカ・コーラ株式会社が制定。ピークシフト自販機とは、東日本大震災以降に求められている電力使用のピーク時の消費電力を減らすニーズに応えた自動販売機のことで、誰もが簡単に参加しやすい節電方法であるピークシフトの認知度を向上させることが目的。日付は4と10でシフ（4）ト（10）の語呂合わせから。

酒盗の日

酒盗の販売、製造を手がける株式会社しいの食品（神奈川県小田原市）が制定。カツオの胃腸やマグロの胃を長期熟成させて作る酒盗は「酒を盗んででも飲みたくなる」というほどにお酒がすすむことからその名前がついたとされる。日本で古くから親しまれてきた発酵食品の伝統の味を今に伝えたいとの同社の願いが込められている。日付は「4（しゅ）10（とう）」の語呂合わせから。

愛知の新たまねぎの日

全国有数のたまねぎの産地である愛知県のJAあいち経済連が制定。愛知の新たまねぎはみずみずしく、辛みが少なくサラダなどに適している。日付は410で「41（良い）」「0（たまねぎ）」と読む語呂合わせと、出荷のピークを迎える時期から。

辛(シン)ラーメンの日

じっくりと煮込んだビーフスープの旨味と厳選された唐辛子の辛さが調和した韓国を代表するインスタント麺「辛ラーメン」をさらに多くの人に味わってもらおうと、辛ラーメンを製造する株式会社農心ジャパンが制定。日付は「辛い」は英語で「ホット」なので、4と10を4（フォー）と10（トウ）と読む語呂合わせから。

ヨード卵の日

日本のブランド卵のさきがけとして知られる「ヨード卵・光」を販売する日本農産工業株式会社が制定。日付は4と10で「ヨード」と読む語呂合わせと、新年度、新学期が始まるこの時期にヨード卵を食べて栄養を摂り、元気で過ごしてもらいたいとの願いが込められている。

しろえびせんべいの日

あられ、かきもち、せんべいなどの米菓を製造販売する日の出屋製菓産業株式会社（富山県南砺市）が制定。同社の代表的商品「しろえびせんべい」のおいしさをより多くの人に味わってもらうのが目的。日付は「しろえびせんべい」が世に出た日（1999年4月10日）であり、4月はしろえび漁の解禁の月であることから。しろえびは「富山湾の宝石」とも呼ばれ、上品な甘さと香りが特徴の貴重な食材。

シートの日

ブルーシートをはじめ、多種多様なポリエチレンシートを製造販売する萩原工業株式会社（岡山県倉敷市）が制定。工事現場や建築現場、運動会、お花見、さらには災害時の防護用など幅広い用途で使われるブルーシートを、より多くの人にPRするのが目的。日付は4と10で「シー（4）ト（10）」の語呂合わせと、新年度の節目となることから。

社長の日

ブランディングの向上を目的としたオリジナルお菓子の商品開発などを手がける株式会社ESSPRIDE（エスプライド）が制定。同社は「社長チップス」を企画しており、年に一度、社長がほめられたい日としている。日付は4と10の410をシーイーオーと読むと、最高経営責任者のCEO（chief executive officer）と語感が似ていることから。

酔い止めの日

「せき・こえ・のどに浅田飴」で知られる株式会社浅田飴が制定。のりもの酔いによく効く水なしで服用できるドロップタイプの酔い止め薬「トラベロップQQ」を製造、販売する同社の、のりもの酔いの心配をせずに家族や友だちなどみんなで楽しく旅行をしてもらいたいとの願いが込められている。日付はゴールデンウィークや修学旅行、夏休みといった行楽シーズンの前であることと、「酔（4）い止（10）め」と読む語呂合わせから。

4月

4/11

しっかりいい朝食の日

グラノーラの日本トップシェアブランド「フルグラ®」を国内で展開するカルビー株式会社が制定。新学期のスタートや入園、入学といった新しい生活が始まる忙しい4月にしっかりといい朝食をとってもらうのが目的。日付は「し（4）っかりいい（11）朝食」の語呂合わせから。4月11日は「ガッツポーズの日」でもあり、しっかりいい朝食で元気にガッツポーズをという意味も込められている。

ガッツポーズの日

1974（昭和49）年のこの日、ボクシングの世界ライト級タイトルマッチで、挑戦者のガッツ石松選手が逆転KO勝ちした。このときの喜びのポーズが、「ガッツポーズ」と呼ばれ、広まっていったことから生まれた記念日。

4/12

補綴（ほてつ）の日

公益社団法人日本補綴歯科学会が制定。歯が一部欠けたり失われた場合に、冠、クラウン、入れ歯（義歯）やインプラントなどの補綴(ほてつ)装置を用いて食べる力を向上させ、人々の健康長寿に貢献する補綴歯科治療。補綴という用語を含めて、その大切さを多くに人に知ってもらうのが目的。日付は4を「ほ＝フォー」、12を「て＝テン、つ＝ツー」と読む語呂合わせから4月12日に。

国分寺ペンシルロケット記念日

東京都国分寺市が制定。1955年4月12日に東京大学生産技術研究所の糸川英夫博士らにより、国分寺町（現在の国分寺市）で日本で初めてペンシルロケットの水平発射実験が行われたことから「日本の宇宙開発発祥の地・国分寺市」をアピールするのが目的。日付は発射実験が行われた日から4月12日に。

パンの記念日

日本で初めてパンのようなものを焼いたのは、砲術研究家の江川太郎左右衛門で、1842（天保13）年4月12日に伊豆韮山（にらやま）の自宅の庭で作ったとされている。これを記念してパン食普及協議会が1983（昭和58）年3月に、毎年4月12日を「パンの記念日」と制定、毎月12日を「パンの日」と設定した。

子どもを紫外線から守る日

子どもを有害な紫外線から守る日をと、UVカット化粧品製造の株式会社ルバンシュと合資会社ピーカブーが制定。日付は4と12で「良い皮膚」の語呂合わせと、紫外線が強くなる時期で予防を呼びかけるため。

徳島県にんじんの日

徳島県産のにんじんをPRしようと、徳島県にんじん振興協議会（JA全農とくしま内）が制定。徳島県の「新にんじん」（春にんじん）は大型のトンネルで栽培され、甘くてやわらかいのが特徴。日付は4月をピークに出荷されることと、4と12で「よいにんじん」の語呂合わせから。

4/13

恵美子の日

日本全国の恵美子さんにエールを送る日として、その名前の代表格のタレント、上沼恵美子さんの誕生日（1955年4月13日）にちなんでこの記念日を制定したのは読売テレビ放送株式会社。

浄水器の日

浄水器を信頼のおける家庭用品として定着させるために、一般社団法人浄水器協会が制定。同協会は「安心でおいしい水」を提供することをコンセプトに活動する団体。日付は、初心にかえって行動しようとその創立月である4月を選び、なおかつ4と13で「良い水」と読む語呂合わせから。

新型インフルエンザ対策の日

2009年4月13日にメキシコで最初の新型インフルエンザの患者が確認され、のちに死亡したことから、個室での透析などインフルエンザ対策を積極的に行っている練馬桜台クリニック（東京都練馬区）の永野正史理事長が制定。世界的に流行し、多くの感染者や患者を発生させるパンデミックへの備えを怠らないようにとの思いが込められている。

4/14

4月

ロスゼロの日

大阪府大阪市に本社を置き、食品ロス削減事業などを手がける株式会社ビューティフルスマイルが制定。イベントなどのために大量に製造された食品は、イベントを過ぎると賞味期限が残っているにもかかわらず販路を失う。残ってしまった食品を同社の通販サイト「ロスゼロ」を活用することで、食品ロスを減らし地球環境とお財布に優しい日としてもらうのが目的。日付は食品が大量に製造されるイベントのバレンタインデー（2月14日）、その一か月後のホワイトデー（3月14日）に続く一か月後として覚えやすい4月14日に。

柔道整復の日

1970（昭和45）年4月14日に柔道整復師法が公布されたことから、NPO法人全国柔整鍼灸協会が2003年に制定。柔道整復を東洋医学に基づく医療として広く認識してもらうのが目的。

フレンドリーデー

新学期、新入学、新社会人など、新しくスタートを切る4月。友人との絆を深め、新たな友人づくりの日にと、記念日を制定したのは株式会社スーパープランニング。日付は4と14で「友達ってよいよね！」の意味も。

オレンジデー

愛し合う二人がオレンジやオレンジ色のものを贈り合い愛を深める日。オレンジは樹にたくさんの実を成らせる「繁栄」「多産」のシンボルであり、「花嫁の喜び」という花言葉を持つことから愛の記念日にふさわしいと、日本を代表する柑橘類の産地であるJA全農えひめ（全国農業協同組合連合会愛媛県本部）が制定。日付は2月14日の「バレンタインデー」、3月14日の「ホワイトデー」に続く意味から。

4/15

IJIMEQUEST 415の日

エンターテインメント事業、ブランドコンサルティングを行うVAPORCELEB（ベイパーセレブ）株式会社が制定。同社が立ち上げたいじめ撲滅を目指す「IJIMEQUEST（イジメクエスト）415」プロジェクトを通じて、いじめについて考える日とするのが目的。日付は4と15で「よいこ」と読み、いじめない、いじめに負けない「よい子」にエールを送ることを意味している。毎年この日に音楽やエンターテインメントのイベントを開催し「生き抜く力、勇気」を伝える。

いちご大福の日

早稲田大学いちご大福研究会が制定。いちご大福の魅力をより多くの人に知ってもらい、味わってもらうのが目的。日付は4と15で「よ(4)いいち（1）ご（5）」と読む語呂合わせと、いちご大福の旬の時期との思いから。制定者名に大学名が付いて登録された初めての記念日。

日本巡礼文化の日

滋賀県大津市に本拠を置く西国三十三所札所会が制定。日本最古の巡礼路「西国三十三所巡礼」が2018年に草創1300年を迎えたことから、日本の巡礼文化への関心を高めてもらうのが目的。日付は巡礼が「良いご縁」をつなぐことから4と15を「良（4）い（1）ご（5）縁」と読む語呂合わせで。

からあげクン誕生日

株式会社ニチレイフーズと株式会社ローソンが制定。株式会社ニチレイフーズが製造し、株式会社ローソンが販売する人気のからあげ「からあげクン」の誕生日を記念するとともに、そのおいしさをさらに多くの人に知ってもらうのが目的。日付は「からあげクン」が誕生した1986年4月15日から。

京和装小物の日

4月は桜が咲き、最も華やかな時期となる京都では、桜柄などを採り入れた京和装小物の商品づくりと新作発表会が行われることから、京都半襟風呂敷和装卸協同組合が制定。1月15日の「半襟の日」との関連からその15日を記念日として、京和装小物の需要振興を目的としている。

よい酵母の日

酵母を摂取することの大切さを広くアピールしようと、酵母の製品を扱う株式会社日健協サービス（埼玉県鴻巣市）が制定。日付は4と15を「よい酵母」と読む語呂合わせから。同社では11月5日を「いい酵母の日」に制定している。

良いコラーゲンの日

「美しい生活文化」の創造のために、化粧品事業、ヘルスケア事業などを展開する資生堂ジャパン株式会社が制定。体中に存在し、美しさの源となる素材のコラーゲン。いつまでも体の内側からはりと潤いのある美しさを維持し、さらに磨きをかけてもらうため、良質な（良い）コラーゲンを保ってもらうことが目的。日付は「良（4）い（1）コ（5）ラーゲン」と読む語呂合わせから。

4/16

えのすいの日

神奈川県藤沢市の新江ノ島水族館（通称・えのすい）が制定。この日に開催する、館の基本テーマである「つながる命」に感謝するイベントをより多くの人に知ってもらうことが目的。日付は館がグランドオープンした2004年4月16日から。

ヴィラデスト・田園記念日

『田園の快楽』などの著作で知られるエッセイスト、画家、農園主の玉村豊男氏が長野県東御市にヴィラデストワイナリーを2004年のこの日に開設したことから制定。

エスプレッソの日

コーヒーマシンなどを手がけるデロンギ・ジャパン株式会社が制定。イタリアの豊かなカフェ文化のひとつエスプレッソの普及が目的。エスプレッソは1906年4月に開幕したミラノ万博で、Bezzera（ベゼラ）社がCaffe Espresso（カフェ エスプレッソ）と表記したのが始まりとされる。日付はイタリア国際カフェテイスティング協会が定めた「イタリア エスプレッソ デー」を日本で最初に行った4月16日から。

4/17

まいどなの日

兵庫県神戸市に本社を置き「神戸新聞」や「デイリースポーツ」などを発行する株式会社神戸新聞社が制定。同社と関西のいくつものメディアが集い製作し、関西からの情報発信にこだわるニュースサイト「まいどなニュース」をより多くの人に知ってもらい、多様性のある地方発のニュースの重要性を感じてもらうのが目的。関西弁の気軽な挨拶である「まいど」と「なるほど」を組み合わせた「まいどなニュース」。日付は「まいどなニュース」の開設日である2019年4月17日から。

なすび記念日

冬春なす主産県協議会が、冬春なすの最盛期であり、4月17日を「よいなす」と読む語呂合わせから制定。なすへの関心を高めてもらうのが目的。また、同協議会は毎月17日を「国産なす消費拡大の日」として販売促進をしている。

クイーンの日(QUEENの日)

「ボヘミアン・ラプソディ」「キラー・クイーン」「伝説のチャンピオン」「ウィ・ウィル・ロック・ユー」など、数々の名曲を生み出したイギリスのロックバンド「クイーン」。彼らの来日40年を記念してユニバーサルミュージック合同会社USMジャパンが制定。日付は初来日のために羽田空港に到着した1975年4月17日から。

4/18

準婚カップルの絆を確認し合う日

長野県松本市で地域や社会の課題に関わるコンサルタント業などを手がける合同会社地域問題研究所が制定。さまざまな理由で婚姻しない、できない準婚カップルに、あらためて二人の絆を確認し合い、より良き人生を歩んでもらうのが目的。日付は「幸せ(4)がいちばん(18)」という思いを込めた語呂合わせから。

夏美容はじめの日

パナソニック株式会社が制定。春から夏にかけて紫外線が強くなり肌へのダメージが増える時期に、同社の美容家電「パナソニックビューティ」で、よりよい肌になってもらうのが目的。日付は4と18を「よ(4)い(1)お肌(8)」と読む語呂合わせから。

ウッドデッキの日

ウッドデッキの設計・施行、キットデッキの開発・販売を手がける中川木材産業株式会社がウッドデッキの魅力を伝えるために制定。日付は、4月が販売台数が増える月であり、ウッド=木は分解すると「十」と「八」になることから18日とされた。

お香の日

『日本書紀』に日本のお香についての最初の記録として「595年の夏4月、淡路島に沈水(香木)が漂着した」との記述があることと、「香」

の字は一十八日と読み分けることから、全国薫物線香工業会が制定。香文化の普及などが目的。

よいお肌の日

コラーゲンが多く含まれるグミキャンデーを食べて、よいお肌になってもらいたいと、「果汁グミ」の製造販売を手がける株式会社明治が制定。日付は4と18で「よいお肌」の語呂合わせから。

毛穴の日

皮膚の専門家が作ったメディカルコスメ、スキンケア、化粧品通販を手がける株式会社ドクターシーラボが制定。「肌トラブルに悩むすべての人々を救う」を企業理念に掲げる同社は、良い肌とは毛穴の目立たないキレイな肌が基本と考え、紫外線量が増えるこの時期に毛穴も含めた肌の手入れを見直してもらうのが目的。日付は4と18で「良い肌」と読む語呂合わせからも。

4/19

飼育の日

公益財団法人東京動物園協会が管理運営する多摩動物公園が発案。その後、日本動物園水族館協会の加盟施設などに広がり全国的な取り組みとなっている記念日。飼育係をはじめとして動物園、水族館で働く人のさまざまな仕事を紹介し、その仕事への理解を深めてもらうとともに、施設への関心を高めてもらうのが目的。日付は4と19で「し（4）い（1）く（9）＝飼育」の語呂合わせから。

養育費を知る日

実効性のある養育費保証の確立を目指す株式会社イントラストと、ひとり親家庭および子連れ再婚家庭の支援を行うNPO法人M-STEP（エムステップ）が共同で制定。ひとり親の多くが受け取れていない養育費問題の重要性と、養育費の大切さを広めるのが目的。日付は4と19で「養（4）育（19）」と読む語呂合わせから。

食育の日

食を通した教育「食育」をより深く考え実践する機会にと、栄養補助食品のミキプルーンなどを販売する三基商事株式会社が制定。日付は4と19で食育（しょくいく）の語呂合わせから。

良いきゅうりの日

JAあいち経済連の西三河冬春きゅうり部会が制定。冬でも温暖な気候と豊富な日射量、そして高い栽培技術を生かして生産されたこの地域のおいしいきゅうりをアピールするのが目的。日付は4と19で「良いきゅうり」と読む語呂合わせから。

みんなの保育の日

保育や子育てに役立つ遊び情報サイト「ほいくる♪」を運営する子ども法人キッズカラーが制定。子どもたちの育ちにとって大切な乳幼児期に、近くにいる大人が子どもへの理解を深め、保育を楽しみ、その在り方を見つめ直し、自身が育つきっかけの日とするのが目的。日付は4を「保＝フォー」、19を「育＝いく」と読む語呂合わせから。

収育の日

片付けを楽しむ検定「収納検定」を運営する一般社団法人日本収納検定協会が制定。「収育」とは収納と育児・教育・育成を組み合わせた言葉。片付けを通して子どもたちに幸せに生きる力と知恵を育む「収育」と、その考えを多くの人に知ってもらうのが目的。日付はで「収（4）育（19)」と読む語呂合わせから。

4/20

穀雨（こくう）

［年によって変わる］二十四節気のひとつ。この頃の春雨は、田畑を潤し、穀物の生長を助けるところからこう呼ばれる。

四川料理の日

長野県諏訪郡富士見町に運営会社を置く四川フェス実行委員会が制定。本場のおいしい四川料理をもっと日本に広めるのが目的。日付は四川の「四」から4月とし、中国語で80をbā shí（バーシー）と読み、四川語の「すごくおいしい」の意味と同じ音になることから80÷4で20日に。2017年から「四川フェス」を開催し、2019年4月20日、21日には東京・新宿中央公園に各地の四川料理の名店が集結し、しびれる辛さがおいしい四川料理を提供した。

モンストの日

⇨「1年間に複数日ある記念日」の項を参照。

郵政記念日

1871（明治4）年のこの日、それまでの飛脚制度にかわって郵便制度が実施されたのを記念して、1934（昭和9）年に制定されたもの。この日から1週間を「郵便週間」として、郵便業務のPR活動などが行われる。同じくこの日から1週間「切手趣味週間」も始まる。

「聴く」の日

大切な人の話を聴きましょう、そしてあなたも自分の話を周囲の人に聴いてもらいましょう、との考えから「聴く」ことの大切さを社会に広めようと、個人のゴール・目標を支援するコーチングのプロの藤田潮氏が制定。日付は藤田氏の著書『「聴く」の本』（幻冬舎ルネッサンス）の発売日である2007年４月20日から。

腰痛ゼロの日

腰痛で悩んでいる人をゼロにしたいとの思いから日本カイロプラクティックドクター専門学院名古屋校の卒業生を中心に結成されている「420の会（ヨーツーゼロのかい）」代表の本坊隆博氏が制定。腰痛に対する対処法、予防法を指導する日。日付は４と20で「腰痛ゼロ」と読む語呂合わせから。

珈琲牛乳の日

日本で初めて「珈琲牛乳」（コーヒー牛乳）を製造販売した守山乳業株式会社（神奈川県平塚市）が制定。「珈琲牛乳」は1920（大正９）年に同社創業者の守山謙氏が開発したもので、王冠で栓をした瓶入りの「珈琲牛乳」が1923年４月20日に東海道線国府津（こうづ）駅で販売を開始。以降、東北から九州までの各駅で人気が広まっていく。この日をはじまりの日として記念日と定め、そのおいしさをPRするのが目的。

肌には知る権利がある記念日

化粧品の開発、製造、販売などを手がける株式会社ちふれ化粧品が制定。同社が「肌には知る権利がある」をスローガンに、化粧品に配合されている「全成分・分量」とその「配合目的」「製造年月」を業界に先駆けて公開してきたことから、食べ物を選ぶときのように、肌に直接つける化粧品も、それが何から作られているのかを知った上で選んでほしいとの思いが込められている。日付は４と20で社名の「ちふれ」の語呂合わせから。

ジャムの日

全国のジャム製造メーカー、販売企業などで構成する日本ジャム工業組合が制定。ジャムのおいしさや魅力を多くの人に知ってもらい、ジャムの需要の喚起と消費の拡大が目的。日付は1910（明治43）年４月20日に長野県北佐久郡三岡村（現在の小諸市）の塩川伊一郎氏が「苺ジャム」を明治天皇に献上したとの記録があり、明治初期に始まったジャムの製造が皇室献上品として認められたことは日本のジャム産業の発展に大いに貢献したとの考えからこの日に。

4/21

民放の日（放送広告の日）

1951（昭和26）年のこの日、日本で初めて民間放送16社に放送の予備免許が与えられたのを記念して日本民間放送連盟が制定。

川根茶の日

日本屈指の銘茶である静岡県の川根茶を多くの人に知ってもらおうと、川根茶の生産者などで結成された「川根お茶街道推進協議会」が制定。新茶のシーズンの直前で、立春から数えて七十七夜となることの多いこの日を記念日とした。香りが高く、甘みと渋みのバランスのとれた川根茶の歴史や文化を思い、新茶シーズンを迎えるスタートの日と位置づけている。

オーベルジュの日

オーベルジュのオーナシェフなどにより設立された日本オーベルジュ協会が、オーベルジュの魅力や文化を伝えることを目的に制定。オーベルジュとはその土地の食材を使った絶品料理などを味わい、併設された客室で宿泊できるレストランのこと。日付は日本で本格的なオーベルジュが誕生した1986（昭和61）年４月21日にちなんで。また、春の訪れとともに素敵な旅の始まりをとの願いが込められている。

錦通り・ニッキーの日

小田原錦通り商店街協同組合（神奈川県小田原市）が制定。2012年４月21日、商店街に隣接する公園の木に、動物のぬいぐるみの忘れ物がかけられていた。その愛らしさから錦通りにちなんで「ニッキー」と命名。2014年、組合設立50周年を迎えるにあたって、商店街のシンボルキャラクターとして、発見された日を記念日とした。

4/22

道の駅の日

道の駅に関する情報交換、相互連携などを行い、その質とサービスの向上に努める一般社団法人全国道の駅連絡会が制定。道の駅制度が開始されてから全国の道の駅は1000駅を超え、地域の窓口として、地域活性化の拠点としてさまざまに活躍している。記念日を制定することで道の駅間の連携強化や各駅の販売促進、さらなる活気を呼び込むことが目的。日付は建設省（現・国土交通省）より、103か所の道の駅が初めて登録された1993年４月22日から。

バーバパパの日

輸入雑貨の販売、キャラクターのライセンス事業などを手がける株式会社スタイリングライフ・ホールディングスのプラザスタイルカンパニーが制定。同社はフランス生まれの絵本のキャラクターである「バーバパパ」の日本におけるエージェントで、2020年にバーバパパが誕生50周年を迎えることを記念して、その魅力をさらに多くの人に知ってもらうのが目的。日付はバーバパパが春生まれのキャラクターであることと、国連の提唱するアースデー（４月22日）が自然保護や動物愛護といったバーバパパの絵本の理念と通じる要素が多くあることから。

ミス日本の日

一般社団法人ミス日本協会が制定。身体のプロポーションや美貌などの外見、理性や知性などの内面、社会を良くするための行動力の３つの美を兼ね備えた「真の美しさ」を持つ女性を選出する「ミス日本コンテスト」の意義を広めるのが目的。日付は1950年４月22日に初の「ミス日本コンテスト」が読売新聞社主催で開かれたことから。初代のミス日本にはのちに女優として活躍する山本富士子さんが選ばれている。ちなみに「ミス日本」は「ミスニッポン」と読む。

カーペンターズの日

「スーパースター」「トップ・オブ・ザ・ワールド」「イエスタデイ・ワンス・モア」など数々のヒット曲をもち、世界的な人気を誇るポップス・グループのカーペンターズ。その記念日を制定したのは所属するユニバーサルミュージック。日付はカーペンターズがメジャー契約を交わし、正式にカーペンターズのグループ名で活動を開始した1969年４月22日から。

地球の日（アースデー）

地球全体の環境を守るために一人ひとりが行動を起こす日。1970年にアメリカで始められたもので、環境保護庁設立のきっかけになるなど、市民運動として大きな成果を上げた。日本でも、これに共鳴する市民グループが、さまざまな環境問題をテーマにした催しを企画している。

ダイヤモンド原石の日

ダイヤモンドを原石から取引して、研磨、デザイン、販売までを行う世界的なジュエリーブランド、TASAKI（田崎真珠株式会社）が制定。ダイヤモンドの原石からその輝きを生み出すように、女性の人生を輝かせることを提唱する日。日付は４月の誕生石がダイヤモンドであることと、ダイヤモンド業界ではひとつのダイヤモンド原石を対に分けて磨く（ツインダイヤモンド）ことが通例のため、調和を意味する「２」の双子（ツイン）にした「22」を組み合わせて４月22日とした。

大人の日

⇨「１年間に複数日ある記念日」の項を参照。

4/23

サン・ジョルディの日

サン・ジョルディ

スペイン・カタルーニャ地方のバルセロナなどでは、古くから守護聖人であるサン・ジョルディをたたえ、４月23日に男性は女性にバラを、女性は男性に本を贈る習わしがあった。この伝統行事をそのまま拝借して、出版業界などが運動を起こしたのがこの記念日。

消防車の日

消防車のトップメーカーの株式会社モリタホールディングスが制定。日付は1907（明治40）年に株式会社モリタが創立した日から。安全な社会を築くために欠くことのできない消防車を生産し続けてきた誇りと信頼のひとつの証となる日。

シジミの日

食品として優れ、水質浄化にも役立つシジミの有用性をアピールするために、長年シジミの研究を続けてきた有限会社日本シジミ研究所（島根県松江市）が制定。日付は４と23で「シジミ」と読む語呂合わせから。

4/24

しぶしの日

2006年１月１日に鹿児島県内の松山町、志布志町、有明町の合併により誕生した志布志市が制定。この「しぶし」という地名は天智天皇が人々の志が篤いことを喜ばれて命名されたと言われる。市では「志あふれるまちづくり」を推進することを掲げ、４と24で「しぶし」と読む語呂合わせからこの日を記念日とした。

4/25

失語症の日

脳出血、脳梗塞などの脳血管障害や交通事故などで脳が損傷すると「聞く」「話す」「読む」「書く」などの機能が損なわれてしまう失語症。日本には約50万人いるとされる失語症の人の福祉や医療に関する活動、病気についての啓発などを行うNPO法人日本失語症協議会が制定。コミュニケーションを取ることが困難な失語症の人は社会からの理解を得にくく、十分な支援を受けていないのが実情で、社会的に孤立している人も少なくない。記念日を通じて大勢の人にこの障害について知ってもらい、支援を広げることで失語症の人の社会参加を進めるのが目的。日付は4と25で「し（4）つ（2）ご（5）＝失語」と読む語呂合わせから。

しあわせニッコリ食で健康長寿の日

福岡県福岡市に本社を置き、ヘルスケア商品、スキンケア商品などの製造、販売を行うキューサイ株式会社が制定。「100歳まで楽しく歩こうプロジェクト」を推進している同社が健康長寿には「運動・食事・交流」が重要として、2月25日の「ひざ関節の日」（運動）、3月25日の「みんなでニッコリみんなで健康長寿の日」（交流）とともに、食事の大切さを多くの人に知ってもらうのが目的。日付は4と25で「しあわせ（4）ニッコリ（25）」の語呂合わせから。

小児がんゴールドリボンの日

その治癒率は年々向上してはいるものの、依然として子どもの病死原因として最も多い小児がん。日々、その病と闘っている子どもたちのことをもっと知ってもらい、支援の輪を広げ、子どもたちに笑顔を取り戻してほしいと「特定非営利活動法人ゴールドリボン・ネットワーク」が制定。日付は4（しょう）と2（に）と5（ゴールドリボン）の語呂合わせから。

4/26

Dな日

エイベックス・エンタテインメント株式会社が制定。アジアが世界に誇るモンスターグループ「BIGBANG」のメンバー、D-LITEの誕生日である4月26日を「D-LITEの日＝Dな日」として、毎月26日にはさまざまな情報を届ける。ファンとD-LITEが出会うために最も大切な日との思いが込められている。

オンライン麻雀の日

健全な娯楽としてのオンライン麻雀の普及、振興を目的に、オンライン麻雀を運営する株式会社シグナルトークが制定。日付は４と26で麻雀のメンバーを集めるという意味の「４人でつる（26）む」の語呂合わせから。また、メンゼン派の「for（４）ツモ（26）」、鳴き派の「四副露（スーフーロー）（426）」と読むこともできる。

テルマエ・ロマエ よい風呂の日

2012年に公開され大ヒットを記録した映画「テルマエ・ロマエ」。その続編「テルマエ・ロマエⅡ」を手がけた「テルマエ・ロマエⅡ」政策委員会が制定。「テルマエ・ロマエⅡ」は古代ローマの浴場設計技師が現代日本にタイムスリップするSF（すごい風呂）映画で、「風呂」映画史上最高傑作とも称されている。日付は「テルマエ・ロマエⅡ」の公開日2014年４月26日にちなみ「よ（４）い風呂（26）」の語呂合わせから。

4/27

駒ヶ根ソースかつ丼の日

長野県駒ヶ根市の名物で、ご飯の上に千切りキャベツを敷き、その上に秘伝のソースをくぐらせたカツを乗せた丼「駒ヶ根ソースかつ丼」。その駒ヶ根ソースかつ丼のおいしさをより多くの人に味わってもらうことと、駒ヶ根の街おこしを目的に、駒ヶ根市内の飲食店の有志で結成した駒ヶ根ソースかつ丼会が制定。日付は会が結成された1993年４月27日から。

つなぐ日

愛知県名古屋市で遺産相続や遺言書作成など終活関連業務を行う税理士事務所の株式会社ローズパートナー。その代表で大切な人への想いを形にし、相続のための活動を支援する「想活」アドバイザーで、相続専門税理士の久野綾子氏が制定。相続争いの原因のひとつである家族のコミュニケーション不足を解消し、相続に対する正しい知識を提供することが目的。日付は「資（４）産をつな（27）ぐ」「幸せ（４）をつな（27）ぐ」の語呂合わせから。

スタジオキャラットの日

関西圏、首都圏などでスタジオビジネスを展開する株式会社キャラット（奈良県香芝市）が制定。キッズ写真や成人式・卒業式などのメモリアル写真スタジオ、ブライダルフォトサロンなどを運営する同社の知名度向上と販売促進が目的。日付は同社の創業日1994年４月27日から。

タッパーの日

日本タッパーウェア株式会社が制定。プラスチック製密封容器の代名詞として広く親しまれている「タッパー」「タッパーウェア」。その登録商標を持つ同社がそのことを消費者にもっと理解してもらい、さらなる普及を目指すのが目的。日付は1963（昭和38）年４月27日に同社が設立されたことから。

4/28

四つ葉の日

大阪府大阪市に本社を置き、「幸せあふれる未来を創る」を企業理念に掲げ、電力コスト削減に取り組む四つ葉電力株式会社が制定。愛、希望、幸福、健康の意味を持つとされる四つ葉のクローバー。多くの人に日々の生活の中でこの四つ葉のクローバーのような幸せを見つけてもらうのが目的。日付は４と28で「四（４）つ（２）葉（８）」と読む語呂合わせから。

インターホンの日

一般社団法人インターホン工業会が創立50周年を記念して制定。より安全に、より安心に、よりつながりのある社会の実現に必要な、円滑なコミュニケーションを支えるインターホンの普及と適切な更新が目的。日付は４と28で「良い（４）通話（28）」と読む語呂合わせから。

庭の日

４月28日を「良い庭」と読む語呂合わせと、かつては翌日が「みどりの日」であったこと（現在は「昭和の日」。「みどりの日」は2007年から５月４日に）、そして全国的に庭が美しく、人々の関心が高まる時期との理由から、一般社団法人日本造園組合連合会が制定。

渋谷ギャルの日

渋谷のギャル文化をもっと世の中に広め、その素晴らしさを多くの人に知ってもらうことを目的に、若者に絶大な人気を誇る店舗や商品をプロデュースしている株式会社エイチジェイが制定。ファッションショーなども企画。日付は4と28で「渋谷」と読む語呂合わせから。

洗車の日

⇨「1年間に複数日ある記念日」の項を参照。

セアダスの日

東京都目黒区自由が丘でセアダス専門店「SEADAS FLoWER CAFFÉ（セアダスフラワーカッフェ）」を営む株式会社チェントアピが制定。イタリア・サルデーニャ島の伝統菓子「セアダス」を通じて、サルデーニャ島の文化と人々の魅力を知ってもらうのが目的。日付は4月28日がイタリアで「サルデーニャの日」であることから。

4/29

昭和の日

国民の祝日のひとつ。昭和の時代、4月29日は「天皇誕生日」であったが、平成になり「みどりの日」とされ、2007年から「昭和の日」とされた。意義は「激動の日々を経て、復興を遂げた昭和の時代を顧み、国の将来に思いをいたす」。

近江赤ハヤシの日

「近江牛」生産・流通推進協議会、滋賀県食肉事業協同組合、カゴメ株式会社大阪支店の三者が制定。国内最古のブランド牛「近江牛」や、「近江米」「近江の漬物」「カゴメのトマトソース」を使った「近江赤ハヤシ」を、ご当地グルメとして滋賀県の名物とするのが目的。日付は4と29で「し（4）がのにく（29）＝滋賀の肉」の語呂合わせから。「近江の赤ハヤシ」の赤はトマトの色であり、「井伊の赤備え（あかぞなえ）」など滋賀にゆかりの深い縁起の良い色の象徴。

ナポリタンの日

ナポリタンに欠かせないケチャップの製造、販売を手がけるカゴメ株式会社が制定。長年にわたり多くの人から親しまれてきたスパゲッティナポリタンをさらに愛してもらうのが目的。日付はナポリタンが昭和生まれの日本の洋食であることから「昭和の日」の4月29日に。2017年4月29日に幕張メッセで開催された「ニコニコ超会議」にて、ナポリタンをこよなく愛する妖精「ナポリたん」が誕生している。

フォニックスの日

株式会社mpi松香フォニックスが制定。「フォニックス」とは英語の発音と文字のルールを学ぶ音声学習法で、正しい発音で英語が読めるようになるのが特徴。グローバル社会の中でフォニックスの効用を普及させるのが目的。日付は４と29で「フォ（４）ニック（29）ス」と読む語呂合わせから。

タオルの日

大阪タオル卸商業組合が制定。タオルを使用する機会が増える春先から初夏にかけての需要をさらに向上させ、タオル産業を盛り上げるのが目的。日付は４と29をタオルで「良（４）く拭く（29）」と読む語呂合わせから。日本のタオル産業に携わる各種団体が連携して推進していくことを目指している。

畳の日

⇨「１年間に複数日ある記念日」の項を参照。

歯肉ケアの日

歯槽膿漏の予防、知覚過敏でしみるのを防ぐなど、歯ぐき（歯肉）のためのハミガキ「ディープクリーン」の製造販売を手がける花王株式会社が制定。いつまでも自分の歯でおいしく食べるためには、歯ぐき（歯肉）のケアが大切であることを、多くの人に知ってもらうことが目的。日付は４と29で「歯肉（しにく）」と読む語呂合わせから。

歯肉炎予防デー

2010年に発売20周年を迎えるハミガキブランド「クリアクリーン」を展開する花王株式会社が制定。「クリアクリーン」が商品のリニューアルにより歯肉炎まで予防するハミガキとなったことをアピールする。日付は４と29で「歯肉（しにく）」と読む語呂合わせから。

豊後高田昭和の町の日

大分県豊後高田市が制定。同市が2001年から商業と観光の振興のために、商工会議所、商店街とともに進めてきた昭和30年代をテーマとした「豊後高田昭和の町」をさらに多くの人に知ってもらうのが目的。日付は国民の祝日の「昭和の日」から。「豊後高田昭和の町」は、その懐かしい街並みや商品、人々の温かい対応などで全国から多くの観光客を集めている。

4/30

モンストの日

⇨「１年間に複数日ある記念日」の項を参照。

図書館記念日

1950（昭和25）年のこの日、図書館法が公布されたことにちなむもので、1971（昭和46）年の全国図書館大会で決定、翌年より記念日として行事などを行っている。図書館の原型は、紀元前3000年の古代メソポタミアの時代にもあったとされる。

しみゼロの日

スキンケアの大敵である紫外線を防ぐ教育、啓蒙を行い、しみのない「しみゼロ」の肌を目指すことを目的に、世界最大の化粧品会社ロレアルグループの日本法人、日本ロレアル株式会社のスキンケアブランドのひとつ「ラロッシュ ポゼ」が制定。日付は４と30で「しみゼロ」の語呂合わせから。

年によって日付が変わる記念日

４月第１土曜日

花冠記念日

神奈川県横浜市でタヒチに関する事業などを手がける株式会社タヒチプロモーションが制定。花で世界をつなぎ、地球に花冠を被せ、花で世界を癒す日とするのが目的。日付は４月の１週目頃には花が咲き誇り、人々が花の美しさを感じる機会が増えることと、花は土から育つのでその土曜日に。

４月最終水曜日

国際盲導犬の日

1989年４月26日（水）に、国際盲導犬学校連盟が発足したことを記念して、1992年より国際盲導犬学校連盟が制定。目の不自由な人にとって大切な盲導犬の普及と、一般の人々の理解を目指し、日本盲導犬協会などがイベントを行う。

４月最後の７日間そろった週の水曜日

セクレタリーズ・デー

アメリカでは、この日をセクレタリーズ・デー（秘書の日）と呼び、オフィスでは上司が自分の秘書やスタッフに日頃の感謝の気持ちを込めてプレゼントする習わしがある。1952年、秘書の仕事の重要性を知ってもらおうと秘書週間を提唱したのが始まりといわれる。

コラム3

日本記念日協会の歩み③

11月11日の「ポッキー&プリッツの日」が、毎年その日に向けてさまざまな記念日企画を仕掛けることで売り上げを伸ばすようになると、同業の菓子メーカーや他業種メーカーなどから次々と記念日登録申請が届いた。

「バレンタインデー」も「ホワイトデー」も、菓子メーカーがその記念日のためのルールを発案したことで、今では年中行事のひとつとなり、他の業種も含めると、その推計市場規模は数百億円から1千億円を超えるまでにふくらんでいる。

年間を通じてよく購入される食品、飲み物、生活関連の商品は、記念日があることで話題性が付与されるだけでなく、スーパーマーケットやコンビニエンスストアで商品陳列の機会やスペースが増え、結果として売り上げがアップした。

こうしたある商品や業界を対象とした記念日は、あくまでも多くの人にその存在を知ってもらうためのきっかけに過ぎないのだが、さまざまな競合商品があふれる時代には、そのひとつのきっかけが大きな意味を持ち、無視できない効果を生む。

そこで日本記念日協会では、主な記念日の推計市場規模を算出して「記念日マーケット」の検証を行うとともに、今まで蓄積してきたデータと合わせて企業向けに記念日情報を作成し、要望に応じて提供している。

提供先はテレビ局、新聞社、家電メーカー、文具メーカー、印刷会社、気象関連企業、デザイン会社などで、いずれもその日ごとの記念日情報を商品やサービスに活かせるところだ。

このほか、記念日を使ったビジネス手法の講座、あるいは記念日による地域社会の活性化や社会貢献の考え方を伝える講演なども手がける。依頼主は新聞社や銀行系のシンクタンク、上場企業の役員会、中小企業のPR部門もあれば、社会貢献を目指すNPO団体、地方の自治体、商工会議所や商店街などさまざまで、依頼があれば、できるだけ時間をつくって出張することにしている。

よく扱うテーマは「記念日は毎年やってくるビジネスチャンス」「記念日は日付のある文化」で、この二つは日本記念日協会のキャッチフレーズでもある。

MAY

旧　暦　皐月（さつき）
語源：早苗を植える月「早苗月」が転じたものとされる。

英　名　May
語源：ローマ神話の豊穣の女神マイア（Maia）の祭日が5月1日に行われたことに由来する。

異　名　早苗月（さなえづき）／菖蒲月（あやめづき）／田草月（たくさづき）／梅色月（うめのいろづき）／狭雲月（さくもづき）／橘月（たちばなづき）／吹喜月（ふっきづき）

誕生石　エメラルド（翠玉、緑玉）／ジェイド（翡翠）

誕生花　カーネーション／スズラン／ショウブ

星　座　牡牛座（～5/20頃）、双子座（5/21頃～）

「緑茶の日」「童画の日」「アイスクリームの日」「コットンの日」「旅の日」「ゴクゴクの日」「源泉かけ流し温泉の日」など、5月はさわやかな季節を表したような記念日が多い。また、ゴールデンウィークの期間中は「憲法記念日」「みどりの日」「こどもの日」の由来にも関心が集まる。そして、1年の中でも話題性、市場規模、露出度の高い「母の日」は、カーネーションというシンボルをもつことで長い間景気に左右されない記念日であり続けてきた。最近はイチゴのケーキを贈る人も増えている。なぜなら「イチゴ」は漢字で「苺」。母に冠をささげて感謝の気持ちを表す日だから。

カーネーション

令和はじまりの日

2019年の５月１日、皇室典範特例法の規定に基づき、前日の４月30日に明仁天皇が退位され、徳仁天皇が即位。この日から新しく元号が「令和（れいわ）」となった。「令和」は「大化」以来248番目の元号。

恋の予感の日

岩手県大船渡市で婚活パーティーの企画と運営を行う婚活支援サービス恋の予感が制定。健全な婚活パーティーを普及させ、年代に関係なく気軽に堂々と婚活パーティーに参加できる地域社会を目指している。日付は５と１で「恋」と読む語呂合わせから。

メーデー

1886年のこの日、アメリカのシカゴで労働者が「１日の労働時間を８時間に」とストライキを起こし、その３年後の５月１日にパリに集まった世界中の労働者の代表が、この日を労働者の祝日とした。日本では、1920（大正９）年から行われている。

水俣病啓発の日

1956（昭和31）年５月１日、熊本県水俣市の保健所に市内の病院から原因不明の病気が報告され、これが水俣病の発見とされる。公害の水俣病を忘れない日にと制定された。

語彙の日（ごいの日）

2000年より旺文社生涯学習検定センターが運営、実施している「実用日本語語彙力検定」を広くPRしようと株式会社旺文社が制定。日常生活や学習活動で書いたり読んだりする日本語を的確に理解するために必要な「語彙力」の大切さを認識してもらえる日にとの思いが込められている。日付は５と１で「語彙（ごい）」と読む語呂合わせから。

恋がはじまる日

女性の美容と健康、そして快適な日々のために生まれたエルシーラブコスメティックを運営する株式会社ナチュラルプランツが制定。女性の恋を応援している同社が、男子の立身出世を願う「鯉のぼり」を女性向けにアレンジした「恋のぼり」で恋の成就を願うのが目的。日付は５と１で「恋」と読む語呂合わせから。

宅配ボックスの日

配送物の安全保管管理システムの宅配ボックス。マンションなどで不在時にも荷物を無人で預かり、管理者にも居住者にもその利便性の向上をはかる宅配ボックスを開発した株式会社フルタイムシステムの原幸一郎氏が制定。日付は宅配ボックスのトップメーカーである同社が創立された1986年5月1日に由来する。

カリフォルニア・レーズンデー

カリフォルニア・レーズン協会（米カリフォルニア州）が、日本でカリフォルニア・レーズンのおいしさ、高い栄養価などをアピールしようと制定。日付は5月がカリフォルニア・レーズンの原材料ナチュラル・シードレスの花が咲き、実をつけ始める時期に当たることから、その最初の日を記念日としたもの。小さな粒の中に太陽の恵みが凝縮されたカリフォルニア・レーズンは洋菓子やベーカリー、食品メーカーやレストランはもちろんのこと、一般家庭でも広く愛される食品となっている。

鯉の日

茨城県行方市に本部を置く全国養鯉振興協議会が制定。記念日を制定してさらなる鯉の消費拡大を図ることが目的。鯉にはたんぱく質やビタミンなどの栄養素が豊富に含まれていることから「鯉を食べて健康を守ろう」キャンペーンなどを行っている。日付は「こ（5）い（1）」と読む語呂合わせから。

コインの日

日本貨幣商協同組合が制定。人類の生み出した重要な発明のひとつと言われ、3000年近い歴史を持つ「貨幣」。各国の各時代の意匠や様式を反映した美術品とも言える「貨幣」を通して、それぞれの国の歴史・文化に対する理解を深めてもらうのが目的。日付は「コ（5）イ（1）ン」と読む語呂合わせから。

自転車ヘルメットの日

オートバイ、自転車用のヘルメットを手がける株式会社オージーケーカブト（大阪府東大阪市）が制定。自転車ヘルメットの着用促進と、その重要性を呼びかけるのが目的。日付は5月が「自転車月間」であり、その始まり（頭）の日（1日）とした。同社の自転車事故による死亡やケガから一人でも多くの人を救いたいとの願いが込められている。

5/2

八十八夜

［年によって変わる］立春から数えて88日目をいう。この日に摘んだ

新茶は上等なものとされ、この日にお茶を飲むと長生きするといわれる。

紙コップの日

紙やプラスチックの素材を使用した包装容器の製造販売などを手がけ、日本の紙コップのリーディングカンパニーである東罐(とうかん)興業株式会社が制定。記念日を通じて紙コップの認知度とイメージ向上が目的。日付は、紙コップを使用する機会が多いゴールデンウィークの期間であることと、5と2で「コ（5）ップ（2）」と読む語呂合わせから。夏に向けて暑くなり始めるこの時期に、水分補給を意識して健康に夏を乗り切ってほしいという思いも込められている。

コージーコーナーの日

全国に400店舗以上の洋菓子店を展開する株式会社銀座コージーコーナーが制定。1948年に東京銀座六丁目に開業した小さな喫茶店から始まった同社。その社名であるコージーコーナーは「憩いの場所」の意味があり、洋菓子を通じてひとりでも多くの人に安らぎのひとときを提供したい、笑顔になってほしいとの思いが込められている。日付は5と2で「コー（5）ジー（2）」の語呂合わせから。

ごっつの日

冷凍食品をはじめとする加工食品などの製造、販売を手がけるテーブルマーク株式会社が制定。同社の人気商品「ごっつ旨いお好み焼」など「ごっつ旨い」シリーズを食べていただいている人に感謝の気持ちを示すとともに、さらに多くの人に味わってもらうのが目的。日付は5と2で「ごっ（5）つ（2）」の語呂合わせから。

コツコツが勝つコツの日

不動産の売買や仲介などを手がける株式会社日本財託が制定。「愚直に謙虚に働き、感謝の心を忘れない」という同社がもっとも大事にする価値観を表現したスローガン「コツコツが勝つコツ」の言葉を社内外の多くの人に知ってもらうのが目的。日付は5と2で「コ（5）ツ（2）」と読む語呂合わせから。なお、「コツコツが勝つコツ」は同社により商標登録されている。

カルシウムの日

大阪府大阪市に本社を置き、日本初のカルシウム錠剤を開発したワダカルシウム製薬株式会社が制定。丈夫な骨をつくるために欠かせないカルシウムを摂ることの大切さを広めるのが目的。日付は5と2で「骨＝コ（5）ツ（2）」と読む語呂合わせから。

緑茶の日

[年によって変わる] 公益社団法人日本茶業中央会が毎年八十八夜の日を「緑茶の日」と制定している。古くから仙薬と称されるほど八十八夜の新茶は栄養価が高いとされる。

新茶の日

[年によって変わる] 立春から数えて88日目の日となる雑節の「八十八夜」。この日に摘んだ新茶は上等なものとされ、この日に新茶を飲むと長生きすると伝えられていることから、山啓製茶（静岡県掛川市）の山啓会が制定。

婚活の日

業界屈指のカウンセラー数を誇り、紹介とサポートの両面から幸せな結婚へのチャンスを広げる結婚情報サービスのサンマリエ株式会社が制定。日付は５と２で「婚活」と読む語呂合わせから。

5/3

憲法記念日

国民の祝日のひとつ。1947（昭和22）年のこの日、日本国憲法が施行されたことによる。憲法をめぐっては、連合国から押しつけられた憲法として改憲を望む声もあれば、平和憲法と高く評価する護憲の立場の人もいて、常に議論されている。この日は、集会などを開き、それぞれの主張をアピールする。

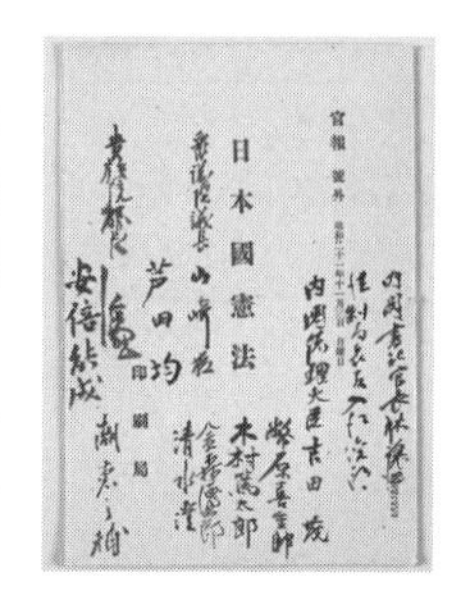
官報 號外

日本國憲法

五三焼カステラの日

長崎県雲仙市に本社を置き、長崎県内各地に店舗を構えてカステラなどを製造販売する有限会社和泉屋が制定。通常品よりも卵黄をぜいたくに使い、しっとりとした舌ざわりと深く濃厚な甘さの「五三焼カステラ」をより多くの人に味わってもらうのが目的。日付は「五三焼カステラ」の名前の由来が使用する卵黄と卵白の割合が五対三であったこと、大切な贈り物として桐箱に収めて贈ることから桐の家紋「五三の桐」にちなんで名付けられたとの説から五と三で５月３日に。

スケートパトロールの日

岐阜県のスケートボードなどの愛好家グループ「RED SKATE（レッドスケート）」が、スケートボーダー（スケーター）のマナーの向上、ルールの尊重、地域貢献などを目的とした活動「スケートパトロール」

を行っていることから制定した日。日付はルールを守ることから憲法記念日の日であり、清掃活動などを行うことから5と3で「ゴミ」と読めるこの日に。

そうじの日

掃除技術についての研究や普及活動などを行っている一般財団法人日本そうじ協会（神奈川県横浜市）が制定。日付は5と3の語呂合わせの「ゴミ」と「護美」からで、「ゴミを減らすこと」と「環境の美しさを護ること」が目的。この日には全国一斉に「おそうじしましょう！」と呼びかける。日本そうじ協会では環境整備の技術力を高め、良い習慣を身につける「掃除道」の普及促進も行っている。

5/4

みどりの日

国民の祝日のひとつ。趣旨は「自然に親しむとともにその恩恵に感謝し豊かな心をはぐくむ」。平成になったのを機に、昭和天皇の誕生日として国民の祝日であった4月29日が「みどりの日」とされたが、2007年からは5月4日になった。

口臭ケアの日

神奈川県横浜市に本社を置き、口臭ケア商品などの企画、製造、販売を行う株式会社いいの製薬が制定。歯を磨くだけではケアしきれない口の中の乾燥、舌苔（ぜったい）や膿栓（のうせん）といった口臭の原因について多くの人に知ってもらい、口臭ケアの大切さを広めるのが目的。日付は5と4で「こう（5）しゅう（4）」と読む語呂合わせから。

うすいえんどうの日

「実えんどう」のうち「うすいえんどう」の収穫量日本一を誇る和歌山県の農業協同組合連合会が制定。日付は収穫期がピークとなる5月の連休の頃で、「みどりの日」となるこの日を、うすいえんどうのさわやかな緑と重ね合わせたもの。

エメラルドの日

美しい緑色の宝石エメラルドをアピールするために、コロンビアエメラルド輸入協会が制定。エメラルドの宝石言葉は「愛と幸福」。5月の誕生石としても知られている。日付は、緑色の連想から「みどりの日」と同じに。

しらすの日

しらすなどの海産物の加工販売を手がける朝日共販株式会社（愛媛県

西宇和郡伊方町）が、しらすのおいしさを多くの人に知ってもらおうと制定。日付は、５月は全国的にしらす漁が全盛となる旬の時期で、しらすの「し」を４と見立てて５月４日とした。また、この日は「みどりの日」で、森や山からの豊富な恵みが豊饒な海をつくり、上質なしらすを育ててくれることへの感謝の意味も込められている。

巻寿司の日

［立夏の前日、年によって変わる］⇨「１年間に複数日ある記念日」の項を参照。

スター・ウォーズの日

世界中に熱狂的なファンをもつ映画「スター・ウォーズ」。日本においても、もっとたくさんの人にスター・ウォーズの魅力について知ってもらおうと、ウォルト・ディズニー・ジャパン株式会社が制定。日付は劇中の名台詞“May the Force be with you（フォースと共にあらんことを）”のMay the ForceとMay the 4th（５月４日）をかけた語呂合わせから。この日は世界中のファンがスター・ウォーズの文化を祝い、映画をたたえる日。

糸魚川・ヒスイの日

新潟県糸魚川市で活動する市民団体「NPOまちづくりサポーターズ」が制定。日本唯一のヒスイ産出地であり、世界最古のヒスイ文化発祥の地でもある糸魚川市。ヒスイの魅力をさらに大勢の人に知ってもらい、まちおこしの機運の醸成を図ることが目的。日付はヒスイ（翡翠）の「翠」から連想して「みどりの日」である５月４日とした。

ゴーシェ病の日

肝臓や脾臓の腫れ、骨折、呼吸障害などの症状を伴う難病のゴーシェ病。国内の患者数は約150人と非常にまれな疾患であるゴーシェ病のことを多くの人に知ってもらおうと「日本ゴーシェ病の会」が制定。日付は同会の前身「ゴーシェ病患者及び親の会」から現在の名称で活動を開始したのが2015年５月４日だったことと、５と４で「ゴーシェ」と読む語呂合わせから。国際的には10月１日が「世界ゴーシェ病の日」で、同会も日本を代表して世界に向けた啓発活動に参加している。

5/5

立夏（りっか）

［年によって変わる］二十四節気のひとつ。野山に夏の気配が立つころ。

5
月

こどもの日

国民の祝日のひとつで、1948（昭和23）年に制定。子どもの人格を重んじ、子どもの幸福を図るとともに、母に感謝する日とも規定されている。

端午の節句

奈良時代から続く行事で、江戸時代からは男子の節句として、身を守る鎧や兜を飾り、鯉のぼりを立てて男子の成長を願う行事として盛んになった。初節句にはちまきを食べ、２年目からは柏餅を食べるのが慣わし。

荒野行動の日

世界に向けてゲームアプリを数多く手がけるNetEase Games（ネットイースゲームズ）が制定。自社が開発した５人で行うサバイバルスマホゲーム「荒野行動」の魅力をより多くの人にPRするのが目的。日付は５人チームで参加するeスポーツ大会「荒野Championship一元年の戦い一」の2019年５月５日開戦を記念して。同大会のスローガンは「Fight for Five」(「５人のために戦う」「５人で戦う」)。

メンズメイクアップの日

メイク中心のメンズ総合コスメブランド「FIVEISM×THREE（ファイブイズム　バイ　スリー)」を販売する株式会社ACRO（アクロ）が制定。より多くの男性にメイクを通じて自己表現を楽しんでもらうのが目的。日付は男性にもメイクのもつ無限の可能性を体感してほしいとの思いから、男子の成長を願う「端午の節句」の５月５日に。

たべっ子どうぶつの日

ビスケット、クッキー、チョコレート菓子などの製造販売する株式会社ギンビスが制定。1978年10月に発売され、2018年に発売40周年を迎えた同社のロングセラー商品の「たべっ子どうぶつ」をさらに多くの子どもたちに食べてもらうことが目的。日付は子どもたちの明るい未来を築き上げたいとの思いから「こどもの日」の５月５日としたもの。ギンビスの創業日、創業者の誕生日でもある。

甘党男子の日

スイーツ好きな男性のことを「甘党男子」と命名し、男性のためのスイーツ情報＆コミュニティーサイトを運営する株式会社AMT PROJECTが制定。スイーツ好きな男性にお得なサービスを提供する店を増やすのが目的。日付は男子の日とも言える５月５日の「端午の節句」にちなんで。

キッズの日はキズケアの日

一般社団法人日本創傷外科学会と一般社団法人日本形成外科学会が制定。外傷（ケガ）などによってできるキズ、またその傷跡の治療には創傷外科専門医・形成外科専門医がいることを広く知らせるのが目的。専門医が治療（ケア）することで、よりきれいに短時間に治すことが期待できる。日付はケガをしやすいのが子ども（キッズ）であることから、キッズとキズの連想から５月５日の「こどもの日」を記念日としたもの。

こいのぼりの日（鯉のぼりの日）

全国の鯉のぼりメーカーで結成された「日本鯉のぼり協会」が制定。日本の四季を彩る伝統的な五節句のひとつ「端午の節句」に、男子誕生を祝い「こいのぼり」を掲揚する文化を多くの人に広めて継承していくのが目的。日付は全国的に５月５日の「こどもの日」を中心に掲揚されていることから。

植物エキスの日

岐阜県本巣市に本社を置く、研究開発型原料メーカーの一丸ファルコス株式会社が制定。植物などの天然素材から化粧品や健康食品などの原料を提供する同社。植物エキスの優れた有用性を知ってもらい、広く活用してもらうのが目的。日付は『日本書紀』によると推古19（611）年の陰暦５月５日に「薬狩り」という薬草を採取する行事が行われ、その薬草の成分を抽出したエキスを治療に役立てていたと考えられることから、新暦の同じ日付の５月５日に。

たのしくドライブする日

「JAPAN SMART DRIVER プロジェクト」が制定。ドライブはなかなか行けない場所に行けたり、いつもは見られない景色が見えたり、ふだんは会えない誰かと会えたりする。楽しくドライブすることは新しい世界に一歩ふみ出すこと、新しい道を走ってみることである、という思いを多くの人とシェアするのが目的。日付は同プロジェクトが参加する銀座柳まつりの開催日から５月５日に。

未来の日

新潟県新潟市でイベントの企画運営などを手がける株式会社アール・イーが制定。子どもを未来の象徴として捉え、未来を生き、主役となる子どもたちとともに未来を創る日とするのが目的。日付は国民の祝日の「こどもの日」に新しい意味を加えたいとの思いから５月５日に。子どもたちと未来を考える「未来会議」などを企画。

うずらの日

全国各地でうずらを飼育する養鶉(ようじゅん)農家で構成する日本養鶉協会が制定。うずら業界の振興とうずらの卵のおいしさを多くの人に知ってもらうのが目的。日付は、5月は陰暦で「鶉月(うずらづき)」と呼ばれ、5日は05で「たまご」と読む語呂合わせから。また、戦国時代の武将はうずらの鳴き声を「御吉兆(ごきっちょう)」と聴き取り、その縁起の良い声を聴いて出陣したとの言い伝えがあることから、男子の成長を祈る端午の節句がふさわしいとして。

こだますいかの日

[立夏、年によって変わる] こだますいかの全国有数の産地である茨城県筑西市と桜川市、北つくば農協地域農業振興協議会が制定。小ぶりで取り扱いやすく、果皮が薄いうえに味が濃厚なこだますいかの魅力を多くの人に知ってもらい、おいしく味わってもらうのが目的。日付はこだますいかが夏を先取りする初夏の味であり、収穫盛期であることから二十四節気の立夏（5月5日頃）を記念日とした。

熱中症対策の日

一般社団法人日本気象協会が手がける「熱中症ゼロへ」プロジェクトと、プロジェクトの公式飲料「アクエリアス」の日本コカ・コーラ株式会社が共同で制定。熱中症を防ぐには細めな水分補給が大切であることを多くの人に知らせるのが目的。日付は暦の上で夏が始まる「立夏」とし、この頃から熱中症患者の報道が出始めるのでいち早く注意を促す。熱中症予防には水分だけでなくナトリウムを補うことができる「アクエリアス」などのスポーツドリンクが効果的とされる。

レゴの日

「こどもの日」の5月5日は0505で「レゴレゴ」と読むこともできることから、ブロック玩具のレゴジャパン株式会社が制定。より多くの人にレゴブロックをアピールするのが目的。レゴの本家はデンマークで、「LEGO」は「よく遊べ」という意味のデンマーク語の標語の頭文字をとったもの。

フットサルの日

老若男女を問わず多くの人に親しまれているスポーツのフットサルの普及を目的に株式会社エフネットが制定。日付はフットサルが5人対5人で行うスポーツであることから。

ジャグラーの日

パチスロ「ジャグラー・シリーズ」を製造販売する株式会社北電子が

制定。同シリーズは全国のパチンコホールに設置されており、パチスロ設置総台数の20％以上を占める人気機種。日付はリール窓の左下にある「GOGO！ランプ」が点灯すれば当たりというジャグラーの明快なゲーム性をもとに、5と5が「GOGO！ランプ」の語呂合わせとなることから。

かずの子の日

北海道水産物加工協同組合連合会が制定。子どもたちの健やかな成長を願う5月5日の「こどもの日」に、子孫繁栄の縁起物でもある「かずの子」を食べて、あらためて両親に感謝するという日本の食文化を広めるのが目的。かずの子はニシンの魚卵であることから、両親を二親（ニシン）と読む語呂合わせにもなっている。

コミュニティファーマシーの日

一般社団法人日本コミュニティファーマシー協会が制定。地域の人々に薬のこと、病気の予防、健康情報などを伝えるのが目的。日付は推古天皇が薬草を採取する薬狩りを行った日とされる5月5日（611年）が「薬日（くすりび）」として「日本書紀」に記載されていることから。

午後の紅茶の日

数多くの清涼飲料の製造、販売などを手がけるキリンビバレッジ株式会社が制定。自社の紅茶飲料「キリン 午後の紅茶」が2015年に発売30年目を迎えたことをきっかけに、より多くの人に「午後の紅茶」に接してもらい、5月の行楽シーズンを「午後の紅茶」と共に過ごしてほしいとの願いが込められている。日付は5と5で「午後」と読む語呂合わせから。

かみ合わせの日

特定非営利活動法人日本咬合学会が制定。かみ合わせや咀嚼の大切さをPRすることにより、国民の健康の向上と健康長寿に寄与することが目的。日付は、5と5でかみ合わせを意味する「咬合（こうごう）」の語呂合わせから。また、「こどもの日」に最近増えつつある子どものかみ合わせの悪さを考え、健やかな成長を願うこともその理由。

ゴーフルデー

株式会社神戸凮月堂（兵庫県神戸市）が制定。1927（昭和2）年の発売以来、同店を代表する銘菓として愛され続けてきたゴーフル。「味覚の芸術品」とも称されるゴーフルの魅力を多くの人に知ってもらうのが目的。日付は5がフルに揃った昭和55年5月5日にスタートした「ゴーフルデー」から。

コロネの日

パン、和洋菓子などさまざまな食品を製造販売する山崎製パン株式会社が制定。昔から愛され続けている、巻き貝のような螺旋状の形が特長の日本発祥の菓子パン「コロネ」。その魅力をさらに多くの人に広めて「コロネ」を食べるきっかけの日としてもらうのが目的。日付は5と6で「コ（5）ロ（6）ネ」の語呂合わせから。

アクティブシニアの日

大阪府大阪市に本社を置き、理美容機器、化粧品、医療機器などを手がけるタカラベルモント株式会社が制定。同社の「美」と「健康」についての多彩な事業を活用して、アクティブにイキイキと生活するシニア世代を増やすのが目的。日付は元気なシニア世代をイメージしてこどもの日の翌日の5月6日とした。

コロッケの日

各種冷凍食品の製造販売を手がけ、全国の量販店、コンビニ、外食産業などに流通させて、日本一のコロッケメーカーを目指す株式会社味のちぬや（香川県三豊市）が制定。日付は明治時代に登場して以来、庶民の味方として親しまれてきたコロッケを春の行楽シーズンに家族で食べてもらいたいとの願いと、5と6で「コロッケ」と読む語呂合わせから。

コロコロの日

日用家庭用品の製造販売などを手がける株式会社ニトムズが、自社で開発した粘着カーペットクリーナー「コロコロ」の商標出願（1985年）から25周年を記念して制定。日付は5と6で「コロコロ」の「コロ」の語呂合わせから。「コロコロ」は楽にきれいにお掃除ができるツールとして、粘着カーペットクリーナーの代名詞となっている。

ふりかけの日

ふりかけを国内外に広める活動を行っている一般社団法人国際ふりかけ協議会が制定。大正時代、当時の日本人のカルシウム不足を補う方法として、魚の骨を砕いてご飯にかけて食べることを考案し、ふりかけの元祖とされる熊本県の薬剤師・吉丸末吉氏の存在を知らせるとともに、ふりかけという食文化の発展が目的。日付は吉丸氏の誕生日1887（明治20）年5月6日でから。

宮古港海戦の日

岩手県宮古市の市民有志で結成され、宮古の知名度の向上、観光の振興などを目指す宮古海戦組が制定。宮古港海戦を通じて宮古のことを多くの人に知ってもらうのが目的。宮古港海戦は1869年５月６日（明治２年３月25日）、戊辰戦争の終盤、箱館戦争の一幕となった海戦。幕軍が官軍の軍艦を奪い取るという一大作戦で「日本初の洋式海戦」としてその名を歴史に残している。

5/7

ブラックモンブランの日

佐賀県小城市に本社を置き、アイスクリームやチョコレート菓子などを製造販売する竹下製菓株式会社が制定。2019年に発売50周年を迎えた同社の看板商品の「ブラックモンブラン」。こだわりのバニラアイスをチョコレートとザクザク食感のクランチでコーティングした九州で大人気のこのアイスクリームを全国に広めるのが目的。日付は「ブラックモンブラン」が初めて発売された1969年５月７日から。

ココナッツの日

果実のプロとして知られ、さまざまな清涼飲料水を製造販売するキリン・トロピカーナ株式会社が制定。海外で定番のココナッツウォーターを中心に、ココナッツの普及・促進が目的。ココナッツは高い栄養価と豊富なミネラル分で近年注目を集めている果実。日付は「ココ（５）ナッ（７）ツ」の語呂合わせから。

5/8

紙飛行機の日

広島県福山市に本拠を置く、折り紙ヒコーキ協会が制定。一枚の紙を折るだけで作る、おりがみ紙飛行機の楽しさや魅力をより多くの人に伝えるのが目的。日付けは５と８を「GO（５）HIGH（８）」と読んで「行け、空高く」と５月の青空に高く飛んでいく紙飛行機の姿を表している。また、知的障害や白血病と闘いながら、多くの人に愛と勇気を伝えた紙飛行機が大好きな少年、井上健史君の命日にちなんで。

小鉢の日

兵庫県神戸市に本社を置き、豆製品や昆布製品、惣菜など健康に根ざした食品を製造販売するフジッコ株式会社が制定。いつもの食卓に小鉢のおかずをプラスすることにより、和食の理想である「一汁三菜」

の食事で栄養のバランスをとってもらうのが目的。日付は5と8で「小（5）鉢（8）」の語呂合わせから。

世界赤十字デー

赤十字の創始者、スイスのアンリ・デュナンの誕生日に由来。1825年5月8日に生まれたデュナンは、敵味方の区別なく苦しむ兵士を助ける中立・博愛の団体の創設を提唱した。1864年にジュネーヴ条約が結ばれて国際赤十字が誕生、日本も1886（明治19）年に加盟した。

童画の日

童画の生みの親、武井武雄の出身地である長野県岡谷市が制定。1925（大正14）年5月8日「武井武雄童画展覧会」が開かれ、童画という言葉が初めて使われたことにちなむ。岡谷市ではイルフ童画館を中心に童画による児童文化、市民文化の発展を目指している。

スートブロワ記念日

ボイラーなどの内部でゴミが固まり熱効率が落ちるのを防ぐために使われるスートブロワ（煤吹装置）の普及と知名度を高めるために、フコク機械工業株式会社が制定。ゴミ処理場などで使われると高温を保ち、環境を守る一助にもなる。日付はスートブロワ（SootBlower）の頭文字SとBを5と8に見立てたところから。

声の日

いい声、素敵な声の人を増やすことで、みんなをハッピーに、日本を元気にしていきたいとの思いをこめて生まれた「声総研」が制定。声総研は声にまつわる意識調査、声を科学的に研究する活動を行うなど、声に関する情報発信機関。日付は5を「こ」、8をエイトの「え」から取って「声」としたもの。

ごはんパンの日

有限会社高原のパンやさん（長野県小海町）が制定。天然酵母の生地に、信州りんごを堆肥にして土づくりをし、無農薬で育てた「信州りんご米」をふっくらと炊きあげたごはんを30%練り込み、おからや野沢菜などを具に包み込んでおやき風に焼き上げた同店の人気商品「ごはんパン」を多くの人に知ってもらうのが目的。日付は5と8で「ご（5）はんパ（8）ン」の語呂合わせから。

健康ミネラルむぎ茶の日

お茶を中心に飲料水などを製造販売する株式会社伊藤園が制定。「カラダとココロにいい汗」を応援する「健康ミネラルむぎ茶」。大人も子どもも汗をかいたら水分とミネラルの補給が大切なことを知ってもらい、暑い夏に備えてもらうことが目的。日付は気温が上がり始める５月は外出する機会が増え、汗をかくシーンも多くなることと、「健康ミネラルむぎ茶」をゴク（59）ゴク（59）飲んでもらいたいことから５月９日としたもの。

口腔ケアの日

愛知県名古屋市に事務局を置く、一般社団法人日本口腔ケア学会が制定。近年、口腔ケアが全身に良い影響を与えることが明らかになったことから、口腔ケアの重要性を医療・介護の職種だけでなく、広く一般の人にも考えてもらうのが目的。日付は５と９で「口＝こう（５）腔＝くう（９）」の語呂合わせから。

合格の日

全国、海外に店舗を展開する天然とんこつラーメン専門店の株式会社一蘭（福岡県福岡市）が制定。同社では福岡県太宰府市の太宰府参道店で「合格ラーメン」を提供していることから、入学や資格試験などを受ける受験生を応援するのが目的。日付は５と９で「合（５）格（９）」と読む語呂合わせから。「合格ラーメン」は五角形の器に長さ59センチの麺が入っているなど、合格にちなんだ内容で人気。

アイスクリームの日

1869（明治２）年のこの日、横浜・馬車道通りにあった「氷水屋」で町田房蔵が日本で初めてアイスクリーム（当時の名称は「あいすくりん」）を販売したとされることから、日本アイスクリーム協会が制定。

黒板の日

全国黒板工業連盟が創立50周年を記念して2000年７月に制定。黒板の有効性をアピールし、そのPRに役立てることが目的。日付は明治の初年、アメリカより最初の黒板が輸入されたのがこの時期といわれていることと、５と９で黒板の黒（こく）の語呂合わせから。

ゴクゴクの日

初夏の日ざしが気持ちよくなる５月９日に、家や屋外でビールなどをゴクゴク飲んで爽快感を味わうと同時に、水資源に恵まれない地域の人々が水をゴクゴク飲めるよう水環境を考える日にと、「きき酒師ちえの料理と酒の相性研究」のホームページを主宰する池田千恵氏が制定。日付は5と9でゴクゴクの語呂合わせから。

呼吸の日

新緑の美しいこの季節、風のそよぎに深呼吸すると自然への感謝と生きる喜びを感じる。生き物すべてに与えられる「よりよい呼吸を考える日」にと、NPO法人日本呼吸器障害者情報センターが制定。日付は5月9日で「呼吸」の語呂合わせでもある。

極上の日

まろやかな口当たりと芳醇な味わいのひとクラス上の「極上〈宝焼酎〉」をより多くの人に味わってもらいたいとの思いから、1912(大正元)年に「寶」の商標で焼酎を発売し、2012年に100周年を迎えた日本を代表する酒造メーカー、宝酒造株式会社が制定。日付は5と9を「極上」の「ゴク」と読む語呂合わせから。

告白の日

男性が女性に告白をする日。草食系男子が増えてきた昨今、男性にもっと勇気を持って女性に告白してほしいと、ユニリーバ・ジャパンが展開する男性用化粧品のブランド「AXE(アックス)」が制定。AXEは世界100ヵ国以上で販売されているフレグランスボディスプレーを中心とした男性用化粧品のリーディングブランド。日付は5と9で「こ(5)く(9)はく」の語呂合わせから。

コクの日

コクとは複雑に折り重なった心地良い味わいのこと。コクのあるコーヒーとして知られるBlendyブランドなどを手がける味の素ゼネラルフーヅ株式会社が制定。コクのあるコーヒーが毎日のほっとひといきタイムを演出してくれることを知ってもらうのが目的。日付は5と9で「コク」と読む語呂合わせと、初夏の穏やかな日にBlendyでリラックスしてもらいたいとの願いから。

チャリティーメイクの日

ハンディキャップを抱えた人や高齢者の人、自分を美しくすることに時間や余裕が持てない人に、プロフェッショナルのメイクアップアーティストがチャリティーやボランティアを行う日として、日本スマイルメイク協会が制定。菅原麗子代表(株式会社ビジュファクトリー代表)は「自分の美しさを再発見していただく日に」と話している。日付は5と9でメイ(May=5月)ク(9)と読む語呂合わせから。

悟空の日

2015年4月18日公開の映画「ドラゴンボールZ 復活の「F」」の配給会社である東映株式会社が制定。鳥山明氏原作のコミック『ドラゴンボール』のアニメ作品「ドラゴンボールZ」の面白さと、その主人公の・悟空の魅力をさらに多くの方に知ってもらうのが目的。日付は「ご(5)くう(9)」の語呂合わせから。

ドール・極撰の日

フレッシュでおいしい野菜や果物の生産・加工・販売などを手がける株式会社ドールが制定。自社で研究開発した極上のバナナなどの商品「極撰(撰の巳は己)」のPRが目的。極上のおいしい果物を味わってもらいたいとの思いが込められている。日付は5と9で「極(ゴク)」の語呂合わせから。

5月

極ZERO(ゴクゼロ)の日

ビール・発泡酒・その他の酒類の製造・販売、ワイン・洋酒の販売などを手がけるサッポロビール株式会社が制定。プリン体や糖質を気にしていた方にも、プリン体、糖質、人工甘味料ゼロの発泡酒「極ZERO」を、気兼ねなく楽しんでいただくのが目的。日付はビールテイスト飲料がおいしくなる初夏の時期であることと、「ゴ(5)ク(9)」と読む語呂合わせから。

香薫の日

食肉、ハム・ソーセージ、加工食品などを製造販売するプリマハム株式会社が制定。自社ブランド「香薫(こうくん)」シリーズを多くの人に味わってもらうのが目的。「香薫」シリーズは、味わい豊かな内なる「香り」と、食欲をそそる外からの「薫り」が特長で、香薫あらびきポーク、香薫あらびきミニステーキなどの商品がある。日付は「こう(5)くん(9)」と読む語呂合わせから。

5/10

こいのわの日

広島県が制定。同県では出会い・結婚支援事業「こいのわプロジェクト」を進めており、社会全体で若者の結婚を応援する機運を高めるのが目的。日付は5と10で「こ(5)い(1)のわ(0)」と読む語呂合わせから。同プロジェクトの合言葉は「みんなでおせっかい」。結婚願望がありながらも出会いがない人たちに、出会いからデート、プロポーズ、結婚まで、それぞれのステージで「おせっかい」をする。

金鳥「コンバット」の日

大阪府大阪市に本社を置き、KINCHOブランドで知られる家庭用殺虫剤や防虫剤などを製造販売する大日本除虫菊株式会社が制定。5月上旬から活発化するゴキブリを、同社のゴキブリ駆除用ベイト剤の金鳥「コンバット」で対策をしてもらうことが目的。日付は5と10で「コン（5）バット（10)」の語呂合わせと、商品のキャッチフレーズである「巣ごと（510）丸ごと（510）ゴキブリ退治」の語呂あわせから。

コメドの日

大阪府大阪市に本社を置く皮膚科学に特化した製薬会社のマルホ株式会社が制定。「コメド」とは面皰（めんぽう）の英語名で、ニキビになる前の毛穴が詰まった状態のこと。「コメド」の認知度を高めてニキビの早期治療を促すのが目的。日付は5と10で「コ（5）メド（10)」と読む語呂合わせと、「コ（5）メドー（1）緒に治そう（0にしよう)」の意味を込めて。

5月

リプトンの日

世界最大の紅茶ブランド「リプトン」は、1871年5月10日に第1号店をオープン。その生みの親であるリプトン卿の誕生日（1850年5月10日）でもあるこの日を上質な紅茶を楽しんでいただく日にと制定したのは、リプトンブランドを展開するユニリーバ・ジャパン株式会社。

地質の日

地層、岩石、土壌などで構成される大地の性質である「地質」について、多くの人に理解を深めてもらおうと、地質関係の組織・学会が2007年に制定。日付は1876（明治9）年5月10日に、アメリカの地質学者ライマン・スミスらによって日本で初めて広域的な地質図、200万分の1「日本蝦夷地質要略之図」が作成されたことから。また、この日は1878年に地質の調査を行う組織（内務省地理局地質課）が定められた日でもある。

コットンの日

夏物素材として最も利用されているコットンは5月に店頭販売の最盛期を迎える。その時期と5と10で「コットン」の語呂合わせから、日本紡績協会が1995年10月11日に定めた日。

ダンテの日

スイーツブランド「マダムシンコ」で知られる株式会社カウカウフードシステム（大阪市）が、同社にとってかけがえのない存在であり、代表取締役会長のマダム信子氏の兄の典男氏に感謝の気持ちを込めて制定。記念日名は典男（ノリオ）を逆さにした男典を「ダンテ」と読むことから。日付は典男氏の誕生日（1948年５月10日）に由来する。

ファイトの日

1962（昭和37）年に日本で初めてのドリンク剤「リポビタンD」が発売されてから2012年で50周年を迎えることを機に製造発売元の大正製薬株式会社が制定。日付は５と10でリポビタンDの合い言葉「ファイト！一発！」の「ファイト」と読む語呂合わせから。

コンクリート住宅の日

特殊FRP型枠を使用して精度の高い鉄筋コンクリート住宅を建築するRC-Zシステムを手がける、RC-Z家の会共同組合（神奈川県横浜市）が制定。地震や火災に強く、長期間使えるコンクリート住宅の性能やデザインの良さをアピールするのが目的。日付は５と10で「コ（５）・ンクリー・ト（10)」の語感に近いことから。

メイトーの日

牛乳、プリン、アイスクリームなどの乳製品で知られる協同乳業株式会社が、自社の商品ブランドである「メイトー」をさらにアピールするために制定。日付は５月（メイ）と10日（トー）を組み合わせて「メイトー」の語呂合わせから。消費者に向けたさまざまな活動を行う。

ミリオンゴッドの日

パチンコ・パチスロ台やその周辺機器の製造などを行う株式会社ユニバーサルエンターテインメントが制定。同社のパチスロ「ミリオンゴッド」をはじめとする歴代ミリオンゴッドシリーズの総称“GOD（ゴッド)”をPRすることが目的。液晶上で奇数or V図柄が揃うと当たりとなり、プレミアム扱いのGOD図柄が揃えば神（ゴッド）が降臨することで知られる。日付は５と10で「ゴッド」と読む語呂合わせから。

五島の日

長崎県五島列島の五島市と新上五島町が共同で制定。五島列島の中の北部に位置する新上五島町（通称・上五島）と、南部に位置する五島市（通称・下五島）が連携をして、五島列島の知名度の向上を図り、その魅力を大いにPRするのが目的。日付は５と10で「ごとう」の語呂合わせから。

黄金糖の日

宝石のようにキラキラと輝く四角柱形のおいしい飴として有名な「黄金糖」を製造販売する株式会社黄金糖（大阪府大阪市）が制定。創業以来、香料・着色料を一切使わない製法を守り続けてきた「黄金糖」の自然な味と香り、金色の輝きをさらに多くの人に知ってもらうのが目的。日付は５月10日を「05（黄金）10（糖）」と読む語呂合わせから。

5/11

ご当地キャラの日

一般社団法人日本ご当地キャラクター協会（滋賀県彦根市）が制定。地域の活性化を目指し、街を元気にするご当地キャラクター（キャラ）同士の連携を深め、それぞれのローカルキャラクターを全国に発信するのが目的。日付は「ご（５）当（10）地（１）」と読む語呂合わせから。

5/12

こてっちゃんの日

兵庫県西宮市に本社を置き、食肉などの加工販売で知られるエスフーズ株式会社が制定。同社の代表的商品のフライパンで炒めるだけでコクと旨味の牛モツが手軽に食べられる「こてっちゃん」を、さらに多くの人に食べてもらうのが目的。日付は５と1と２で「こ（５）て（１）つ（２）」の語呂合わせから。

永平寺胡麻豆腐の日

明治21年創業、大本山永平寺御用達として福井県永平寺町で「ごまどうふ」を作り続けている「株式会社團助（だんすけ）」が制定。精進料理の代表格の「胡麻豆腐」のおいしさ、魅力をさらに多くの人に知ってもらうのが目的。日付は５と12で「ごま（５）どうふ（12）」と読む語呂合わせから。

看護の日

多くの人に看護についての理解を深めてもらうことを目的に、1991年、「看護の日制定を願う会」が制定。ナイチンゲールの誕生日であり、「国際看護師の日」となっている５月12日がその記念日。看護についてのフォーラムや看護体験の実施などのイベントを行い、その普及に努めている。

アセローラの日

沖縄県本部町はビタミンCの王様と呼ばれるアセローラの国内生産の草分けの地。アセローラの初収穫の時期となるこの日を記念日に制定したのは、その認知度を高めて町の活性化を図ろうと、町役場や商工会、観光協会、熱帯果樹研究会などで結成した「アセローラの日」制定委員会。

LKM512の日

「メイトー」のブランドで知られ、数多くの乳製品などを製造する協同乳業株式会社が独自に研究を進めているビフィズス菌「LKM512」を使用したヨーグルトのPRを目的に制定。「LKM512」の優れた特性をアピールするためにセミナーなどを開く。日付は「LKM512」の512か5月12日とした。

箕輪町安全安心の日

長野県上伊那郡箕輪町が2012年5月12日にWHO（世界保健機関）協働センターから、安全安心なまちづくりを表す「セーフコミュニティ」の国際認証を取得したことから制定（国内4番目、全国町村および長野県内市町村で初めて）。記念日を通じてさらなる安全安心の理想郷を求め、セーフコミュニティ活動を推進していくことが目的。日付は国際認証を受けた日から。

5/13

メイストーム・デー

バレンタインデーから約3か月となるこの日は、別れ話を切り出すのにふさわしい日とされる。五月の嵐（メイストーム）のように一瞬で伝えるのがポイント。その先には新しい出会いが待っているかもしれない。

5/14

マーマレードの日

愛媛県八幡浜市に事務局を置く「ダルメイン世界マーマレードアワード＆フェスティバル日本大会実行委員会」が制定。イギリスで2006年から開催されている世界最大級のマーマレードの祭典「ダルメイン世界マーマレードアワード＆フェスティバル」の第１回日本大会が2019年５月12日に開幕したことを記念して、オレンジデー（４月14日）の一か月後の５月14日を記念日としたもの。マーマレードは柑橘の皮を使用していることから、日本最大の柑橘類の産地である愛媛県からマーマレードのおいしさや魅力を発信するのが目的。

ごいしの日

日本で唯一のはまぐり碁石（ごいし）の産地である宮崎県日向市で、はまぐり碁石の製造販売などを手がけるミツイシ株式会社が制定。同市と那智黒碁石の産地である三重県熊野市とのパートナーシップ協定の締結、ミツイシ株式会社の創業百周年などを記念したもので、碁石・囲碁文化の発展と普及､技術の継承が目的。日付は５と14で「碁（５）石（14）」と読む語呂合わせから。

けん玉の日

長野県松本市の一般社団法人グローバルけん玉ネットワークが制定。「けん玉で世界をつなぐ」を合言葉に、けん玉を国際的に普及させるのが目的。日付は現代のけん玉の原型となる「日月ボール」を広島県呉市の江草濱次（えぐさはまじ）氏が考案、実用新案登録されたのが1919（大正８）年５月14日であることから。グローバルけん玉ネットワークは「けん玉ワールドカップ」の開催、けん玉のプロデュース、オンラインショップでの販売などを手がけている。

ゴールドデー

新年度、新学期など、ゴールデンルーキーとして入った新人たちに期待とエールを込めて先輩からゴールドキウイフルーツを贈る日。五月病に負けずに甘くてポリフェノールたっぷりのゴールドキウイで元気になってほしいと、この記念日を制定したのはゼスプリ インターナショナルジャパン株式会社。

5/15

WATALISの日

宮城県亘理町（わたりちょう）の「株式会社WATALIS（ワタリス）」が制定。古い着物地をリメイクして巾着袋にした「FUGURO（ふぐろ）」をはじめとして、丁寧に手作りしたさまざまなアップサイクル商品を手がける同社のブランドと、再生文化の心を広めるのが目的。日付は同社の設立日（2015年５月15日）から。

沖縄復帰記念日

1972（昭和47）年のこの日、戦後27年間アメリカの統治下にあった沖縄が日本に返還され、沖縄県としてスタートしたのを記念した日。

青春七五三

幼い子どもの成長を祝う七五三から10年、13歳、15歳、17歳のまさに青春真っ盛りの少年少女に、これからの人生に対して励ましのエールを送ろうという日。11月15日の七五三から半年ずらしたこの日とした。大人へ成長する通過点として、社会性を身につけることも目的とする。

Jリーグの日

1993年５月15日に日本のプロサッカーリーグであるJリーグが開幕。2013年に開幕20周年を迎え、その原点の日をいつまでも記憶していてほしいとの願いを込めて、公益社団法人日本プロサッカーリーグが制定。Jリーグ初年の開幕戦はヴェルディ川崎対横浜マリノス戦が国立競技場で行われ、１対２で横浜マリノスが勝利した。

ヨーグルトの日

菓子、健康食品、乳製品などを製造販売する株式会社明治が制定。日付はロシアの微生物学者で、1908年に食菌の研究でノーベル生理学・医学賞を受賞したイリア・メチニコフ博士の誕生日（1845年５月15日）から。メチニコフ博士はヨーグルトに含まれるブルガリア菌が老化防止に役立つことを研究し世界に発表。この研究のおかげでブルガリア菌を使ったヨーグルトが健康に良いと世界に広まった。

水分補給の日

スポーツや食事のときの水分補給の大切さをPRすることを目的に、ステンレス魔法瓶、保温調理器「シャトルシェフ」など家庭用品の製造販売で知られるサーモス株式会社が制定。日付は自社で行った実験で、高温の環境での水分補給に最適な温度帯は、５度から15度であることが実証されたことから。

マイコファジストの日

マイコファジストとはきのこを好んで食べる人（菌食主義者）のこと。信州きのこマイスター協会（長野県中野市）が、きのこの魅力を語れる人材を育成し、きのこ産業の振興に役立て、多くの人にきのこを食べる食生活で健康になってもらうことを目的に制定。日付は2009年の５月15日にマイコファジスト普及運動を提唱したことと、５と15を「May（５月）イゴ」から「マイコ」と読む語呂合わせから。

弁護士費用保険の日

弁護士費用保険を扱うプリベント少額短期保険株式会社が制定。弁護士費用保険の普及が目的。日付は、同社が法的解決のための訴訟費用に対する保険金の支払いに加えて、法律相談料なども保険金の対象とするなど、単独で加入ができ、なおかつ補償範囲が広い日本初の単独型弁護士費用保険「Mikata」が誕生した2013年５月15日から。

サブイボマスク・シャッターを開ける日

「サブイボマスク」製作委員会が制定（製作幹事・株式会社ディー・エル・イー）。地元のシャッター商店街に笑顔を取り戻そうと熱血バカ（主演・ファンキー加藤）が奮闘する映画「サブイボマスク」のPRが目的。日付はロケ地の大分県中津市で先行上映会をする日であり、5/15がシャッターを人が両側から開けようとしているように見えることから。

5/16

工事写真の日

東京都清瀬市の有限会社多摩フォートが制定。同社は建築における工事工程の記録写真、いわゆる工事写真の撮影および整理を主な業務としていることから、その大切さをアピールするのが目的。日付は同社が業務を開始した1997年５月16日にちなんで。

旅の日

江戸時代の俳人・松尾芭蕉が「奥の細道」の旅に出発したのが、1689（元禄２）年の３月27日。これを新暦に置き換えるとこの日（1988年の場合）になることから、旅を愛する作家などによる日本旅のペンクラブが制定。

オリーゼの日

植物性発酵食品「オリーゼ」の商品化に成功した大場八治氏の誕生日を記念日として、株式会社オリーゼ本舗（佐賀県唐津市）が制定。

抗疲労の日

2009年５月16日に日本初の疲労回復専用ウェア（リカバリーウェア）を開発した株式会社ベネクス（神奈川県厚木市）が制定。リカバリーウェアは人間が本来持っている自己回復能力を発揮させることを目的に開発されたウェア。日付は開発日とともに、５と16で「抗（５）疲労（16)」と読む語呂合わせから。

HAE DAY

希少疾病で難病に指定されているHAE（遺伝性血管性浮腫）。体のさまざまな場所に腫れが起こるHAEの患者・家族などが参加するNPO法人HAEJが制定。患者自身が難病に負けずに笑顔（スマイル）でメッセージを発信し、世界中の患者の人たちとつながり、笑顔の輪を広げていく日とするのが目的。また、社会にHAEのことを知ってもらうのも目的のひとつ。日付は「HAEi」（HAE世界国際患者会）の定めた日から。

5/17

生命・きずなの日

ドナー（臓器提供者）の存在なしには成立しない移植医療。それは自らの生命のかわりに、他人の生命を救う「ギフト・オブ・ライフ」の精神をもつドナーと、その家族の善意によって支えられている。新緑の生命萌え立つこの時期（５月）に、ドナー（17日）とその家族が社会的に深く理解され、生命の大切さ、生命のきずなを多くの人が考える日にと、日本ドナー家族クラブ（JDFC）が制定。

高血圧の日

特定非営利活動法人日本高血圧学会と日本高血圧協会が、高血圧の予防などの啓蒙活動を目的に制定。日付は世界高血圧連盟が定めた「世界高血圧デー」に准じている。「世界高血圧デー」は2005年に開始され、事務局を担当していたアメリカの高血圧啓蒙月間が５月であったことなどから。

お茶漬けの日

お茶の製法を発明し、煎茶の普及に貢献した永谷宗七郎氏の子孫にあたる永谷嘉男氏が創業した株式会社永谷園が制定。永谷園は1952（昭和27）年に画期的なインスタントのお茶漬け商品「お茶づけ海苔」を発売し、お茶漬けをさらに身近な食べ物とした「味ひとすじ」の理念を持つ食品メーカー。日付は永谷宗七郎氏の偉業をたたえ、その命日（1778年５月17日）に由来する。

多様な性にYESの日

1990年５月17日に国連の世界保健機関（WHO）が同性愛を精神疾患のリストから除外したことに由来する国際反ホモフォビア・デー（International Day AgainstHomophobia＝IDAHO）。2007年からこの日に当事者がメッセージを発表するなどして性の多様性を訴え行動してきたIdaho-net.が制定。多様な性を認め合う気持ちを広めるのが目的。

5/18

ことばの日

「横浜みなとみらいBUKATSUDO連続講座 言葉の企画2019」の企画生らが制定。「ことば」を大切に使い、「ことば」によって人と人とが通じ合えることに感謝し、「ことば」で暮らしをより豊かにすることが目的。日付は言葉の「葉」が5月の新緑の瑞々しさを表しているとの思いと、5と18で「こ（5）と（10）ば（8）」と読む語呂合わせから。漢字ではなく、ひらがなで「ことばの日」としたのには、手話や点字など広い意味での「ことば」を知ってもらいたいとの思いが込められている。

消費者ホットライン188の日（いややの日）

消費者庁が制定。電話番号の「188」をダイヤルすると地域の消費生活相談窓口につながり、消費者トラブルの未然防止や解決に向けて相談に乗ってくれる「消費者ホットライン188」。「泣き寝入りは超いやや！」が口癖のイメージキャラクター「イヤヤン」と一緒に、多くの国民に消費者ホットライン188を知ってもらい、活用してもらうのが目的。日付は1988年より続く「消費者月間」が5月であることと、ホットラインの188の頭二桁の18を組み合わせて。

MIBの日

さまざまなエンタテイメント事業を展開する株式会社ソニー・ピクチャーズエンタテインメントが制定。同社が配給する映画「メン・イン・ブラック」（Men in Black＝MIB）シリーズの最新作「メン・イン・ブラック：インターナショナル」の2019年夏の公開を記念して。「MIB」は映画に登場する地球上のエイリアンを取り締まる秘密組織のことで、日付は「M」を英語で5月のMayの頭文字から、「I」と「B」をそれぞれ数字の「1」と「8」に見立て、5月18日に。

18リットル缶の日

18リットル缶（通称・石油缶、一斗缶）は、従来5ガロン缶と呼ばれていたが、18リットル缶に名称が統一された。そこで5ガロンの5と、18リットルの18から5月18日をその記念日としたのは、全国十八リットル缶工業組合連合会。

こりを癒そう「サロンパス」の日

「サロンパス」などの外用鎮痛消炎貼付剤を中心とした医薬品などを手がけ、貼る治療文化を世界へ届ける久光製薬株式会社が、新しくなった「サロンパス」の発売を記念して2015年に制定。貼って筋肉のこりや痛みをほぐす代表的な医薬品ブランドである「サロンパス」のPRと、肩こりに対する正しい知識の普及が目的。日付は「コ（5）りイヤ（18）す」と読む語呂合わせから。

ネット生保の日

インターネットで生命保険を販売する「ネット生保」のリーディングカンパニーであるライフネット生命保険株式会社が制定。「ネット生保」を広く認知してもらうことで、消費者にとっての生命保険の加入方法の選択肢を増やすことが目的。インターネットの活用で24時間365日の申し込みを可能にし、手頃な生命保険料を実現している。日付はライフネット生命保険株式会社が営業を開始した2008年５月18日から。

5/19

小諸・山頭火の日

1936（昭和11）年の５月19日、俳人の種田山頭火が長野県小諸市の中棚荘（当時は中棚鉱泉）に投宿。その日の日記に「熱い湯に入れて酒が飲めるのがいい」と記載していることから中棚荘が制定。敷地内には山頭火の句碑も建てられている。

IBDを理解する日

厚生労働省より特定疾患に指定されているIBD（Inflammatory Bowel Disease＝炎症性腸疾患）をより多くの人に理解してもらう日をと、IBD患者会の集まりであるIBDネットワークと、バイオ医薬品企業のアッヴィ合同会社が制定。IBDとは潰瘍性大腸炎とクローン病のことで難病の慢性の腸炎。日付はIBDを理解してもらうイベントを開催した日から。

5/20

こんにゃく麺の日

群馬県甘楽町（かんらまち）に本社を置き、「こんにゃくパーク」の運営でも有名な、こんにゃくメーカーの株式会社ヨコオデイリーフーズが制定。同社の代表的商品である「こんにゃく麺」をPRするのが目的。日付は生麺風のこんにゃく麺の製品が誕生した2013年５月20日にちなんで。

ガチ勢の日

大阪府大阪市に本社を置き、男性向けコスメブランド「ギャツビー」などで知られる株式会社マンダムが制定。汗やニオイを気にせず、さまざまな活動を本気（ガチ）で取り組み、楽しみ、夢中になる若者「ガチ勢」を応援するのが目的。日付は５と20を５×20と見立て、本気度の100％（５×20）を表すことから５月20日に。

「信濃の国」県歌制定の日

浅井洌（きよし）作詞、北村季晴（すえはる）作曲の「信濃の国」は1900（明治33）年に長野県師範学校の運動会で初めて披露されてから１世紀以上にわたり長野県民に愛されてきた歌。1968（昭和43）年５月20日に正式に県歌に制定されてから2018（平成30）年に50周年を迎えたのを記念して長野県が制定。これからも長く歌い継いでいくのが目的。

電気自動車の日

自動車・オートバイ用電池、電源システムなど、電気機器事業を世界規模で展開する株式会社ジーエス・ユアサ コーポレーション（京都市）が制定。同社の創業者のひとり、島津源蔵氏が1917年にアメリカから輸入した電気自動車「デトロイト号」を約90年ぶりに復活させた2009年のこの日を記念したもの。元祖エコカーともいうべき電気自動車「デトロイト号」の復活は、電気自動車用電池を開発する同社の企業シンボル的存在ともいえる。

水なすの日

大阪府漬物事業協同組合（大阪府大阪市）が制定。水なすのおいしさをもっと多くの人に知ってもらうことが目的。水なすは大阪の南部で多く栽培され、みずみずしく柔らかいのが特徴。その歯ごたえや香りを生かした「水なす漬」は大阪府Eマーク食品の第１号に認定されている。日付はこの頃から夏に向けて水なすがおいしくなることから。

5/21

小満（しょうまん）

［年によって変わる］二十四節気のひとつ。陽気が満ちて草木が茂る気候を意味する。各地で小満祭が開かれる。

月化粧の日

大阪府泉南郡岬町に本部を置き、和洋菓子の製造、販売を手がける株式会社青木松風庵が制定。同社の「月化粧」は２種類の北海道産いんげん豆をオリジナルブレンドした白餡の中に、ミルク風味豊かな練乳と北海道産バターをたっぷりと入れ、しっとりと焼き上げた和と洋が調和した優しい味わいのみるく饅頭で、年間販売数1400万個を超える関西を代表するお菓子。これまで「月化粧」を購入してくれた人への感謝とともに、さらに多くの人に「月化粧」の美味しさを知ってもらうのが目的。日付は販売を開始した2010年５月21日にちなんで。

JUN SKY WALKER(S)の日

TEAM Ni(s)hitokyo × JUN SKY WALKER(S)が制定。ロックバンド・JUN SKY WALKER(S)は中学時代から東京都西東京市のひばりヶ丘駅周辺で活動し、1988年５月21日にメジャーデビュー。西東京市に縁が深いことから、そのデビューの日を記念日として、市外からファンを呼び込み地域の活性化と市民の地域愛を深めるのが目的。市民、企業、商店街、行政などが一体となって、西東京市を「ジュンスカ」のファンの聖地化を目指していく。

ニキビの日

「青春のシンボル」とされるニキビ。しかし、ニキビは顔などにできることが多い疾患であり、とくに夏場は要注意。本格的な夏を前に悩んでいる人に「ニキビは皮膚科で治療が可能な疾患」であることを認知してもらうために、ニキビ治療薬を製造、販売しているガルデルマ株式会社と塩野義製薬株式会社が制定。日付は５（いつも）２（ニキビは）１（皮膚科へ）の語呂合わせから。

5/22

抹茶新茶の日

静岡県島田市に本社を置き、静岡県藤枝市に営業本部がある丸七製茶株式会社が制定。同社の抹茶は被覆栽培で育てられ、収穫後に石臼などでゆっくりと微粉末にするために５月下旬が旬となる。フレッシュな若葉の香りが豊かで、新緑の季節に合う風味の抹茶の新茶を広め、新しい抹茶の魅力、楽しみ方を伝えていくのが目的。日付は「茶」の字は草冠を「十」と「十」に見立て、その下を「八十八」とすると合計で百八になることから、立春から数えてほぼ108日目となる５月22日としたもの。

うなぎの未来を考える日

株式会社鮒忠（ふなちゅう）が提唱する「うなぎの未来を考える日普及推進委員会」

が制定。限りある天然資源であるうなぎを絶滅から守り、その生態と正しい食文化を広めて後世に残すことが目的。日付は2009年５月22日にマリアナ諸島付近にて、世界で初めて天然ニホンウナギの卵を採取することに成功し、うなぎの完全養殖化への道が開けたことから。

たまご料理の日

全国の飲食店向けに「うまいもん認定」事業を行っている一般社団法人全日本うまいもん推進協議会（さいたま市）が制定。たまご料理をとおして、食についての衛生と安全を啓蒙する機会の提供。また、たまご料理の食文化の振興という願いが込められている。日付は５月の05で「たまご」、22日を「ニワトリ ニワトリ」と読む語呂合わせから。

ほじょ犬の日

社会福祉法人日本介助犬協会（神奈川県横浜市）が制定。日付は2002年５月22日に身体障害者補助犬法が成立したことから。法律のさらなる認知度向上を図ることが目的。日本介助犬協会は一人でも多くの肢体不自由者が自立と社会参加を果たせるように、良質な介助犬の育成、高度な知識と技術を有する介助犬訓練者の養成などを行っており、愛知県長久手市に介助犬総合訓練センターがある。

5/23

難病の日

一般社団法人日本難病・疾病団体協議会（JPA）が制定。JPAは難病・長期慢性疾患、小児慢性疾患等の患者団体および地域難病連で構成する患者・家族の会の中央団体。患者や家族の思いを多くの人に知ってもらう機会とするのが目的。日付は難病患者を支援する初の法律である「難病の患者に対する医療等に関する法律」（難病法）が2014年５月23日に成立したことから。

リボンナポリンの日

ポッカサッポロフード&ビバレッジ株式会社が制定。北海道で絶大な人気を誇る炭酸飲料「リボンナポリン」。そのおいしさをPRするのが目的。日付は1911（明治44）年５月23日に現在の「リボンナポリン」の前身である「ナポリン」が発売されたことから。

5/24

伊達巻の日

厚焼きや玉子焼きをはじめとする寿司具全般のトップメーカー、株式会社せんにち（大阪府吹田市）が制定。戦国の武将として名高い伊達政宗公の命日（５月24日）を由来として、華やかで洒落た滋養豊かな卵料理である伊達巻を、日本の食文化として広く後世に伝えていくことを目的としている。伊達巻はおせち料理や大阪寿司の一品として欠かせない食べ物。

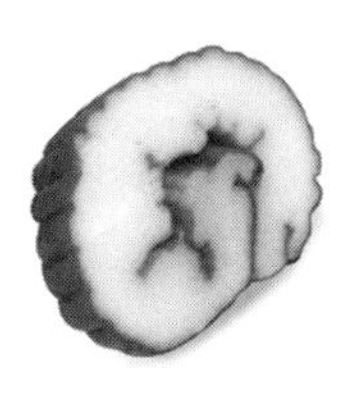

長湯温泉「源泉のかけ流し」記念の日

「日本一の炭酸泉宣言」でも知られる大分県竹田市の長湯温泉では、2006年５月24日に「源泉のかけ流し」を宣言。その日を記念して長湯温泉旅館組合が制定。

菌活の日

最初に「菌活」という言葉を生み出した、きのこ総合企業のホクト株式会社が制定。きのこは、菌そのものだけを食べる唯一の食材。その栄養素や効果効能を生かして、美容や健康のために一年を通じて菌を積極的に摂り入れてもらうのが目的。日付は同社がテレビコマーシャルで「菌活」という言葉を初めて全国発信した2013年５月24日にちなんで。

スクーバダイビングの日

スクーバダイビングの認定証「Cカード」を発行するレジャーダイビング認定カード普及協議会が制定。スクーバダイビングの楽しさを伝えるとともに、正しい知識を普及しダイビング事故に対する安全意識の向上が目的。日付は「Go（５）To（２）Sea（４）」(海へ行こう！)の語呂合わせ。また、1953年のこの頃にロバート・S・ディーツ氏によってスクーバ器材が日本に紹介されたという記録があることから。

コニシ記念日

アニメ「SAMURAI DEEPER KYO」の鬼眼の狂&壬生狂四郎、ゲーム「テイルズ・オブ・シンフォニア」のロイド・アーヴィングなど数多くの役を演じている声優・俳優・ラジオパーソナリティーの小西克幸氏。小西氏の活躍を記念して、出演番組などを手がける株式会社フロンティアワークスが制定。日付は５と24で「コニシ」と読む語呂合わせから。

5/25

ホゴネコの日

岐阜県岐阜市に保護猫カフェ「ネコリパブリック」の本部を置き、日本の猫の殺処分ゼロを目指す株式会社ネコリパブリックが制定。さまざまな事情で保護された猫「ホゴネコ」が、新しい家族と出会える場を提供する同社。記念日を通じて多くの人に保護猫がなぜ生まれるのかを考えてもらい、ひとつの命を最後まで大切にする文化を日本に根づかせるのが目的。日付は5月25日を「0525」として「ホ（0）ゴ（5）ネ（2）コ（5）」と読む語呂合わせから。

とんがりコーンの日

ハウス食品株式会社が制定。コーンを素材に植物油で仕上げたカリッとかるくて香ばしい円すいの形が特徴のコーンスナック「とんがりコーン」。2018年に発売から40周年になる「とんがりコーン」のおいしさ、楽しさをさらに多くの人に知ってもらうのが目的。日付は東京地区で新発売となった1978年5月25日にちなんで。

納本制度の日

納本制度とは、出版物を国の公的機関に納入することを発行者に義務づける制度のことで、国立国会図書館が2008年に制定。日付は国立国会図書館がその納本の受付を開始した1948年5月25日にちなむ。この制度により文化的資産が保存され、知的活動の記録が後世に受け継がれていく。

別所線の日

長野県上田市の上田駅と別所温泉駅を結ぶ上田電鉄の別所線。その存続を目的に結成された「別所線の将来を考える会」が制定。日付は別所線のシンボルとも言える丸窓電車の車輌ナンバー「モハ5250」の525から。電車内でのコンサートなど、さまざまなトレイン・パフォーマンスを行い、別所線の魅力を伝えていく日。

主婦休みの日

⇨「1年間に複数日ある記念日」の項を参照。

ターミネーターの日

SF映画の金字塔、ターミネーター・シリーズの第1作「ターミネーター」が日本で初公開されたのが1985（昭和60）年5月25日。2015年で30周年となることを記念して、配給元のパラマウント ピクチャーズ ジャパンが制定。2015年7月10日には最新作「ターミネーター：新起動／ジェニシス」が公開される。本作は12年ぶりにアーノルド・シュワルツェネッガー氏がシリーズ復帰することでも話題になった。日付はシリーズ初公開の日にちなんで。

みやざきマンゴーの日

JA宮崎経済連の宮崎県果樹振興協議会亜熱帯果樹部会が「みやざき完熟マンゴー」として全国的知られる宮崎県産マンゴーのさらなるPRを目的に制定。宮崎県産マンゴーは甘くて濃厚な味として人気が高い。日付は「マンゴー（05）ニッコリ（25）」と読む語呂合わせと、この頃に宮崎県産マンゴーの出荷が最盛期にあたることから。

愛車の日

日本初の外国車ディーラーである株式会社ヤナセが制定。「愛車のある豊かな人生」を提供し続けるヤナセは1915（大正４）年５月25日に創業。2015年に創業100周年を迎えたのを機に「車を大切にする心」「車のある人生の豊かさ」をアピールして、さらに広く「愛車」の精神を伝えるのが目的。日付は創立記念日の５月25日とした。

5/26

竹内洋岳・8000m峰14座登頂の日

プロ登山家の竹内洋岳（たけうちひろたか）氏が所属する株式会社ハニーコミュニケーションズが制定。8000m峰14座とは、エヴェレストやK２といった標高8000mを超える14の山のこと。2012年５月26日に竹内氏にとって14座目となるダウラギリ（標高8163m）に登頂し、日本人初、世界で29人目の世界8000m峰14座の完全登頂を達成したその偉業をたたえ、成し遂げた日を記録することが目的。

メープルもみじの日

広島県広島市に本社を置き、洋菓子などを製造販売する株式会社サンエールが制定。同社のブランド「楓乃樹」から発売する「メープルもみじ」シリーズは、カナダ・ケベック州産のメープルシュガーを100％使用した「メープルもみじフィナンシェ」を中心とした洋菓子。和菓子の「もみじ饅頭」とは別の洋菓子として展開することで、国内外にその魅力を発信することと、広島がもみじの名所であることをさらに多くの人に知ってもらうことが目的。日付は５月を表す英単語の「May（メイ）」と26を「２（プ）６（ル）」と読んで「メープル」とする語呂合わせから。同社は９月12日を「秋のメープルもみじの日」としている。

源泉かけ流し温泉の日

順徳天皇（1197～1242年）の時代から「日本三御湯」のひとつに数えられた長野県の野沢温泉の源泉をかけ流しで提供する旅館などで結

成した「野沢温泉源泉かけ流しの会」が制定。「源泉かけ流し全国温泉サミット」の開催日に合わせて、科学的にも確認されているその泉質の良さをアピールする。日付は5と26で「極上（5）な風呂（26）」という語呂合わせにもなっている。

風呂カビ予防の日

住まい、衣類、キッチン、調理など、暮らしに役立つさまざまな日用品を製造販売するライオン株式会社が制定。製品の中にはお風呂のカビを予防する製品もあり、カビを予防して快適に過ごしてもらいたいとの願いが込められている。日付は日本気象協会の調査で5月26日を境に気温と湿度がカビ発生の条件に合致し、お風呂のカビが生えやすくなることから。

5/27

ドラゴンクエストの日

ゲームソフトの開発、販売などを手がける株式会社スクウェア・エニックスが制定。プレイヤー自身が主人公となり、壮大な冒険物語を紐解いていく日本を代表するロールプレイングゲーム（RPG）「ドラゴンクエスト」。ゲームデザイナーの堀井雄二氏が創り出した「ドラゴンクエスト」を、さらに多くのファンに愛されるシリーズ作品とするのが目的。日付は初めて発売された1986年5月27日から。

小松菜の日

大阪府堺市の小松菜を専作している株式会社しものファームが制定。小松菜はカルシウムがほうれん草の5倍も含まれ、ビタミンも豊富など栄養面の評価の高い野菜として知られている。記念日は小松菜の消費拡大を目的に制定されたもので、5と27で「小松菜」と読む語呂合わせによる。

背骨の日

一般社団法人背骨コンディショニング協会（北海道札幌市）が制定。肩こり、腰痛、膝の痛み、内臓の不調など、さまざまな症状は背骨の歪みから発生することが多い。これらの症状を背骨のコンディションを整えることで改善し、健康になってもらうのが目的。日付は、背骨は腰椎5個、胸椎12個、頸椎7個からなり、それを並べた「5127」の1を／（スラッシュ）に見立てると5/27となることから。

5/28

自助の日

一般社団法人生命保険協会が制定。人生100年時代を迎える現代社会において一人ひとりが豊かな人生を送るために、ライフプランや資産形成、健康の増進、保険などで自ら将来の準備をする「自助」について考える日としてもらうのが目的。日付は5と28で「自助」にとって大切な「希望、知恵、財運、健康、愛」を意味する「五（5）つ（2）葉（8）＝（いつつば)」の語呂合わせから。

骨盤の日

首と骨盤を軸に全身の骨格バランスを調整するボディメンテナンス整体サロン「カラダファクトリー」などを運営する株式会社ファクトリージャパングループが制定。骨盤ケアの大切さを社会に広め、健康促進と予防に対する意識改革を啓蒙するのが目的。日付は5と28を「骨(52) 盤（8)」と読む語呂合わせから。公式キャラクター「ほねぴー」の誕生日でもある。

ゴルフ記念日

1927（昭和2）年の5月28日、第1回日本オープン・ゴルフ選手権が横浜・保土ヶ谷ゴルフ場で開かれ、赤星六郎選手が優勝した。これが今のゴルフブームの出発点との考えから、スポーツ用品のミズノの直営店・エスポートミズノが制定。

アルソア美肌ラインの日

自然のチカラを活かした化粧品や健康食品の研究開発、製造販売など、美と健康に関わる事業に取り組むアルソア本社株式会社（山梨県北杜市）が制定。「洗う、除く、潤す、保つ」（石けん、パック、ローション、エッセンス）といった4つの製品を使い、美しく健やかな肌を目指すスキンケア「アルソア美肌ライン」をPRするのが目的。日付は「GO（5）美肌（28)」の語呂合わせから。

5/29

胡麻祥酎の日

福岡県久留米市の株式会社紅乙女酒造が制定。同社は胡麻を使った焼酎のパイオニアとして知られ、その豊かな味わいを多くの人に知ってもらうのが目的。この酒は「焼酎」ではなく、おめでたいしるしの意味を持つ「祥」を用いて「祥酎」と呼び、慶びにあふれた「口福の酒」

として世に送り出している。日付は5と29で「口（5）福（29）」と読む語呂合わせから。

呉服の日

5月29日を「ごふく」と読む語呂合わせから京都市に本社を置く、ウライ株式会社が制定。「もっと和服を着ましょう」というPRを行っている。「呉服」という呼び方は、中国・三国時代の呉から着物の縫製方法が伝わったことに由来する。

こんにゃくの日

「こんにゃく（529）」と読む語呂合わせから、日本こんにゃく協会と全国こんにゃく協同組合連合会が1989年に制定。こんにゃくの作付けが5月に行われることと、本格的な夏を迎える前に、こんにゃくの効用や機能性を再確認して健康に過ごしてほしいという願いも込められている。

幸福の日

世界中の人々が幸せで平穏に暮らせることを祈って、5と29の語呂合わせから「幸福の日」を制定したのは佐川ヒューモニー株式会社。同社は電報サービス（VERY CARD）や、慶弔関連のギフトサイトを運営している。

シリアルの日

シリアル食品の世界シェアトップブランド「ケロッグ」を日本国内で展開する日本ケロッグ合同会社が制定。シリアルの認知度向上と、健康的な朝食文化としてのシリアルのさらなる普及が目的。日付は5と29で、シリアルの代表であるコーンフレーク（529）にちなみ、朝食にシリアルを取り入れることで幸福（529）な一日を過ごしてもらいたいとの願いを込めた語呂合わせから。

エスニックの日

一般社団法人日本エスニック協会が制定。エスニック文化やエスニック料理の普及活動を行うとともに、日本の伝統的な料理とエスニック文化が融合した新しい食文化の開発などさまざまな文化的創造を図る。日付は5月29日の5をアルファベットの「S」と見立て、29を「ニック」と読み、合わせて「エス（S）ニック」としたもの。

5/30

530（ゴミゼロ）の日

愛知県の豊橋市役所に事務局を置く「530運動環境協議会」が制定。

530運動とは「自分のゴミは自分で持ち帰りましょう」を合言葉に、豊橋市から全国に広まった環境美化運動のことで、「ゴミを拾うことでゴミを捨てない心を育む」ことが目的。日付は5と30で「ゴ（5）ミ（3）ゼロ（0）」と読む語呂合わせから。

アーモンドミルクの日

アーモンドミルク研究会が制定。ビタミンEや食物繊維が豊富な健康飲料のアーモンドミルクの認知度を高め、アーモンドミルクの良さをより多くの人に知ってもらうのが目的。日付はアーモンドミルクの原材料であるアーモンドは5月下旬から実がなり始めることと、30を実（み＝3）が丸く（○＝0）なると読む語呂合わせから。

消費者の日

1968（昭和43）年のこの日、消費者の利益を守ることを目的とした消費者保護基本法が公布・施行されたことを記念して、その10周年にあたる1978（昭和53）年に政府が制定したもの。

オーガナイズの日

片づけや整理、収納が楽になる仕組みづくりである「ライフオーガナイズ」を普及させることを目的に、一般社団法人日本ライフオーガナイザー協会が制定。オーガナイズとは住居・生活・仕事・人生などのあらゆるコト、モノを効果的に準備・計画・整理することで、アメリカでは以前から認知されている概念。日付は5と30で「ゴミゼロ」と読む語呂合わせと、1年で最も片づけや整理に適した季節であることから。

古民家の日

さまざまな建築や不動産に関するプロデュースなどを手がける有限会社Mアンジョウ建築研究所が制定。伝統的木造建築の建物や古い民家が減少しているなか、古民家を店舗や工房、ギャラリーなどに活用することで、古き良き日本の伝統文化の継承とその周知を図ることが目的。日付は5と30で「こ（5）みん（3）家＝おうち（0）」の語呂合わせと、古民家の再利用や古材の活用を推進したいとの思いから「ごみゼロの日」と同じ日にしたもの。英語表記は「Cominka Day」で、cominkaはcommunityとminkaの造語。

5/31

世界禁煙デー

国連の世界保健機関（WHO）が、世界人類の健康のためにと設けた日。

古材の日

「古材流通の文化」を創造することを目指して、古材の再活用に向けた事業を展開する株式会社アステティックジャパン（愛媛県松山市）が制定。古材の魅力を伝え、その有効利用を考えるなど、古材にとっての大切な日にと位置づけている。日付は５と31で「古材（こざい）」と読む語呂合わせから。

菜の日

⇨「１年間に複数日ある記念日」の項を参照。

年によって日付が変わる記念日

5月

５月第２日曜日

母の日

アメリカ人のアンナ・ジャービスが母の死後、その墓に白いカーネーションを飾ったことに由来する。カーネーションは母性愛のシンボルとされ、日本では1949（昭和24）年に初めて行われた。

袋物の日

一般社団法人日本ハンドバッグ協会が制定。ハンドバッグなどの袋物の需要を高めるのが目的。５月第２日曜日の「母の日」を記念日としたのは、「母の日」→「お袋の日」→「袋物の日」と連想をしてもらい、「母の日」にはハンドバッグを贈る習慣を広めことで袋物のアピールをしたいとの考えから。

５月第３日曜日

ごちポの日

「ごちポ」は「ごちそうポーク」のこと。米国食肉輸出連合会が、軟らかくてジューシーで、うまみ成分たっぷりなアメリカン・ポークのおいしさ、安全性などをより多くの人に知ってもらい、親しみを感じてもらうのを目的に制定。日付は本格的な梅雨が始まる前の週末に、栄養価の高いアメリカン・ポークを食べて元気に夏を乗り切ってほしいとの思いから５月の第３日曜日に。

旧　暦　水無月（みなづき）
語源：「水の月」の意で、この頃に田に水を注ぎ入れることに由来する。

英　名　June
語源：ローマ神話の結婚生活の女神であり、６月を司るユノに由来する。

異　名　常夏（じょうか）／涼暮月（すずくれづき）／蟬羽月（せみのはづき）／鳴神月（なるかみづき）／松風月（まつかぜづき）／風待月（かぜまちつき）／小暑（しょうしょ）

誕生石　パール（真珠）

誕生花　バラ／グラジオラス／牡丹

星　座　双子座（～6/21頃）／蟹座（6/22頃～）

季節の変わり目となる６月は、暦の上の「入梅」を由来とする「梅酒の日」「雨漏り点検の日」や、「夏至」の「酒風呂の日」「冷蔵庫の日」など、季節に敏感な日本らしい記念日が多い。
また、「虫歯予防デー」や「時の記念日」など、古くから行われてきた記念日も話題性があり、「父の日」は商品の販売促進効果を生み出している。国民の祝日のない月なので、季節感と歳時記的な落ち着いた新しい記念日が生まれる可能性を秘めている。

バラ

ロールアイスクリームの日

アイスクリームショップ「ROLL ICE CREAM FACTORY」を運営する株式会社Something NEWが制定。ニューヨークで大ブームを起こしたロールアイスクリームを、細かなトッピングでかわいく仕上げるなど日本ならではのスタイルで広めるのが目的。日付は6で「ロール」。1をアルファベットのIに見立てて「アイス」と読んで6月1日に。

チー坊の日（チチヤスの日）

広島県廿日市市に本社を置き、牛乳、ヨーグルトなどの製造、販売を手がけるチチヤス株式会社が制定。同社のオリジナルキャラクターである「チー坊」のマークは「安心・安全・おいしい・健康」というコンセプトのもと、長年培ってきた乳業会社としての誇りのシンボル。「チー坊」を通じて同社の取り組みをより多くの人に関心を持ってもらうのが目的。日付は「チー坊」の誕生日であり、同社の創業記念日、1886（明治19）年6月1日から。

いぐさの日

福岡県三潴（みずま）郡大木町に本社を置き、い草を使ったインテリア製品の製造と販売を手がける株式会社イケヒコ・コーポレーションが制定。湿気をよく吸い、消臭効果があり、空気をきれいにするなど、い草は住環境にも良いことから6月の「環境月間」に貢献するのが目的。日付は年間で最も湿度が高い6月上旬で、夏物の衣替えの時期でもあることから6月1日に。

バリ舞踊の日

神奈川県藤沢市のバリ舞踊連盟が制定。2015年にユネスコの無形文化遺産に登録されたインドネシア・バリ島の伝統舞踊である「バリ舞踊」をより多くの人に知ってもらい、踊ってもらい、観てもらうのが目的。日付はインドネシア共和国から大統領の特派文化施設団が来日し、日本でのバリ舞踊交流が始まった1964年6月1日から。

気象記念日

1875（明治8）年6月1日に東京気象台が設立され、気象と地震の観測が開始されたことにちなむ。1942（昭和17）年に気象庁により制定。観測開始当初は、お雇い外国人が1人で1日3回の観測をこなしていた。

電波の日

1950（昭和25）年のこの日に電波法、放送法および電波監理委員会設置法が施行されたことにちなむ。それまで政府専掌であった電波利用が広く国民に開放されたことを記念したもので、電波利用に関する知識の普及・向上などを目的としている。

氷の日

江戸時代、加賀藩が将軍家に氷を献上し「氷室（ひむろ）の日」として祝ったのが陰暦の６月１日だったことから、日本冷凍事業協会が制定。

梅肉エキスの日

梅の学術研究と啓蒙普及活動を行っている財団法人梅研究会（大阪府摂津市）が制定。梅の実のシーズンである６月の初めに、手作りの梅肉エキスを使ってもらうことを呼びかけてこの日を記念日としている。

チューインガムの日

平安時代より、元日と６月１日は「歯固めの日」として、かたい餅などを食べて健康増進を図る風習があった。その願いを込めてこの記念日を1994年に制定したのは、日本チューインガム協会。チューインガムを通じて、かむことの大切さを考えてもらうのが目的。

アイデアの日

象がふんでもこわれないアーム筆入れ、水にとける紙をセットしたスパイ手帳、黄色いスマイルマークの反戦平和キャラクターのラブピースなどのヒットアイデア商品を発売しているサンスター文具株式会社。その創業者の小林三造氏の命日から、この日を「アイデアに挑戦する日」として同社が制定。

防災用品点検の日

⇨「１年間に複数日ある記念日」の項を参照。

総務の日

総務部門の価値を問い直し、総務の重要さを社会的にも企業内でも広く認知してもらおうと、日本唯一の総務専門誌『月刊総務』を発行しているウィズワークス株式会社が制定。日付は『月刊総務』（当時の誌名は『総務課の実務』）が初めて発行された1963（昭和38）年６月１日から。

ムヒの日

虫さされ、かゆみ止めの代表的医薬品である「ムヒ」を製造販売する株式会社池田模範堂（富山県上市町）が制定。日付はそのトップブランドの発展とともに、肌のトラブルの分野などでも事業展開する同社のスローガン「変身への挑戦」をスタートさせた日であり、6と1で「ムヒ」と読む語呂合わせから。

矯正歯科月間の日

矯正歯科についての関心を高め、きれいな歯並びで健康増進をはかることを呼びかけようと特定非営利活動法人日本成人矯正歯科学会が制定。学会の大会が開かれる6月を「矯正歯科月間」と定めたことから、そのスタートの日を「矯正歯科月間の日」とした。

牛乳の日

牛乳への関心を高めて消費の拡大を図り、人々の健康の増進と食生活の向上を目的に、酪農乳業関係者で構成された一般社団法人Jミルクが制定。日付は2001年に国連食糧農業機構（FAO）が、牛乳への関心とともに酪農・乳業の仕事を多くの人に知ってもらおうと6月1日を「世界牛乳の日（World Milk Day）」と提唱したことから。また、一般社団法人Jミルクでは6月を「牛乳月間」としている。

鮎の日

全国鮎養殖漁業組合連合会（和歌山県和歌山市）が制定。初夏の風物詩である「鮎」は、伝統的な和食文化に欠かせない食材で河川環境保護の象徴。日本の固有の魚ともいえる「鮎」のおいしさをより多くの人に知ってもらうことが目的。日付は、昔から鮎の本格的な旬を迎えるのが6月とされていることから。

6/2

ローズの日

神奈川県横浜市の一般社団法人ブルガリアンローズ文化協会が制定。ブルガリアではバラの収穫を祝う感謝祭が6月初旬に行われる。その文化を日本でも広く定着させて、バラの花のもとに人々が集い、温かい平和な世の中になることを願うのが目的。日付は美しくバラの咲く時期であり、6と2で「ロー（6）ズ（2）」と読む語呂合わせから。

ロープの日

ワイヤロープの販売店で組織する全国鋼索商業連合会が制定。線材製品協会・鋼索部会、全日本ロープ加工組合連合会とともに、ワイヤロープ業界の認知度向上と、その安全の啓蒙が目的。日付は6と2で「ロー（6）プ（2）」と読む語呂合わせから。

路地の日

歴史と文化の町、長野県下諏訪町には昔からの裏道や路地が多い。このかけがえのない路地を愛し、その風情を楽しみ、いつまでも残していこうと活動を続けている「下諏訪の路地を歩く会」が制定。日付は6と2で「路地」と読む語呂合わせから。

甘露煮の日

惣菜感覚の佃煮として人気の高い甘露煮を、もっと多くの人にPRしようと、甘露煮メーカーとして知られる株式会社平松食品が制定。日付は佃煮誕生のきっかけとなった本能寺の変に由来し（家康一行の伊賀越えの際に糧食とされた）、さらに甘露煮の露煮を6と2とする語呂合わせから。

イタリアワインの日

おいしいイタリアワインの認知度を高め、そのニーズの掘り起こしを目的に、2007年にイタリア大使館とイタリア貿易振興会が制定。日付は第二次世界大戦終結後に行なわれた共和制移行を問う国民投票の結果を受けて1946年にウンベルト2世が退位し、イタリア共和国となった記念すべき日から。

おむつの日

おむつを通じてすべての赤ちゃんの幸せで健やかな成長について考えてもらおうと、赤ちゃん用の紙おむつ「GOO. N（グ～ン）」を製造するエリエール大王製紙株式会社が制定。赤ちゃんとのコミュニケーションツールにと絵本も発刊する。日付は6月2日で「062」を「おむつ」と読む語呂合わせから。

オムレツの日

環境にやさしい業務用鶏卵商品の研究、開発を行っている日本シュリンク包装卵協会が制定。栄養バランスが優れたたまごで愛情を包み込んだ料理であるオムレツを食べ、家族愛と健康を育む日。日付は「オム（06）レツ（02)」と読む語呂合わせから。

むずむず脚症候群の日

夕方から夜間にかけて下肢に虫がはうような異常感覚を生じる睡眠障害のむずむず脚症候群。この疾患に苦しむ人を救うため、また睡眠医療認定病院で適切な診断を受けられるようにと、啓発活動や正しい情報提供を行う、むずむず脚症候群友の会（大阪府高槻市）が制定。日付は友の会が創立した日であり、「むずむず」の語呂合わせから。

6/3

ポンコツの日

株式会社エイティーフィールドの青木勉氏が制定。数々の音楽イベントのプロデュースを手がける青木氏は、仕事はできるが誤字脱字が多いなど、ポンコツプロデューサーとして「P青木」とも称されている。その愛されるポンコツぶりを記念すべく自らの誕生日に開催する音楽イベント「P青木のひとり生誕祭」を多くの人に楽しんでもらうのが目的。日付は青木氏の誕生日（1966年6月3日）から。

ケロミンの日

世界初のパペット電子楽器「ケロミン」を製造販売する有限会社トゥロッシュが制定。「ケロミン」はカエル型で、口の開き加減で音の高さが変わるまったく新しいタイプの楽器。音の高さの違いを体感できるので音感教育などにも活用できる。日付は「ケロ（6）ミ（3）ン」の語呂合わせから。

6/4

虫ケア用品の日

暮らしを支えるさまざまな家庭用品などを開発、製造、販売するアース製薬株式会社が制定。安全性を重視して商品開発をしている同社。「殺虫剤」という表現は「毒性が高そう」と思う人もいることから、虫を避けることで人々の健康を守る「虫ケア用品」という呼び名を世の中に広めるのが目的。日付は6と4で「虫＝ム（6）シ（4）」の語呂合わせから。

虫の日

幼少期より昆虫採集を趣味としてきた解剖学者の養老孟司氏が制定。長年にわたり自然や命について考えてきた養老氏は、虫にも供養が大切と神奈川県鎌倉市の建長寺に「虫塚」を建立。毎年、多くの昆虫採集家が集い法要を行っている。日付は6と4で「虫」と読む語呂合わせから。

武士の日

スポンジでできた刀を使い、武士になりきって戦うあそび「チャンバラ合戦―戦IKUSA―」を考案し、全国で活動するNPO法人ゼロワンが制定。チャンバラ合戦を通じて外で遊ぶことを再び日本の文化として普及発展させるのが目的。日付は6と4で「武（6）士（4）」と読む語呂合わせと、戦国時代最後の戦いともいわれる大坂夏の陣の終結が新暦の6月4日と推定されることから。

ムシキングの日

業務用ゲーム「甲虫王者ムシキング」の開発・運営を手がける株式会社セガ・インタラクティブのムシキングチームが制定。2015年に「新甲虫王者ムシキング」として復活したのを機に、その類まれな面白さとゲーム性を多くの人に知ってもらうのが目的。日付は6と4で「ム（6）シ（4）キング」と読む語呂合わせから。

水虫治療の日

「水虫薬エフゲン」の製造、販売で知られる兵庫県尼崎市の大源製薬株式会社が制定。水虫の早期治療の大切さと、水虫は必ず治る皮膚病なのであきらめずに治療に取り込むことを多くの人に知ってもらうのが目的。日付は6と4で水虫の「む（6）し（4）」と読む語呂合わせと、水虫を患う人が急増する梅雨入り前の時期であることから。

虫歯予防デー

日本歯科医師会が実施していたのは1938年まで。現在では厚生労働省が6月4日から10日までを「歯の衛生週間」としている。そこで日本記念日協会では虫歯予防の大切さを訴える日として、あらためてこの日を記念日に制定した。日付は6と4で虫歯の「虫」と読む語呂合わせから。

ローメン記念日

長野県伊那市の伊那ローメンズクラブが名物のローメンを全国にアピールしようと制定。ローメンは蒸した麺を使うところから蒸し（6と4）の語呂合わせからこの日に。

DENTALANDの日

DENTALANDたむら歯科（東京・門前仲町）が制定。1999年6月の開業以来、地域で一番の予防歯科を目指して取り組んできた同歯科が2005年のこの日に「むし歯ゼロ」を目標とした新たな予防プログラムを発表、リニューアルオープンしたことを記念したもの。

蒸しパンの日

子どもたちにも食べやすい蒸しパンを、朝食やおやつなどにもっと食べてもらおうと「チーズ蒸しパン」で知られる日糧製パン株式会社が制定（北海道札幌市）。日付は6と4で蒸しパンの「蒸し」と読む語呂合わせから。

ショートフィルムの日

ショートフィルムを紹介する短編映画祭「アメリカン・ショートショート フィルムフェスティバル」が1999年のこの日に日本で初めて開催されたのを記念してショートショート実行委員会が制定。創設者は俳優の別所哲也氏。初年度はジョージ・ルーカス監督の学生時代の短編作品を上映した。現在では「ショートショート フィルムフェスティバル＆アジア」として米国アカデミー賞公認の映画祭で、アジア最大級の国際短編映画祭へと成長している。

蒸し豆の日

素材そのものの風味や香り、旨みや栄養価を逃がさない蒸し豆の良さを、多くの人に知ってもらい、手軽に食べてもらいたいとの思いから、株式会社マルヤナギ小倉屋（兵庫県神戸市）が制定。蒸し豆はそのまま食べるだけでなく、サラダのトッピング、煮物やスープなど料理の材料としても幅広く活用できる。日付は６月が食育月間であり、６と４で「蒸し」と読む語呂合わせから。

杖立温泉・蒸し湯の日

熊本県阿蘇郡小国町の杖立（つえたて）温泉と、その名物「蒸し湯」の魅力を、さらに多くの人に知ってもらおうと熊本県観光課が制定。杖立温泉は1800年の歴史を持ち、古くは湯治場として栄えた温泉地。約98度で自噴する温泉の蒸気を利用した蒸し湯は20ヵ所以上で体験できる。日付は「蒸（６）し（４）湯」と読む語呂合わせから。

6/5

Pepper誕生日

ソフトバンクグループ株式会社が世界初の感情認識機能を持った人型ロボット「Pepper（ペッパー）」を発表した2014年６月５日を「Pepper」の誕生日として制定。ロボットの世界において歴史的な日であり、人々にとってロボットを身近な存在として記憶するスタートの日でもある。

世界環境デー

1972（昭和47）年のこの日、国連人間環境会議が人類のために人間環境の保全と改善を目標とする「人間環境宣言」を採択したことを記念して設けられた日。日本では「環境の日」と制定され、各地で環境問題をテーマとした催しが開かれる。

ろうごの日

神戸市老人福祉施設連盟（兵庫県神戸市）が制定。超高齢化社会の中

で高齢者も若者も何を考え、何をなすべきなのかについてみんなで考え、共に支え、社会を発展させるための行動を起こす日とした。キャッチコピーは「高齢者の元気は、若者の元気、社会の元気」。日付は6と5で「ろうご」と読む語呂合わせから。

ロゴマークの日

企業、店舗のロゴマークなどのデザインを中心に、ブランディング、マーケティングなどに関わる制作を行っている株式会社ビズアップが制定。ロゴデザインの効果をアピールすることが目的。日付は6と5で「ロゴ」と読む語呂合わせから。

ロコモ予防の日

ロコモティブ・シンドローム（運動器症候群、略称・ロコモ）とは、骨や関節、筋肉など、体の運動器が衰えて、寝たきりや要介護になる危険が高い状態のこと。ロコモティブ・シンドロームの認知度を高め、その予防に関する正しい理解を広めることを目的に、ロコモティブ・シンドローム予防推進委員会が制定。日付は6と5で「ロコモ」と「老後」と読む語呂合わせから。

6/6

芒種（ぼうしゅ）

［年によって変わる］二十四節気のひとつ。芒種とは芒のある穀物を稼種する季節の意味で、麦刈り、田植えなど農家はことのほか多忙となる。

北川製菓ドーナツの日

長野県駒ヶ根市に本社を置き、ドーナツを中心とした洋菓子などを製造販売する株式会社北川製菓が制定。同社は60年以上さまざまなドーナツを作り続けており、多くの人に愛されてきたことへの感謝の気持ちと、これからもおいしいドーナツの製造が続けられるようにとの願いが込められている。日付は1959年6月に同社がドーナツの製造を開始したことと、数字の6にドーナツの輪のイメージを重ねて6月6日に。

いけばなの日

日本の伝統文化であるいけばな芸術の普及、発展のために活動する公益財団法人日本いけばな芸術協会が制定。記念日を通していけばなの技術の習得だけでなく、その歴史などから知見を広げること、花に直接触れることで命の尊さやパワーを感じて人間性を豊かにしてもらいたいとの願いが込められている。日付は古くから「芸事の稽古始めは6歳の6月6日から」と言われ、この日から始めると上達が速いとされることにちなんで。

シニアピアノの日

シニア世代に教えるピアノのレッスン法について、研究・普及・実践をしている先生の会「日本シニアピアノ教育研究会」が制定。昔から楽器の稽古は6歳の6月6日からと言われていることにちなみ、66歳の6月6日を「シニアの方がピアノ学習を開始する日」とすることで、ピアノを習いたいシニアの方の背中を押し、リタイア後がピアノで幸せな日々になること願って。

ベビーシャワーの日

ベビーシャワーを通して「日本のマタニティライフをより豊かに」を理念に活動する一般社団法人BABYSHOWER JAPANが制定。ベビーシャワーとはアメリカで始まった、妊娠8か月頃の妊婦を主役に仲間や家族で行う安産祈願のパーティーのこと。より多くの人にベビーシャワーを知ってもらうことが目的。日付は妊婦の姿になぞらえた「6」が2つ合わさる6月6日に。

大麦の日

国内最大級の大麦生産地である栃木県足利市に本社を置き、日本で初めて大麦を使った洋菓子（ダクワーズ）を開発した株式会社大麦工房ロアが制定。栄養価の高さやさまざまな食品に活用できるなど、大麦の魅力を広く伝えるのが目的。日付は麦秋の季節である6月と、大麦を「O（オー）6（麦)」と読むのを組み合わせて6月6日に。

吹き戻しの日

兵庫県淡路市で「吹き戻し」を生産、販売する株式会社吹き戻しの里が制定。「吹き戻し」とは、口にくわえてヒューと吹くとスルスルと伸びたあと、先からクルクルと戻ってくる玩具で、その楽しさを多くの人に知ってもらうのが目的。日付は「吹き戻し」の形が「6」に似ていることから6月6日に。なお、「吹き戻しの日」を9月9日と誤解している記述も見られるが、その構造上からも6月6日が正しい。

梅の日

室町時代の1545（天文14）年4月17日（現在の6月6日）に、京都・賀茂神社の例祭において後奈良天皇が神事を行われた際に梅が献上されたとの故事から、梅の代表的産地である和歌山県田辺市の「紀州梅の会」が制定。

楽器の日

1970（昭和45）年に全国楽器協会により制定。日付は、芸事の手習いは6歳の6月6日にする、という言い伝えによる。

ほんわかの日（家族だんらんの日）

大阪の読売テレビの人気番組「大阪ほんわかテレビ」が制定。日付はほんわかした空気を大切にして、もう一度家族の姿を見つめ直そうを基本コンセプトに、1993年6月6日に放送を開始したことから。

補聴器の日

全国補聴器メーカー協議会が1999年5月に制定。6という字は人がオーダーメイド補聴器を耳に装着している姿に似ていて、6月6日は二つの耳、つまり両耳装用を表している。この日を補聴器のPRの日にと、シンボルマークの象をモチーフとしたマスコット「ロロくん」を制作するなどの企画を行っている。

ロールケーキの日

福岡県北九州市小倉北区・小倉南区でロールケーキによる町おこしをしている「小倉ロールケーキ研究会」が制定。小倉には古くからロールケーキが愛されてきた伝統があり、名店も多い。研究会ではロールケーキの食べ比べや、新しい味の開発などの活動を行っている。日付はロールケーキの「ロ」と、ロールケーキが「6」の字が巻いているように見えることから。

ローカロリーな食生活の日

毎日の食事のカロリーについて興味を持つことで賢く健康的な食生活を送ってもらおうと、食品などの通販事業を展開する株式会社アイケイが制定。日付は「ロー（6）カロ（6）リー」の語呂合わせと､「無理（6月）をしない、無駄（6日）にカロリーを摂取しない」との意味も込められている。

ワイパーの日

ワイパーブレードのメーカーで構成する日本ワイパーブレード連合会が制定。車の安全に欠かせないワイパーブレードの正しい交換時期を提案するなどの活動で交通安全に寄与し、市場の活性化を図るのが目的。日付は6月は梅雨の時期で車のワイパーがいちばん活躍する季節であることと、運転席と助手席側の2本使われていることから同じ数字が並ぶこの日を記念日としたもの。

らっきょうの日

古来、漢方にも使われてきた体にうれしい食材のらっきょう。シャリシャリとした歯ごたえがおいしいらっきょうを多くの人に楽しんでもらいたいと、らっきょう商品を手がける岩下食品株式会社が制定（栃木県栃木市）。日付はこの時期がらっきょうの旬で、漢字の「六」は根菜であるらっきょうが土の中で成長していくイメージがあること、数字の「6」がらっきょうの姿に似ていることなどから、6が並んだこの日に。

クリスタルボウルの日

太古の時代からあった水晶を使った楽器「クリスタルボウル」。その音色により、多くの人にリラックスした心地良い時を過ごしてもらうことを目的に、一般社団法人クリスタルボウル・アカデミー・ジャパンが制定。同法人ではクリスタルボウルの演奏会、演奏家であるクリスタリストの養成などを行っている。日付は水晶の結晶形が六角柱であることから6が重なるこの日に。

ひつじの日

ひつじの女の子「メリーちゃん」を自社商品のキャラクターに持つ株式会社メリーチョコレートカムパニーが制定。平和的で心にやすらぎを与えてくれるひつじのイメージから、チョコレートや焼き菓子などを通じてのハートウォーミングなコミュニケーションをとの願いが込められている。日付はひつじの角がクルッと巻いていて数字の6に見え、左右にあることから6が二つ並んだこの日にしたもの。

人事労務の日

１年に１度は会社の人事や労務について見直し・検証することにより、よりよい労使関係を築いていこうという日。社会保険労務士であり、南総労務管理センターと有限会社一南経営サポート（ともに千葉県勝浦市）代表の渡邉昌俊氏が制定。社会保険労務士の認知度を高めるのもその目的のひとつ。

ロムの日

ROM（ロム）の書き込み業務を行う株式会社ロムテック（埼玉県新座市）が制定。携帯電話、パソコン、家電製品、自動車など、さまざまな物に使われているROMについて多くの人に知ってもらうことが目的。また、製品化されずに使われなかったROMの慰霊の意味も込められている。日付は6と6で「ロム」の語呂合わせから。

山形さくらんぼの日

さくらんぼの生産量日本一を誇る山形県。県の内外から人気が高く、自他共に認める高品質な「山形のさくらんぼ」をさらに広くPRしようと、全国農業協同組合連合会 山形県本部（JA全農山形）が制定。日付は数字の「6」がさくらんぼのシルエットに見えること、収穫の最盛期を迎えることから。

ログ活の日

デジタル上の記録のことを「ログ」と言い、あらゆる生活の「ログ」をとることが「ログ活」。ログ活をすることで自身の健康や生活をもっと意識し、大切にしてほしいとの願いを込めて、女性のカラダとココロの健康情報サイト「ルナルナ」などのヘルスケアサービスを提供する株式会社エムティーアイが制定。日付は6と6で6（ログ）が2つ（ツー）との語呂合わせから。

アンガーマネジメントの日

一般社団法人日本アンガーマネジメント協会が制定。アンガーマネジメントとは怒りの感情をマネジメントする（上手に付き合う）ための心理トレーニングのことで、これを学ぶことにより周囲との良好な人間関係が生まれる。「怒りの連鎖を断ち切ろう」という協会の理念を伝えることが目的。日付は怒りの感情のピークが6秒であることと、怒りを「ムカムカ」と表現することがあるため、6と6で「ムカムカ」と読む語呂合わせから。

つけまの日

「TSUKEMAクイーン実行委員会」が制定。日本の「カワイイ文化」の象徴的アイテムの1つ「つけまつげ（つけま）」を、記念日を通して国内外に発信することが目的。日付は数字の6が「つけまつげを付けた目」に見え、6と6で両目に付けたように見えることから。記念日の申請は、つけまつげなどの化粧品を手がける株式会社ディー・アップ。

6/7

緑内障を考える日

中途失明の原因第2位とされる緑内障について広く考え、1年に一度は緑内障の検診を受けるように呼びかける日。緑内障フレンド・ネットワークが制定した日で、日付は6と7で「緑（6）内（7）＝りょくない」の語呂合わせから。

ムダ毛なしの日

夏に向けて素肌を出し始める女性たちに、思わずさわりたくなるすべすべ肌を手に入れてほしいとの願いから、世界で日本で売り上げナンバーワンの除脱毛ブランド「ヴィード」を展開するレキットベンキーザー・ジャパン株式会社が制定。日付は6（ムダ毛）と7（なし）で「ムダ毛なし」と読む語呂合わせから。

むち打ち治療の日

一般的には治らないものと考えられている場合が多いむち打ち症。しかし、きちんと治療すればほとんどの症状が改善するので、あきらめずに治療しましょうと呼びかける日にと、一般社団法人むち打ち治療協会が制定。日付は6と7で「む（6）ち打ちをな（7）おそう」という語呂合わせから。

6/8

ローションパックの日

エステサロンの経営など美容と健康に関する総合プロデュースを手がける株式会社チズコーポレーション。その代表取締役を務める美肌師として著名な佐伯チズ氏が制定。スキンケアの基本となるローションパックのさらなる普及が目的。日付は6と8で「ローションパック」の語呂合わせから。

ガパオの日

本格派タイフード・レストラン「ガパオ食堂」を運営する株式会社ベースが制定。ガパオとはタイホーリーバジルのことで、鶏のひき肉などとともに調味料で炒め、目玉焼きをのせたごはんと一緒に食べる「ガパオごはん」はタイ料理の人気メニューのひとつ。タイ料理、ガパオごはんのさらなる普及が目的。日付は店名にもガパオを入れるなど、ガパオの知名度の向上を図ってきた「ガパオ食堂」の設立日2007年6月8日から。

ロボット掃除機『ルンバ』の日

全世界で人気の家庭用ロボット掃除機のパイオニアiRobot社の日本総代理店セールス・オンデマンド株式会社が制定。日本でも広く浸透しているロボット掃除機の魅力や正しい知識を多くの人に知ってもらうことが目的。日付はロボット掃除機の代表的ブランド「ルンバ」にちなみ、「ル（6）ン（0）バ（8）」の語呂合わせから。

ロハスの日

全国でホテルチェーンを展開する株式会社スーパーホテル（大阪府大阪市）が制定。同社では地球環境と人の健康を意識した行動様式を意味する「Lohas（ロハス）」な取り組みを行っており、その考え方や取り組みを広く知ってもらうのが目的。日付は「ロ（6）ハ（8）ス」と読む語呂合わせから。

6/9

ゼネラル・オイスターの岩牡蠣の日

全国でオイスターバーを展開する株式会社ゼネラル・オイスターが制定。安心で安全で、おいしい自社の岩牡蠣の魅力をより多くの人に知ってもらい、その味を楽しんでもらうのが目的。日付は6と9で岩牡蠣の岩＝ロック（69）の語呂合わせと、この時期から岩牡蠣の本格的なシーズンが始まることから。

ロックアイスの日

千葉県八千代市に本社を置き、ロックアイスを中心とした氷製品、冷凍食品などを取り扱う小久保製氷冷蔵株式会社が制定。同社を代表する商品であるロックアイスのおいしさと多様な使い方を広めるのが目的。日付は6と9で「ロック」の語呂合わせから。

つボイノリオ記念日

愛知県名古屋市に本社を置くCBCラジオの人気番組「つボイノリオの聞けば聞くほど」のスタッフ、リスナーの有志が制定。番組を通してパーソナリティーのつボイノリオ氏とリスナーが一体となり、その絆を深める日とするのが目的。日付はつボイノリオ氏とリスナーが大切にしているというラッキーナンバーの69から6月9日に。2018年は番組開始25周年、つボイノリオ氏が69歳を迎えた年。

サイバー防災の日

LINE株式会社が制定。デジタルデバイスが普及した現代、家の鍵を掛けるのと同じように、スマートフォンやパソコン、各種のインターネットサービスにおいても利用者のサイバー防災意識を高めて、安全安心な利用を実現してもらうのが目的。日付は6と9をセキュリティの鍵を掛けるとの意味で「ロック」と読む語呂合わせから。

ザ・ロックアップの日

居酒屋やテーマレストランなどを運営する株式会社パートナーズダイニングが制定。牢屋をイメージした監獄個室の異次元空間で味わう創作料理が人気の監獄レストラン「ザ・ロックアップ」の魅力、楽しさをより多くの人に伝えるのが目的。日付は6と9で「ザ・ロ（6）ック（9）アップ」と読む語呂合わせから。

我が家のカギを見直すロックの日

防犯の要である錠の取り扱い業者の団体である日本ロックセキュリティ協同組合が制定。年に一度は各人が家のカギを見直して防犯意識を高めてもらいたいとの願いが込められている。日付は6と9で錠＝ロックの語呂合わせから。

まがたまの日

⇨「1年間に複数日ある記念日」の項を参照。

無垢の日

長野県松本市に本社を、愛知県名古屋市に支店を置き、オリジナル建材の製造販売、木材・建材の輸入などを手がけるプレイリーホームズ株式会社が制定。自然素材志向、資源の有効活用、住宅の耐久性の向上などの市場ニーズに応えるために、無垢の木材の利用促進を図るのが目的。日付は6と9で「無垢」と読む語呂合わせから。

ログホームの日

フィンランドの天然木材を活かした本物の木の家（ログホーム）を世界中へ輸出する世界No.1ログホームメーカーである株式会社ホンカ・ジャパンが制定。「健康住宅」「北欧デザイン」にこだわり、都市部でも住宅用途で広がるログホームについて多くの人に知ってもらうのが目的。日付は6と9で「ログ」の語呂合わせから。ログホームは品質、機能性、デザイン性の良さなどで、個人向け建築だけでなく、託児施設、公共施設なども使われている。

ロックの日

音楽関係のスポットで配布されるフリー・マガジン「DiGiRECO（デジレコ)」を発行する株式会社ミュージックネットワークが制定。「ロック」は音楽だけでなく、ファッションやライフスタイル、人々の考え方にも表現される存在。その基となる偉大なロック・ミュージックをたたえるのが目的。日付は6と9で「ロック」と読む語呂合わせから。

入梅（にゅうばい）

［年によって変わる］雑節のひとつ。ただし、いわゆる「梅雨入り宣言」は気象庁の観測によっており、実際の梅雨入りを表した言葉ではなくなっている。

リボンシトロンの日

愛知県名古屋市に本社を置き、飲料水を中心とした食品事業などを手がけるポッカサッポロフード＆ビバレッジ株式会社が制定。100年以上にわたり愛されている炭酸飲料の「リボンシトロン」を、さらに多くの人に知ってもらうことが目的。日付は前身の商品であった「シトロン」が初めて発売された日（1909年6月10日）から。

ロトくじを楽しむ日

月刊誌「ロト・ナンバーズ『超』的中法」を発行する株式会社主婦の友インフォスが制定。1999年から「ミニロト」として発売を開始した数字選択式宝くじが2019年に20年の節目を迎えた。令和の時代も多くの人にロトくじを楽しんでもらい、大きな夢を叶えてもらいたいとの願いが込められている。日付は6と10で「ロト」と読む語呂合わせから。

うどんと和菓子をいっしょに食べる日

広島県広島市に本社を置き、うどんと和菓子の製造販売と専門店チェーンを展開する「株式会社ちから」が制定。うどんと和菓子を一緒に食べるという食文化を、広島の「ソウルフード」として根付かせるとともに、全国の人にも知ってもらい、そのおいしさを味わってもらうのが目的。日付は「うどんと和菓子の店」として同社が創業した1935年6月10日から。

ところてんの日

日本一の天草の生産地である静岡県の伊豆で、ところてんの製造販売をしている事業者で結成された伊豆ところてん倶楽部が制定。ところてんのおいしさ、食文化としての伝統を広めていくのが目的。日付はところてんの原料である天草の漁の解禁後で初物が味わえる時期であり、6と10を「ところ（6）てん（10）」と読む語呂合わせから。

ドリーム号の日

西日本ジェイアールバス株式会社とジェイアールバス関東株式会社が制定。1969年6月10日に日本初の夜行高速バスとして、大阪～東京間の運行を開始した「ドリーム号」。安全、安心、快適、リーズナブルな都市間輸送サービスとして親しまれてきた「ドリーム号」を、2019年の「ドリーム号運行50周年」を機にこれからも多くの人に利用してもらうのが目的。日付は「ドリーム号」が運行を開始した日。

ロートの日

大阪府大阪市に本社を置くロート製薬株式会社が制定。同社の企業活動のPRおよび、美・食・薬などの健康にまつわる情報発信、啓発活動を行う「健康宣言日」とするのが目的。薬に頼り過ぎずに健康寿命をのばしていくという同社の健康へのチャレンジを、お客様とともに宣言する日である。日付は6と10で「ロー（6）ト（10）」と読む語呂合わせから。

無添加住宅の日

兵庫県西宮市に本社を置く株式会社無添加住宅が制定。合成化学物質、化学建材を一切使わず、天然素材で建てる健康住宅の無添加住宅の良さを多くの人に知ってもらうのが目的。日付は6と10を同社の社名、商品名にもなっている無添加住宅の「無（む）添加」で6、「住（じゅう）宅」で10と読む語呂合わせから。

時の記念日

1920（大正9）年に生活改善同盟会が制定したもので、その由来は『日本書紀』に671（咸亨2）年4月25日（太陽暦では6月10日）に漏刻と呼ばれる水時計を新しい台に置き、鐘や鼓で人々に時刻を知らせたと記述されていることから。

ミルクキャラメルの日

1913（大正2）年6月10日にミルクキャラメルが初めて発売されたことから、その製造発売元の森永製菓株式会社が2000年3月1日に制定。それ以前は1899（明治32）年の創業以来「キャラメル」とだけ記載して発売していたという。

商工会の日

全国商工会連合会により1985（昭和60）年に制定。日付は1960年に商工会法（商工会組織等に関する法律）が施行されたことに由来する。

梅酒の日

［入梅、年によって変わる］入梅の日は食中毒対策や夏バテ予防に家庭で梅酒を飲用したり、青梅の需要期に当たることから、梅酒のトップメーカーであるチョーヤ梅酒株式会社が制定。

無糖茶飲料の日

健康への関心が高まるなか、無糖茶飲料にももっと注目をと、無糖茶飲料のトップメーカー株式会社伊藤園が制定。伊藤園のコンセプトである自然、健康、安全、おいしい、良いデザインなどに基づきその良さをアピールしていく予定。日付は６と10で無糖の語呂合わせから。

夢の日

夢をかなえてくれた人（夢の実現に力を貸してくれた人）に感謝し、自分の夢について考え、語り合う日をと、香川県直島に暮らしていた女性が制定。日付は６と10で「夢中」（むちゅうをむじゅうと読む語呂合わせ）「夢は叶う」（む＋10の字の形）などにちなんでいる。

無添加の日

無添加化粧品のパイオニアとして知られる株式会社ファンケルが制定。無添加の良さや大切さをより多くの人に知ってもらうことがその目的。日付は６と10で「無添（むてん）加」の語呂合わせから。

Doleスムージーの日

フルーツや野菜をそのままジュースにすることで栄養を丸ごととれるスムージーを、もっと多くの人に味わってもらおうと、フルーツや野菜などの生産、販売を手がける合同会社ドールが制定。スムージーはビタミン、ミネラル、食物繊維などの栄養が手軽においしくとれることから、美と健康のドリンクと呼ばれている。日付は６と10をスムージーの「ムージー」と読む語呂合わせから。

てっぱん団らんの日

「てっぱん（ホットプレート）を囲んで食べる食卓＝団らん」を提唱しているオタフクソース株式会社が制定。日付はてっぱんを囲んでの食事は食育にも通じるとの思いから、食育基本法が成立した2005年６月10日をその由来としている。

ローストビーフの日

ローストビーフギフト専門店「ローストビーフの通販 たわら屋」（静岡県菊川市）が制定。世界的に名高い日本の和牛を使用したローストビーフの極上のおいしさを、国内にとどまらず海外にも広めていくことが目的。日付は「ロー（６）スト（10）」の語呂合わせと、ワンランク上の贈り物として６月第３日曜日の「父の日」のプレゼントに最適との思いから、それに近い日を選定している。

6/11

雨漏りの点検の日

本格的な梅雨のシーズンを前に建物の雨漏りを点検し、うっとうしい雨漏りの被害にあわないようにと、全国雨漏り検査協会が1997年４月６日に制定。日付は暦の上の入梅にあたることが多い日であることから。

布おむつの日

赤ちゃんやお年寄りの肌に優しく、赤ちゃんの感受性を豊かに育て、地球環境に優しい布おむつの良さを広く知ってもらいたいと、布おむつのレンタルシステムで知られる関西ダイアパーリース協同組合が制定。全国ダイアパーリース協同組合連合会、社団法人日本ダイアパー事業振興会と共にアピールしている。日付は昔から布おむつのことを襁褓と呼んでいたことから６月で、その11日を「いい日」と読む語呂合わせから。

6/12

書家・金澤翔子さん誕生日

神奈川県横浜市の「金澤翔子さんを応援する会」が制定。金澤翔子氏は５歳から母親の金澤泰子氏に師事して書を始め、20歳で銀座書廊にて個展を開催。その後、全国の著名な神社仏閣で奉納、揮毫し、さらに国内外の美術館などで個展を開き「魂の書」と評される数々の作品を通じて、多くの人々に感動と励ましを与え続けている。今後のさらなる活躍を期待するとともに、今までの足跡を顕彰していくのが目的。日付は誕生日（1985年６月12日）から。

恋と革命のインドカリーの日

1927（昭和２）年の６月12日、新宿に喫茶部を開設し、日本で初めて「純印度式カリー」を売り出した株式会社中村屋が制定。創業者・相馬愛蔵氏の娘がインド独立運動の活動家のラス・ビハリ・ボース氏と恋に落ちたことをきっかけにインドカリーが誕生したことから、この記念日名がつけられている。

晩餐館焼肉のたれの日

「豊かな食シーンづくりに貢献する」「ブレンド調味料の無限の価値を創造する」を２大ビジョンに掲げる日本食研ホールディングス株式会社（愛媛県今治市）が制定。日付は同社の代表的な家庭用商品「晩餐館焼肉のたれ」が発売された1989年６月12日にちなんだもので、同製品をPRするのが目的。

6/13

はやぶさの日

2010年６月13日、小惑星探査機「はやぶさ」は宇宙空間60億キロ、７年間の歳月をかけたミッションを成し遂げ、地球に奇跡的な帰還を果たした。この偉業から学んだ「あきらめない心」「努力する心」の大切さを伝えていこうと、宇宙航空研究開発機構（JAXA）の施設がある４市２町（秋田県能代市・岩手県大船渡市・神奈川県相模原市・長野県佐久市・鹿児島県肝付町・北海道大樹町）で構成する「銀河連邦」（本部・神奈川県相模原市）が制定。

いいみょうがの日

古くから薬味として珍重されてきた「みょうが」。その全国１位の産地である高知県の高知県園芸農業協同組合連合会が制定。１年を通じて栽培が盛んな「高知県産のみょうが」をより広くPRするのが目的。日付は６月は「みょうが」の旬で生産量が増えることと、13日を「いい（１）みょうが（３）」と読む語呂合わせから。

6/14

認知症予防の日

福岡県北九州市に事務局を置く日本認知症予防学会が制定。認知症予防の大切さをより多くの人に伝えるのが目的。日付は認知症の大きな原因であるアルツハイマー病を発見したドイツの医学者・精神科医のアロイス・アルツハイマー博士の誕生日（1864年６月14日）から。

開発支援ツールの日

コンピュータのシステム開発のときに使われる開発支援ツールの普及を目的に、開発支援ツール普及委員会および株式会社A HotDocument（ア ホットドキュメント）が制定。「A HotDocument」は世界じゅうで使われている開発支援ツールのひとつで、同社の社長兼CEOの今井浩司氏が企画、開発したもの。日付はその発売開始日である1996年６月14から。

手羽先記念日

手羽先の唐揚げが名古屋名物といわれるほどまでに、全国にその名を知らしめた「世界の山ちゃん」を展開する株式会社エスワイフードが制定。日付は「世界の山ちゃん」の創業記念日である1981年6月14日から。手羽先に感謝する日。

モリシの日

プロサッカークラブ「セレッソ大阪」でフォワード、ミッドフィルダーとして活躍、日本代表にも選出された森島寛晃氏が、日韓共催ワールドカップの対チュニジア戦（2002年6月14日）でゴールを決めたことを記念して、セレッソ大阪サポーター「モリシの日」の会（大阪府大阪市）が制定。このゲームはセレッソ大阪のホームスタジアム・長居スタジアムで行われたこともあり、多くのサポーターの記憶に刻まれている。

6/15

バケーションレンタルの日

世界最大級のバケーションレンタル企業であるHomeAway（ホームアウェイ）株式会社が制定。高まるインバウンド需要に対して「民泊」という言葉ではなく、世界市場で使われる「バケーションレンタル」(民泊物件、旅館業法簡易宿泊所対象物件すべてを含む）という言葉を広めるのが目的。日付は住宅宿泊事業法（民泊新法）の施行日が2018年6月15日であることから。

ポスチャーウォーキングの日

心と体の姿勢が良くなる歩き方「ポスチャーウォーキング」を提唱する一般社団法人POSTURE WALKING協会が制定。「ポスチャーウォーキング」を広めて、多くの人に体の姿勢の美しい、心に自信を持った素敵な人生を送ってもらうのが目的。日付はポスチャー（姿勢）スタイリストのKIMIKO氏が株式会社THE POSTUREを設立して本格的に活動を始めた2006年6月15日にちなんで。

オウムとインコの日

オウムとインコなどペットとしての鳥類を適正に飼育し、愛情をもって接する啓蒙活動などを行う千葉県富津市の団体「TSUBASA」が制定。すでに亡くなった鳥たちの供養とコンパニオンバードとしての鳥たちの幸せを願う日。日付は6月の06で「オウム」と、15日の15で「インコ」と読む語呂合わせから。

生姜の日

古くからすぐれた調味料として、体に良い食材として、生活に取り入れられてきた生姜（しょうが）は、奈良時代から神様への供え物として献じられ、

6月

6月15日に感謝の祭りが行われてきた。この日を生姜の魅力を多くの人に知ってもらうきっかけの日にしようと、生姜の研究や商品開発を行っている株式会社永谷園が制定。生姜の古名である「はじかみ」を名乗る石川県金沢市の「波自加弥神社」ではこの日に「はじかみ大祭」が行われる。

6/16

手羽トロの日

大阪府大阪市に本社を置き、鶏肉加工食品の販売を手がける株式会社マザーフーズが制定。同社が登録商標している「手羽トロ」は希少部位で、そのおいしさを多くの人に知ってもらうのが目的。日付は数字の6が手羽元の形に似ていることと、16で「トロ」と読む語呂合わせから6月16日に。

スペースインベーダーの日

アミューズメント施設の運営、アミューズメント機器の開発など、エンターテインメント事業を手がける株式会社タイトーが制定。同社が1978年に発売して世界的にブームを巻き起こし、日本のゲーム文化が花開くきっかけともなったビデオゲーム「スペースインベーダー」が、2018年で発売40年となったことを記念して。日付は「スペースインベーダー」が初めて世に出た1978年6月16日から。

バイクエクササイズの日

バイクエクササイズ専門店「FEELCYCLE（フィールサイクル）」を全国展開する株式会社FEEL CONNECTION（フィールコネクション）が制定。フィットネスの1ジャンルを築いているバイクエクササイズの魅力をより多くの人に知ってもらうのが目的。日付は「FEELCYCLE」の1号店が東京・銀座にオープンした2012年6月16日から。

和菓子の日

848（嘉祥元）年のこの日、時の仁明天皇が16個の菓子や餅を神前に供えて、疾病よけと健康招福を祈ったとされる。この故事から1979（昭和54）年に全国和菓子協会が制定。和菓子は日本の文化とPRに努めている。

ケーブルテレビの日

1972（昭和47）年のこの日、有線テレビジョン放送法が成立したことを記念して、ケーブルテレビ事業者などが制定したもの。

麦とろの日

栄養のバランスが良く、夏バテ解消の効果もある麦とろごはんのおいしさをより多くの人々に知ってもらおうと、株式会社はくばくが制定。麦ごはんのイメージアップと普及を目指している。日付の由来は6と16の語呂合わせでムギトロから。

「堂島ロール」の日

大阪府大阪市北区堂島に本店を置き、「堂島ロール」を製造、販売する株式会社モンシェールが制定。「堂島ロール」のおいしさと、「人と人の心をつなぎ、幸せを運ぶ存在でありたい」との思いを伝えるのが目的。日付は6が一巻きロールの形を表し、16が「堂島ロール」「いいロール」を意味する語呂合わせから。

6/17

6月

オトのハコブネの日

オトのハコブネ実行委員会が制定。ニッポン放送の番組「魔法のラジオ」のパーソナリティーで、フルート奏者の横田美穂氏を中心とした音楽ユニット「オトのハコブネ」。そのプロデューサーであった白根繁樹氏が2017年6月17日に急逝。メンバーと関係者でこの日に追悼ライブを行い、白根氏の音楽に対する意志を引き継いでいくことを誓う日とした。

6/18

おにぎりの日

1987年11月に石川県鹿島郡鹿西(ろくせいまち)町(現・中能登町)の杉谷チャノバタケ遺跡の竪穴式住居跡から日本最古の「おにぎりの化石」が発見されたことから、「おにぎりの里」として地域おこしをするために鹿西町が制定。日付は鹿西のろく(6)と、毎月18日の「米食の日」と合わせたもの。

6/19

魚がし日本一・立喰い寿司の日

海産物を中心とした飲食店の経営・企画などを行う株式会社にっぽんが制定。同社の立ち喰い寿司屋である「魚がし日本一」の創業30周年を記念し、多くのお客様や関係者の方々に日頃の感謝の気持ちを表すことが目的。日付は日本初の立ち喰いスタイルチェーン店１号店の「魚がし日本一新橋駅前店」が開店した1989年６月19日から。

朗読の日

年齢を問わず、大衆に支持される芸術文化として朗読を普及させようと、日本朗読文化協会が2001年11月14日に制定。日付は６と19で朗読と読む語呂合わせから。

ロマンスの日

大切なパートナーとの仲がいつまでも続くように、この日に非日常的な演出をしてふたりの関係にトキメキを蘇らせてもらおうと日本ロマンチスト協会が制定。「本当に大切な人と極上の一日を過ごす」ことを推奨している。ロマンチストの聖地、長崎県雲仙市愛野町で「ジャガチュー（ジャガイモ畑の中心でロマンスを叫ぶ）」などのイベントを行っている。日付は６と19で「ロマンティック」の語呂合わせなどから。

6/20

健康住宅の日

住宅の健康とそこに住む人の健康を守るために、業種を超えて専門家が集まり研究活動などを行っているNPO法人日本健康住宅協会（大阪市）が制定。研究活動の成果は住宅関連の問題解決などに役立てられている。日付はカビをはじめとしたさまざまな健康被害が懸念される梅雨の時期から。記念日に合わせて住宅見学会やセミナーなどを行う。

6/21

夏至（げし）

［年によって変わる］二十四節気のひとつ。太陽が最も高い夏至点に達するため、北半球では昼が最も長くなり、夜が最も短くなる。

仕事も遊びも一生懸命の日

［夏至、年によって変わる］不動産投資専門会社の富士企画株式会社が制定。働き方改革、ワークライフバランスが叫ばれる中、仕事と遊びのどちらかではなく、両方とも全力で取り組む日とするのが目的。日付はその主旨から一年でいちばん昼の時間が長い「夏至」の日に。

太陽の子保育の日

首都圏を中心に「太陽の子保育園」などを運営するHITOWAキッズ

ライフ株式会社が制定。太陽のように明るくすくすくと、心の温かい子に育ってほしいとの願いが込められている。日付は６月21日は昼の時間がいちばん長く、太陽の光がいちばん降り注ぐ二十四節気の夏至の日になることが多いため。同社では12月３日も「わらべうた保育の日」として記念日登録をしている。

冷蔵庫の日

［夏至、年によって変わる］夏至は梅雨の真っただ中で、食生活にも注意する時期。梅雨から夏にかけて冷蔵庫が活躍する時期でもあり、日本電気工業会が1985（昭和60）年から夏至の日を「冷蔵庫の日」としている。

ソープカービングの日

石鹸に彫刻をするソープカービング。その記念日には暑さに向かうこの時期に美しさと香りでさわやかさを表現するイメージから、夏至となることの多いこの日がふさわしいと、日本ソープカービング協会理事長の高阪範子氏が制定。

フルーツカービングの日

果物などに彫刻をするフルーツカービング。その記念日には太陽の恵みを受けた果物（フルーツ）のイメージから、夏至となることの多いこの日がふさわしいと、日本フルーツカービング協会理事長の高阪範子氏が制定。

酒風呂の日

［夏至、年によって変わる］⇨「１年間に複数日ある記念日」の項を参照。

がん支え合いの日

がんに罹患した人が自分らしく心地よい生活を送れるように、お互いに思いあい、支えあう環境づくりを目指して活動している特定非営利活動法人キャンサーリボンズが制定。がんとの関わりを見つめ、支えあう日。日付はこの日が最も昼の時間の長い夏至にあたることが多いことから。

えびフライの日

各種冷凍食品の製造販売を手がけ、全国の量販店、コンビニ、外食産業などに流通させている株式会社味のちぬや（香川県三豊市）が制定。多くの人が大好きなえびフライの記念日をきっかけにしておいしいえびフライをもっと食べてもらうのが目的。日付は曲がったえびの形が

6に見えることと、21をフ（2）ライ（1）と読む語呂合わせから。

太陽光発電の日

［夏至、年によって変わる］地球環境の悪化やいかにCO_2を削減するかが社会問題となっている近年、太陽光発電への期待が高まっている。太陽光発電を生み出す太陽の恵みへの感謝を表し、そのさらなる普及を目指す日にと、太陽光発電システムの施工を手がける株式会社横浜環境デザイン（神奈川県横浜市）が制定。日付は1年のうちで日照時間がいちばん長く、太陽の恩恵をいちばん受ける夏至の日とした。

キャンドルナイトの日

［夏至、年によって変わる］2001年にアメリカのブッシュ政権のエネルギー政策に抗議してカナダで始まった自主停電運動。この運動に呼応して2002年に日本で行われたのが「キャンドルナイト」。以来、参加者が「キャンドルの灯りのもと、豊かな時間を過ごそう」と、いっせいに電気を消す日としてさまざまなイベントが開かれている。日付を昼の時間が最も長く、夜が最も短い夏至としたのは、太陽や宇宙のことを考え、地球に暮らしていればどこでもやってくる共通の日との意識から。制定者は「100万人のキャンドルナイト事務局」。

AGEについて考える日

老化進行の原因物質であり、さまざまな病気にも関連するAGE（Advanced Glycation End Product・終末糖化産物）について考え、AGE値の測定を広めることを目的に、医師やエイジングケア関連の企業・団体などで構成するAGE測定推進協会が制定。日付は一年で最も昼の時間が長い夏至の日に、若々しく、長く、健康に生きることをAGEを通じて考えてもらいたいとの思いから、夏至にあたることが多いこの日にした。

6/22

ボウリングの日

1861（文久元）年6月22日付の英字新聞「ザ・ナガサキ・シッピングリスト・アンド・アドバタイザー」の広告紙面に「インターナショナル・ボウリングサロン、本日、広馬場通にオープン」という記事が掲載されていたことから、社団法人・日本ボウリング場協会が1972（昭和47）年に制定。

かにの日

かに料理で有名なJRI株式会社かに道楽がかに料理のおいしさを広め

るために1990年4月に制定。占星術の十二星座で「かに座」の最初の日が6月22日にあたることと、「あいうえお」の50音で「か」は6番目「に」は22番目となることからこの日付となった。

DHAの日

水産事業、食品事業などを手がけ、DHAなどの水産機能性油脂の研究開発も行う株式会社マルハニチロ食品が制定。DHA（Docosa-hexaenoic Acid＝ドコサヘキサエン酸）は中性脂肪やコレステロールの低下、学習効果などが認められる不飽和脂肪酸で、魚に多く含まれていることから同社の調達力とともに高度な技術が食品や製薬、化粧品などに活用されている。日付はDHAが6つのシス型の二重結合を含む22個の炭素鎖をもつカルボン酸の総称であることから。

6/23

ドラベ症候群の日

乳幼児期に発症する難治てんかんのドラベ症候群（乳児重症ミオクロニーてんかん：SMEI）。この患者や家族で構成されたドラベ症候群患者家族会が制定。ドラベ症候群の啓発活動、患者と家族のサポート、募金活動などをより多くの人に知ってもらうのが目的。日付は世界各国で設立されている同様の会が6月23日を記念日としており、webなどで同時に情報発信する機会となることから。

オリンピックデー

1894年のこの日、国際オリンピック委員会（IOC）がパリで創立したことを記念したもの。提唱者は、フランスのピエール・ド・クーベルタン男爵。

沖縄慰霊の日

1945（昭和20）年のこの日、太平洋戦争の沖縄戦が終結したとされることから。20万人に及ぶ犠牲者の霊を慰め、平和を祈念する日として、琉球政府時代の1961（昭和36）年からさまざまな行事が行われてきた。ただ、この6月23日を終結とするのには異論もある。

6/24

プチクマの日

新潟県柏崎市に本社を置き、数多くの人気菓子を製造販売する株式会社ブルボンが制定。同社の販売する「プチシリーズ」は手軽に食べられる大きさのビスケットや米菓、スナック類など24種類を展開。その楽しさやかわいさを表すキャラクターの「プチクマ」を通じて、さらに多くの人にその魅力を知ってもらうのが目的。日付は「プチクマ」が登場した2011年6月24日から。

UFOキャッチャー®の日

アミューズメントゲームの開発、製造、販売などを手がける株式会社セガ・インタラクティブが制定。1985年から発売されている「UFOキャッチャー®」は誰でも簡単に遊ぶことができるクレーンゲーム機で、さらに多くの国内外の人に楽しんでもらうのが目的。日付は「UFOデー」として多くの人に認知されている6月24日から。

空飛ぶ円盤記念日（UFOデー）

1947年のこの日、アメリカ・ワシントン州で実業家のケネス・アーノルド氏が自家用機で飛行中に9個の空飛ぶ円盤（フライング・ソーサー）を発見。これをアメリカ空軍は、UFO（未確認飛行物体）と名づけた。この日を、UFOデーとUFOマニアは呼んでいる。

6/25

生酒の日

京都府京都市伏見区の老舗日本酒メーカー、月桂冠株式会社が制定。同社の超精密ろ過技術の応用で常温流通が可能になった生酒。これにより蔵元でしか味わえなかったしぼりたてのおいしさを全国どこでも楽しめるようになったことから、その歴史を伝え、生酒の魅力をより多くの人に知ってもらうのが目的。日付は本格的な生酒を発売した1984年6月25日から。

指定自動車教習所の日

1960（昭和35）年のこの日、指定自動車教習所制度を導入した道路交通法が施行されたことと、6と25で「無事故」と読む語呂合わせから、社団法人全日本指定自動車教習所協会連合会が制定。教習所の一日開放など、地域の住民を対象とした交通安全イベントなどを行っている。

加須市うどんの日

埼玉県加須市が、郷土料理であるうどんの魅力をPRし、産業の振興と地域の活性化を図ることを目的に制定。うどん販売店や飲食店などで「加須うどん」のPRキャンペーンを行う。日付は加須市内の不動ヶ岡不動尊總願寺に、1711（正徳元）年ごろに加須名物の「饂飩（うどん）粉」を贈られた舘林城主・松平清武からの御礼状が残されており、その日付が6月25日であることから。加須市では「加須市うどんの日」を条例で定めている。

詰め替えの日

化粧品の開発、製造、販売などを手がける株式会社ちふれ化粧品が制定。詰め替え用商品を多くの人が利用し、省資源活動を推進させて環境保護の大切さを実感してもらうのが目的。日付は1974（昭和49）年６月25日、第１次オイルショックで原材料が高騰するなか、価格の維持や省資源を推進するために、同社が詰め替え化粧品を発売したことから。

6/26

スティッチの日

2002年にアメリカで公開されたアニメーション映画「リロ・アンド・スティッチ」の主人公スティッチ。天才科学者のジャンバ博士が創り出したエイリアンのひとつで、試作番号が626号であることから６月26日を「スティッチの日」と制定したのはウォルト・ディズニー・ジャパン株式会社。映画の大好評を受けて、続編やテレビシリーズ、キャラクターグッズなども大人気を集めている。

露天風呂の日

湯原町旅館協同組合・一般社団法人湯原観光協会（岡山県真庭市）が制定。湯原温泉は1987（昭和62）年６月26日に「第１回6.26露天風呂の日」イベントを日本で最初に開催。「露天風呂の日発祥地」としてその魅力をさらに多くの人に知らせるのが目的。日付は「露（６）天（.）風呂（26）」の語呂合わせから。

世界格闘技の日

総合格闘技団体、イノキ・ゲノム・フェデレーション株式会社が制定。真剣勝負の強さを追及する格闘技の魅力をより多くの人に知らせるのが目的。日付は1976（昭和51）年６月26日に、アントニオ猪木VSモハメド・アリの格闘技戦が行われたことにちなむ。世界中の格闘技団体、ファンの熱い思いが込められている。

6/27

ちらし寿司の日

ちらし寿司誕生のきっかけを作ったとされる備前岡山藩主の池田光政公の命日（1682〈天和２〉年）から、卵焼きなどの調理用食材の製造販売メーカーの株式会社あじかん（広島県広島市）が制定。ちらし寿司を食べて夏に向けて元気になってもらうのが目的。

メディア・リテラシーの日

報道機関におけるコンプライアンスの基軸として、メディア・リテラシー活動に取り組んでいるテレビ信州（長野県長野市）が制定。日付はその活動の起点である「松本サリン事件」が発生した1994年６月27日から。

6/28

JAZZ™りんごの日

ニュージーランド産のりんごなどを取り扱うT&GJapan株式会社が制定。ニュージーランドを代表するブランドりんご「JAZZ™りんご」のおいしさを広めるのが目的。日付は「JAZZ™りんご」が初めて日本に入荷した2011年６月28日から。「JAZZ™りんご」はその販売量の多さから「日本でいちばん成功した輸入りんご」と言われている。

パフェの日

フランス語で「完全な」を意味する「パルフェ」からその名をとったとされるデザートの「パフェ」。そのおいしさ、美しさ、オリジナリティの豊かさをより多くの人と楽しみたいとパフェの愛好家が制定。日付は同じように「完全」を意味する「パーフェクトゲーム」がプロ野球史上初めて達成された日（1950年６月28日）にちなんで。パフェに使われるメロンなどの果実が出回る季節でもある。

貿易記念日

1859（安政６）年５月28日、徳川幕府がアメリカ、イギリス、フランス、ロシア、オランダの５か国との間に結んだ友好通商条約に基づき、横浜、長崎、箱館（函館）の各港で自由貿易の開始を布告した。これにちなみ、通商産業省（現・経済産業省）が日付を太陽暦に換算したこの日を1963（昭和38）年、記念日に制定した。

6/29

佃煮の日

佃煮発祥の地の守り神として創建されている東京佃島の住吉神社の大祭が６月29日であることから、佃煮を扱う全国調理食品工業協同組合が2004年に制定。

ビートルズの日

世界の音楽史上に永遠にその名を刻むイギリスのロック・グループ

「ザ・ビートルズ」が、1966（昭和41）年のこの日に最初で最後の来日を果たしたことを記念して「ザ・ビートルズ」の楽曲を手がける株式会社EMIミュージック・ジャパンが制定。日本公演は1966年６月30日から７月２日までの全５公演。

6/30

酒酵母の日

岐阜県飛騨市古川町の老舗の造り酒屋、有限会社渡辺酒造店が制定。日本酒は酵母の働きによってつくられるが、酵母は自らが生成するアルコールと炭酸ガスにより死滅し、火入れ殺菌によりその役目を終える。清酒業界全体でおいしい酒造りに欠かせない酒酵母に感謝し、来期もおいしいお酒ができることを願う日とするのが目的。日付は酒造年度の最終日である６月30日に。

リンパの日

一般社団法人日本リンパ協会が制定。美と健康のために正しい生活習慣やケアによって、リンパの流れをよくする術を普及させることが目的。日付はリンパの流れが悪いと身体がむくみやすくなることから、６と30を「む（６）くみ（３）ゼロ（０）」と読む語呂合わせから。梅雨どきはとくにむくみやすくなることもその日付の由来のひとつ。

うちエコ！ごはんの日

家庭（うち）の中から地球温暖化対策に取り組む「うちエコ！」について、食を通して考えようと「うちエコ！ごはん事務局」が制定。家庭の中のCO2の大部分を占める食から地球環境を考える「うちエコ！ごはん」の普及が目的。日付は環境月間の６月の最終日であり、藩政時代に加賀藩から将軍家に氷を献上するために氷室（ひむろ）を開いた日（氷室開き）に由来。

夏越ごはんの日

日本の食文化の中心で四季折々の行事にも密接に関係している「米」の新たな行事食として「夏越（なごし）ごはん」を提唱する公益社団法人米穀安定供給確保支援機構が制定。「夏越ごはん」は一年の前半の厄を払い、残り半年の無病息災を願うもので、粟や豆などが入ったごはんに茅の輪をイメージした夏野菜の丸いかき揚げをのせ、しょうがを効かせたおろしだれをかけたもの。日付は一年の前半の最終日にあたる６月の晦日。

年によって日付が変わる記念日

6月第1日曜日

ベビーデイ

5月の第2日曜日の「母の日」と、6月の第3日曜日の「父の日」の間にあたる6月の第1日曜日を「ベビーデイ」として、赤ちゃんについてのさまざまな問題を考える日にと、1992年に読売新聞社が提唱したもの。

ベビーチーズの日

子どもから年配の人まで幅広い年代に愛されているベビーチーズを、さらに食べてもらいたいとの願いから、ベビーチーズのトップメーカー、六甲バター株式会社（兵庫県神戸市）が制定。日付は六甲バターの6と、毎日1個は食べて健康にとの思いから6月の第1日曜日とした。

プロポーズの日

ローマ神話の女神で、結婚の守り神であるジュノー（ユノー）が支配する6月にプロポーズすれば幸せな結婚にゴールインできるとされる。そこでプロポーズをするきっかけの日として6月の第1日曜日を「プロポーズの日」と制定したのはブライダルファッションの第一人者桂由美氏。

山の日

環境月間である6月。その第1日曜日を「山の日」として、森林ボランティア、山歩き、自然観察など、さまざまなスタイルで山とかかわり、山を愛そうと「西条・山と水の環境機構」（広島県東広島市）が2002年に制定。

キッズクラフトの日

子どもから大人まで手作りの楽しさ、クラフト作品の良さを知ってもらうことを目的に、手作り・クラフトの総合情報検索サイト「手作り市場 あ～てぃすと」の運営、クラフトイベント、体験教室の企画運営をしている有限会社アドバンスネクスト（神奈川県横浜市）が制定。日付は梅雨入りする頃であり、日曜日に屋内で子どもたちに手作りを楽しんでほしいとの思いから6月の第1日曜日とした。

6月第1木曜日

アペリティフの日

フランス農務省が2004年から提唱している日。日本ではフランス食品振興会が、食事の前にワインなどを飲みながらゆったりとくつろぐアペリティフの習慣を広めようと「ハッピーアペリティフ」をキャッチフレーズにさまざまなイベントを行っている。日付はたそがれ時、戸外での楽しみが増えることから6月。そして、週末の始まりの木曜日を記念日としたもの。

6月第2日曜日

旧友の日

スポーツチームマネジメントツール「TeamHub（チームハブ）」の開発・運営やスポーツメディア「AZrena（アズリーナ）」の運営など、スポーツに関するさまざまなサービスを提供する株式会社Link Sportsが制定。卒業して離ればなれになってしまった旧友同士が、スポーツを通じて再びつながるきっかけの日としてもらうのが目的。日付は「無二（62）の友達だったのに、ロクに（62）会わなくなるなんて悲しすぎる！」との思いを語呂合わせにして、旧友が集まりやすい6月の第2日曜日に。

6月

6月第3日曜日

父の日

1910年、アメリカ・ワシントン州のジョン・ブルース・トッド夫人が父の思いを受け継ぎ、母の日のように、父にも感謝する日を制定しようと運動を展開したのが最初といわれる。アメリカでは、父の日にはバラを飾り、黄色いハンカチをプレゼントするという。

父の日はうなぎの日

岐阜県各務原（かがみがはら）市に本社を置く、人気のうなぎ店「うなぎ屋たむろ」が制定。同店は品質にこだわったおいしいうなぎを提供。うなぎの蒲焼の通信販売も行っており、父の日にうなぎの蒲焼を贈る人が多いことから「父の日においしいうなぎを家族みんなで食べる」という食文化を広めるのが目的。日付は「父の日」である6月の第3日曜日。

さくらんぼの日

さくらんぼの産地である山形県寒河江市が「日本一のさくらんぼの里」

をPRするために1990年３月に制定。この時期がさくらんぼの最盛期にあたり、さくらんぼの種飛ばし大会などの行事も行われる。

イケダンの日

アンチエイジングのリーディングカンパニーを目指す株式会社ポーラが制定。女性だけでなく男性の「美しくイキイキとした生き方」を応援したいとの思いが込められ、イケてる男性、イケてる旦那さんから「イケダンの日」と命名。日付は男性や旦那さんのシンボル的な記念日である「父の日」にちなんでいる。

６月毎週水曜日

水事（すいじ）無しの日

兵庫県加古川市に本社を置き「コスモウォーター」ブランドで天然水の製造・宅配業務、独自開発のウォーターサーバー事業を手がける株式会社コスモライフが制定。ペットボトル飲料を買って運ぶ手間、お湯を沸かしてお茶を入れる手間など、飲み水に関わる水まわりの家事を水事（すいじ）と命名。水事の負担軽減にウォーターサーバーが役立つことを知ってもらうのが目的。日付は「水」にちなみ、陰暦の異称「水無月」から６月で、その毎週「水曜日」に。

コラム4

日本記念日協会の開発商品

記念日の登録制度とともに日本記念日協会が大切にしてきたのが、それぞれの記念日や日付にこだわった商品の開発だ。

日本記念日協会が監修をしている「記念日・歳時記カレンダー」はそのひとつで、月めくりのカレンダーに季節のイラストを添えて、1日1件の記念日とその由来、さらには旧暦・干支、六曜、月相、二十四節気、七十二候、歳時記までも掲載している。

本書『すぐに役立つ366日記念日事典』は日本記念日協会に登録されている記念日を、日付順に由来とともに紹介しており、掲載数日本一を誇る記念日事典の決定版といえる。図書館や公民館、自治体の広報課や学校図書館はもちろんのこと、企業や個人宅に1冊あれば便利に違いない。

とくに、記念日名の五十音順の索引は日本記念協会のホームページにはない機能で、本書の大きな特長といえるだろう。

単行本では、さまざまな記念日にふさわしいケーキとその意味合いをオールカラーで紹介した『アニバーサリーに食べたい39のケーキ物語・すてき記念日』も出版した。「こどもの日」にはシュークリーム、「母の日」には苺のショートケーキ、「父の日」にはモンブラン、「金婚式」にはバウムクーヘンなど、記念日に合わせて趣向を凝らしている。

これとは別に『記念日に飾りたい・すてきな花束』という本も出版している。たとえば「バレンタインデー」にはライラック、「卒業式」はスイートピー、「母の日」はナデシコ、「父の日」はタンポポ、「敬老の日」はカトレア、「結婚1年目」はフリージアといった具合に、記念日に飾りたい、贈りたい、祝いたい花をフラワーアレンジメントとともに紹介している。

エッセイ集もある。季節ごとにちりばめられた記念日を、その日にまつわる小さな道具のエピソードで紹介した『記念日歳時記・季節の小道具』がそれだ。「時の記念日」の腕時計、「父の日」の万年筆、「妹の日」のオルゴール、「十五夜」のうさぎもちなどなど、それぞれの記念日にかかわりのある小道具を選んでいる。

上記の3冊は、記念日という特別な日に、いつまでも記憶に残るような出来事を生み出すことで、人生を豊かにしてもらいたいという願いを込めて著したもので、記念日を祝うときのヒントにしていただいている。

毎月ある記念日

毎月１日

あずきの日

「古事記」の穀物起源神話にも書かれているほど古くから食べられていたあずき。毎月１日と15日には小豆ご飯を食べる習慣もあった。利尿作用、便通、乳の出にも効果的とされるあずきを食べて健康になってもらえたらと、あずきの製品を扱う井村屋グループ株式会社が制定。日付は毎月１日にあずきを食す習慣を広めたいとの願いから。

釜飯の日

日本文化のひとつ釜飯をより身近に、より多くの人に食べてもらいたいとの思いから、釜飯専門店「釜めしもよう」と「釜のや」を全国展開する株式会社前田家（福岡県北九州市）が制定。日付は「釜めしもよう」の創業記念日である1995年７月１日の１日にちなんで。

資格チャレンジの日

行政書士、社会保険労務士などの資格取得の通信講座で知られる株式会社フォーサイトが制定。自己啓発、転職、就職などで重要な資格とその取得について、毎月の初日である１日に考え、資格取得に挑戦してより良き人生を目指してもらうのが目的。

毎月２日

Life2.0の日

「今日を生きる。明日をひらく。」をブランドスローガンに掲げるマニュライフ生命保険株式会社が制定。同社では未来を前向きに自分らしく行動する生き方を「Life2.0」と名付けており、未来について考えるきっかけの日としてもらうのが目的。日付は「Life2.0」から２日、さらに一年を通じて自分が何かを始める日との意味を込めて毎月としたもの。

毎月３日

ビースリーの日

婦人・紳士・子ども服製造卸業および小売業などの株式会社バリュープランニング（兵庫県神戸市）が制定。日付はFit Better. FeelBetter. Look Better.の３つのBetterを意味するストレッチパンツ専門ブランド「B-three（ビースリー）」のコンセプトに由来。

くるみパンの日

日本におけるカリフォルニア産くるみの最大の用途が製パンであることから、定期的に「くるみパン」に親しんでもらおうと、カリフォルニアくるみ協会が毎月３日に制定。日付は「毎月来る３日」を「毎月来るみっ日（か）」と読み「くるみ」にかけて「くるみパンの日」としたもの。くるみはビタミンやミネラルなど健康に過ごすための栄養成分を多く含む食材として知られる。

毎月３日・４日・５日

みたらしだんごの日

「みたらしだんご」を製造する山崎製パン株式会社が制定。スーパーマーケットやコンビニエンスストアなどで幅広く販売されている「みたらしだんご」を、手軽なおやつとしてもっと食べてもらうのが目的。日付は「み」（３）たら「し」（４）だん「ご」（５）の語呂合わせから。

毎月５日

長城清心丸の日

生薬主剤の滋養強壮薬「長城清心丸」（中国名・牛黄清心丸）をより多くの人に知ってもらおうと、輸入元のアスゲン製薬株式会社が2001年５月に制定。日付は主薬の牛黄（ゴオウ）の語呂合わせから。

毎月６日

メロンの日

全国のメロン産地の自治体が参加する、第２回全国メロンサミットinほこた開催実行委員会（茨城県鉾田市）が制定。メロンのおいしさを多くの人に知らせて消費の拡大を図るのが目的。日付は６月が全国的に見てメロンの出荷量がいちばん多い時期であり、６という数字がメロンの形に似ていることから毎月６日に。各産地ごとにふさわしい月の６日にアピールをする。

手巻きロールケーキの日

ふんわり、しっとりの食感を壊さないようにやさしく手で巻き上げたロールケーキを全国のスーパーやコンビニなどで販売している株式会社モンテールが制定。「手巻きロールケーキ」のおいしさを多くの人に知ってもらうのが目的。日付は「手巻きロールケーキ」の断面が数字の6に見えることと、ロールケーキの「ロ」＝「6」の語呂合わせから、毎月6日を記念日とした。

毎月7日・8日

生パスタの日

生めん類の製造業者の団体である全国製麺協同組合連合会が制定。素材の風味、味、コシなど、生パスタの魅力を多くの人に知ってもらうのが目的。日付は7と8で「生＝な（7）ま・パ（8）スタ」と読む語呂合わせから毎月7日と8日に。また、同連合会では別に7月8日も「生パスタの日」に制定している。

毎月8日

信州地酒で乾杯の日

信州地酒で乾杯の日推進協議会が制定。信州の地酒普及促進・乾杯条例に基づき、長野県で製造される清酒、ワイン、ビールなどの酒類（地酒）の普及促進が目的。生産から流通、販売、消費者が一丸となって信州の地酒の消費拡大、関連産業の発展を目指す。日付は数字の8が乾杯のときに杯やグラスを重ね合わせたとき上から見た姿と似ていることから毎月8日に。信州地酒で乾杯の日推進協議会構成団体は以下。長野県小売酒販組合連合会、長野県酒造組合、長野県ワイン協会、長野県飲食業生活衛生同業組合、長野県旅館ホテル組合会、（一社）長野県観光機構、（一社）長野県経営者協会、長野県中小企業団体中央会、（一社）長野県商工会議所連合会、長野県商工会連合会、全国農業協同組合連合会長野県本部、NAGANO WINE応援団運営委員会、長野県。

歯ブラシ交換デー

ハミガキ、歯ブラシなどのオーラルケア製品をはじめとして、暮らしに役立つさまざまな日用品を製造販売するライオン株式会社が制定。歯ブラシは歯と口の健康を守るうえで大切な歯磨きに欠かせない。しかし、一か月間使用することで毛先が開いて歯垢を除去する力が低下してしまうことから、毎月歯ブラシを交換する習慣を広めていくのが目的。日付は歯ブラシの歯（ハ＝8）から毎月8日に。

毎月9日

パソコン検定の日

検定は特定の資格に必要な知識や能力のレベルをチェックすること。そして、級（9）を判断することから毎月9日を記念日としたのは、財団法人全日本情報学習振興協会。

えのすいクラゲの日

神奈川県藤沢市の新江ノ島水族館が制定。同館では2011年1月より毎月9日に「えのすいトリーター」（展示飼育職員）がお客さんと相模湾のクラゲの調査を行い、自然環境や生物の多様性について考える活動を行っている。こうした活動をより多くの人に知らせ、関心を持ってもらうのが目的。日付はクラゲの「ク」から毎月9日に。

毎月9日・19日・29日

クレープの日

クレープをもっと身近なおやつにしたいとの願いから、ケーキ、スイーツを製造販売している株式会社モンテールが制定。日付は数字の9がクレープを巻いている形に似ていることから。毎月9の付く日を記念日とすることでより多くの人にクレープのおいしさを知ってもらうことが目的。

毎月10日

Windows10の日

日本マイクロソフト株式会社が制定。Microsoftのオペレーティングシステム（OS）「Windows10」。パソコンだけでなくさまざまなデバイスにも対応するなど、その進化した魅力あふれる機能を多くの人に知ってもらうのが目的。日付は「Windows10」の名前にちなんで毎月10日に。

スカイプロポーズの日

JPD京都ヘリポートを運営する京都府の株式会社ジェー・ピー・ディー清水が制定。同社の運航会社が行っているヘリコプターの遊覧飛行

「天空の旅」では、空中でプロポーズをするカップルの成功率が高いことから、空中でのプロポーズを「スカイプロポーズ」と名付け、多くの人に結婚を決めるチャンスを提供するのが目的。日付は天空の天（テン）＝10から毎月10日に。

コッペパンの日

日本で初めてパン酵母（イースト）による製パン技術を開発した田辺玄平翁を始祖とする全日本丸十パン商工業協同組合が制定。玄平翁はアメリカで学び、1913（大正２）年に帰国、東京下谷でパン屋を創業。パン酵母を使用してふっくらとしたおいしいパン(コッペパンの元祖)を焼き上げた。丸十のコッペパンをより多くの人に知ってもらうのが目的。日付は丸十の「十」にちなんで毎月10日とした。

糖化の日

老化の原因物質である「AGE（＝Advanced Glycation End Products／終末糖化産物)」。その数値を知ることで病気の予防に役立ててもらおうと、医師やエイジングケアに関連する取組を展開している各種企業・団体で構成されたAGE測定推進協会が制定。AGEはタンパク質と余分な糖が加熱され「糖化」してできる物質で、年齢とともに体内に蓄積され、皮膚の老化や認知症、血管障害などを引き起こすと言われている。日付は糖化（とうか）の語呂合わせから毎月10日に。

パンケーキの日

ハム、ソーセージをはじめとした食肉製品や加工食品、乳製品などさまざまな食品を製造販売する日本ハム株式会社が制定。毎日の食生活で親しまれているパンケーキを、より楽しむ日としてもらうのが目的。日付はパンケーキを食べる時に使うフォークを１に、丸いパンケーキを０に見立て、毎月10日とした。

アメリカンフライドポテトの日

アメリカのポテト業界のためのマーケティングや販促活動を行う「米国ポテト協会」が制定。記念日を通じてアメリカンフライドポテトのさらなる普及促進が目的。日付はアメリカンフライドポテトの形が１のように細長いこと、アメリカンフライドポテトの原料であるラセットポテトの形が楕円形で０のような形をしていること、ポテトの「ト(10)」の語呂合わせなどから毎月10日とした。

毎月10日・20日・30日

キャッシュレスの日

一般社団法人日本キャッシュレス化協会が制定。スマートフォン決済、クレジットカード決済などによるキャッシュレス化を推進するのが目的。キャッシュレス化は現金を持つわずらわしさや盗難などの不安を解消し、ポイントの還元で得をするなど多数のメリットがあると言われる。日付はキャッシュレス＝現金ゼロ（0）で現金を使わないの意味から毎月0（ゼロ）のつく日。1月10日・1月20日・1月30日・2月10日・2月20日・3月10日・3月20日・3月30日・4月10日・4月20日・4月30日・5月10日・5月20日・5月30日・6月10日・6月20日・6月30日・7月10日・7月20日・7月30日・8月10日・8月20日・8月30日・9月10日・9月20日・9月30日・10月10日・10月20日・10月30日・11月10日・11月20日・11月30日・12月10日・12月20日・12月30日の年間35日。

毎月11日

めんの日

数字の1が並ぶこの日は、細く長いめんのイメージにぴったりと、全国製麺協同組合連合会が平成11年11月11日に制定。1年間の中のシンボル的な記念日（11月11日）とともに、毎月11日も、めん類への関心をもってもらう日にしようと同会が制定、11日は「いい」と読めることも理由のひとつ。

ロールちゃんの日

しっとりとしたスポンジ生地とおいしいクリーム。そして、ボリューム感で人気のハンディタイプのロールケーキ「ロールちゃん」。その見た目のかわいらしさとおいしさをより多くの人に知ってもらおうと「ロールちゃん」を製造販売する山崎製パン株式会社が制定。日付はパッケージに描かれているキャラクター「ロールちゃん」の長い両耳が数字の11に似ていることから毎月11日としたもの。

毎月12日

育児の日
社会全体で子育てについて考え、地域が一体になって子育てしやすい環境づくりに取り組むきっかけの日にと、神戸新聞社が制定。日付は育（いく）で1、児（じ）で2を表すことから毎月12日とした。

パンの日
4月12日の「パンの記念日」を参照のこと。

毎月13日

石井スポーツグループ 登山の日
登山用品の専門店として名高く「人と地球のインターフェイス」をコーポレートメッセージとする株式会社ICI石井スポーツが、一人でも多くの人に山に登ってもらい、地球の大自然を肌で感じ「登山」の素晴らしさを体験してもらいたいとの思いから制定。日付は13で「登（と）山（ざん）」と読む語呂合わせから。毎月13日とすることで登山に関するさまざまな啓蒙活動を1年を通じて行っていく。

お父さんの日
毎日働いて一家の大黒柱として頑張っているお父さんに、月に1回、感謝の気持ちを表す日をと株式会社ヤクルト本社が制定。「人も地球も健康に」をコーポレートスローガン掲げる同社の、お父さんが健康にとの願いが込められている。日付は13で「お父（10）さん（3）」の語呂合わせから。

王様の食パンの日
パンや和洋菓子などの製造、販売を手がける株式会社フランソア（福岡県糟屋郡新宮町）が制定。自家製ルヴァン種を使用し、耳までとろけるくちどけのよいプレミアム食パン「王様の食パン」を販売する同社の、朝食の食卓を家族でゆっくりと過ごしてほしいとの願いが込められている。日付はトランプの「王様」のカードである「キング（K）」の数字が13であることから毎月13日としたもの。

一汁三菜の日
和食の素材メーカー（フジッコ株式会社・ニコニコのり株式会社・キング醸造株式会社・株式会社はくばく・株式会社ますやみそ・マルトモ株式会社）で構成する「一汁三菜ぷらす・みらいご飯®」が制定。

いろいろな料理を組み合わせて、さまざまな栄養素がバランスよくとれる「一汁三菜」という和食のスタイルを子どもたちにつなげていくのが目的。日付は13が「一汁三菜」の読み方に似ていることから毎月13日に。

毎月16日

十六茶の日

いくつもの人気ブランド飲料を製造、販売するアサヒ飲料株式会社が制定。同社が手がける健康16素材をブレンドして作られた「十六茶」を飲んで、自分の身体や大切な人を思いやる日にとの願いが込められている。日付は1年を通じて飲んでもらいたいとの思いと「十六茶」の名前から毎月16日に。健康16素材とは、たんぽぽの根、エゴマの葉、発芽大麦、ナツメ、玄米、大麦、小豆、ハブ茶、ごぼう、びわの葉、きび、カワラケツメイ、ハトムギ、とうもろこし、柚子の皮、あわ。

トロの日

全国で「かっぱ寿司」を運営するカッパ・クリエイト株式会社が制定。同社の人気食材であるおいしい「トロ」のネタでお客さんに喜んでもらい、各店舗ならびに業界を活気づけることが目的。日付は16を「トロ」と読む語呂合わせからで毎月16日に。

毎月17日

減塩の日

特定非営利活動法人日本高血圧学会が制定。高血圧の予防や治療において大切な減塩をより多くの人に実践してもらうのが目的。日付は世界高血圧連盟が制定した「世界高血圧デー」(World Hypertension Day)、日本高血圧学会が制定した「高血圧の日」の5月17日から、一年を通じて減塩を進めることを目指して毎月17日としたもの。

国産なす消費拡大の日

冬春なす主産県協議会（岡山・高知・徳島・福岡・熊本・佐賀の6県で構成）が2004年2月9日に制定したもの。4月17日の「なすび記念日」の17日を、毎月なすの消費を増やす日にしようというもの。

いなりの日

日本の食文化の中で多くの人に親しまれているいなり寿司を食べる機

会を増やすきっかけに、いなり寿司の材料を製造販売している株式会社みすずコーポレーションが制定。日付はいなりの「い〜な」で毎月17日に。

毎月18日

防犯の日

日本で初めての警備保障会社として1962（昭和37）年に創業したセコム株式会社が制定。セキュリティのトップカンパニーとして社会の安全化に努めてきた同社の、企業や家庭、個人の防犯対策を毎月この日に見直して「安全、安心」に暮らしてもらいたいとの願いが込められている。日付は18の１を棒に見立てて「防」、８を「犯」とする語呂合わせから。

毎月19日

いいきゅうりの日（４月を除く）

全国のきゅうりの出荷団体など（21のJA、13の県連、１の卸会社）で結成された「いいきゅうりの日プロジェクト」が制定。低カロリーでおいしく、さまざまな料理に活用できるきゅうりの消費拡大が目的。日付は４月を除いた毎月19日で「１（い）い９（きゅう）り」と読む語呂合わせから。ちなみに４月19日はJAあいち経済連の西三河冬春きゅうり部会が「良いきゅうりの日」を登録していることから除いている。

熟カレーの日

熟カレーを発売している江崎グリコ株式会社が制定。日付は「熟（じゅく）」と19の語呂合わせから。また、カレールウは毎月20日前後がよく売れることもその理由のひとつ。材料費が安く、調理も手軽なカレーライスは給料日前によく食べられるという。

シュークリームの日

スーパー、コンビニなどで大人気の「牛乳と卵のシュークリーム」を製造している株式会社モンテールが、シュークリームをより身近なおやつにしたいと制定。日付はシュークリームの語呂と似ている毎月19日とした。

松阪牛の日

日本を代表する和牛の松阪牛（まつさかうし）の個体識別管理システムの運用が開始された2002年８月19日にちなみ、毎月19日を記念日としたのは、全国で松阪牛を通信販売する株式会社やまとダイニング（千葉県船橋市）。松阪牛のおいしさをアピールし、業界全体を盛り上げるのが目的。

共育の日

日本の代表的な企業による異業種交流の場であり、明日の日本を考えるグループ「フォーラム21・梅下村塾」が制定。子どもの教育に親、地域、学校が共に関わり、共に育み、共に育つ「共育（きょういく）」を考え、実行する日。日付は19が「共育」の「育（いく）」に通じるため。毎月19日としたのは、月に一度は次世代のことを考えようとの思いから。

熟成烏龍茶の日

日本コカ・コーラ株式会社が制定。180日以上じっくり熟成させた国産烏龍茶葉を使用し、烏龍茶本来の華やかな香りをしっかりと引き出した同社の「熟成烏龍茶つむぎ」を多くの人に楽しんでもらうのが目的。日付は１と９で「熟成」の「熟（19）」と読む語呂合わせから、年間を通じて「熟成」された烏龍茶本来の豊かな香りと、濃い奥深さを味わってもらうために毎月19日に。また、10月９日も10と９を「熟(19)」と読んで「熟成烏龍茶の日」としている。

毎月20日

シチューライスの日

さまざまな食品の製造加工ならびに販売などを手がけるハウス食品株式会社が制定。「カレーライス」「ハヤシライス」に次いで、シチューをごはんにかける「シチューライス」という食べ方を提案し、多くの方においしく味わってもらうことが目的。日付は「５（ごはん）×（かける）４（シチュー）＝20」と読む語呂合わせから毎月20日としたもの。

信州ワインブレッドの日

長野県長野市に事務局を置く信州ワインブレッド研究会が制定。「信州ワインブレッド」とは、長野県産ぶどうを使用したNAGANO WINEと長野県産小麦を100％使用して作られたパンのこと。ワインの風味がほのかに漂うこのパンの魅力と、農産物の豊かな長野県をPRするのが目的。日付は日本ソムリエ協会が提唱する「ワインの日」が毎月20日であることから、ワインを囲む食事に「信州ワインブレッド」を合わせて楽しんでほしいとの思いが込められている。

発芽野菜の日

一般の野菜よりも数倍栄養が高く、生活習慣病の予防でも注目される発芽野菜（スプラウト）をアピールしようと、発芽野菜を手がける株式会社村上農園（広島市）が制定。日付は20日をハツガと読む語呂合わせから。

毎月21日

木挽BLUEの日

宮崎県宮崎市に本社を置き、焼酎を中心とした酒類の製造販売を行う雲海酒造株式会社が制定。同社が独自開発した酵母「日向灘黒潮酵母」を用いて製造した、すっきりとしてキレがありロックでも飲みやすい本格芋焼酎「木挽BLUE（こびきブルー）」を一年を通して飲んでもらいたいと全国発売した2017年３月21日にちなんで毎月21日を記念日としたもの。その中でも３月21日はシンボル的な日として登録している。

ゼクシオの日（XXIOの日）

ゴルフ用品やテニス用品などのスポーツ用品の販売を手がける株式会社ダンロップスポーツマーケティングが「ゼクシオ（XXIO）」ブランドの誕生20年を記念して制定。同社が販売する「ゼクシオ（XXIO）」は2000年に誕生した業界を代表するゴルフブランド。20年以上の歴史と売上げナンバーワンを誇る「ゼクシオ（XXIO）」の最新情報を毎月発信することが目的。日付は「ゼクシオ」は21世紀の100年ブランドとして、ロゴにローマ数字のXXI（21）を入れて表記することから毎月21日としたもの。

マリルージュの日

歌手の夏木マリ氏とパーカッショニストで音楽プロデューサーの斉藤ノヴ氏が代表をつとめる一般社団法人「One of Loveプロジェクト」が制定。同プロジェクトでは音楽とバラで途上国の子どもたちの教育環境の整備と、その母親たちの雇用を支援する活動を行っている。活動の趣旨に賛同してくれる生花店から夏木さんが品種改良から携わった「マリルージュ」という名の赤いバラの収益などを支援に当てていることから、「マリルージュ」の認知度を高め、支援活動に活かすのが目的。日付はプロジェクトで毎年ライブを開いている「世界音楽の日」の6月21日にちなみ、いつも支援を続けている姿勢から毎月21日とした。

毎月22日

カニカマの日（6月を除く）

水産加工品などの製造で知られる石川県七尾市の株式会社スギヨが制定。かに風味かまぼこ「カニカマ」のおいしさをより多くの人に味わってもらうのが目的。日付は、かにのハサミの形状が漢字の「二二」に似ていることから毎月22日を記念日に。なお、6月22日は「かにの日」なので、本物のかにへ敬意を表して除いている。

デルちゃん誕生の日

関東地方にパチンコ・パチスロ店チェーンを展開するジャンジャングループが制定。グループのマスコットキャラクター「デルちゃん」の誕生日（4月22日）にちなみ、毎月22日はパチンコ・パチスロの楽しさをより多くのお客様に伝えようとホール全体で盛り上げるのが目的。

禁煙の日

タバコの害や禁煙の重要性に関する知識の普及をはかり、禁煙を促して受動喫煙の防止を含む社会的な禁煙の推進を図ろうと禁煙推進学術ネットワークが制定。日付は数字の2を白鳥（スワン＝吸わん）に見立てて、毎月22日をスワンスワン＝吸わん吸わんの「禁煙の日」にという語呂合わせから。禁煙推進学術ネットワークには禁煙を推進する12の学会が参加している。

ラブラブサンドの日

しっとりとした2枚の耳なし食パンで具材をサンドし、一袋に2個入った人気商品「ラブラブサンド」。そのおいしさをより多くの人に知ってもらいたいと、パンや菓子の製造販売などを手がける、日糧製パン株式会社（北海道札幌市）が制定。日付は22日を「夫婦」と読む語呂合わせから、夫婦で「ラブラブサンド」をプレゼントして日頃の感謝の気持ちを表すとともに、ラブラブなカップルには「ラブラブサンド」を仲良く分け合い、将来夫婦になってほしいとの願いを込めて毎月22日とした。

毎月23日

国産小ねぎ消費拡大の日

福岡、大分、佐賀、高知、宮城の各県の全国農業協同組合連合会の県本部で作る「小ねぎ主産県協議会」が制定、国産小ねぎの販売促進を目的とする。日付は「小ねぎ記念日」が11月23日なので、23日を毎月のものとした。

乳酸菌の日

体に良い乳酸菌を活用した商品をアピールする日にと、カゴメ株式会社が制定。毎月23日としたのはスーパーマーケットなどの店頭での販売促進を通年で行うため。日付は23で「乳酸」の語呂合わせから。

不眠の日

日本人の半数以上がなんらかの不眠症状を持っているといわれる。しかし、その中の多くの人が対処方法や改善手段の正しい知識を有していないことから、睡眠改善薬などを手がけるエスエス製薬株式会社が制定。不眠の改善について適切な情報発信を行う。日付は2と3で「不眠」と読む語呂合わせから。不眠の症状は一年中起こるので、2月3日に加え、毎月23日も「不眠の日」とした。

毎月24日

ブルボン・プチの日

新潟県柏崎市に本社を置き、数多くの人気菓子を製造販売する株式会社ブルボンが制定。同社が1996年から販売する「プチシリーズ」は手軽に食べられる大きさのビスケットや米菓、スナック類など24種類を展開する。そのバラエティ豊かな品揃えと、色とりどりの細長いパッケージで人気の「プチシリーズ」をさらに多くの人に楽しんでもらうのが目的。日付は24種類にちなんで毎月24日に。同社は「ブルボン・プチの日」の愛称を「プチの日」としている。

毎月25日

プリンの日

牛乳や加工乳、乳飲料、ヨーグルトなどの乳製品メーカーで、オハヨー乳業株式会社（岡山県岡山市）が制定。プリンの人気商品が多いことから制定したもので、日付は25を「プリンを食べると思わずニッコリ」の「ニッコリ」と読む語呂合わせから。

毎月26日

プルーンの日

世界ナンバーワンの生産・販売量を誇るプルーンメーカーのサンスウィートの日本支社、サンスウィート・インターナショナル日本支社が制定。プルーンの魅力の伝えて販売促進につなげるのが目的。日付は２を「プ」６を「ルーン」と読む語呂合わせから。毎月26日を記念日としたのは、１年中おいしいプルーンを食べてもらいたいとの願いを込めてのもの。

毎月29日

ふくの日

総合食品商社の株式会社日本アクセスが制定。一年を通じてさまざまな季節の食材や四季折々のデザインを取り入れた商品があり、幸福な気持ちになれる和菓子。その魅力を伝えることで小売業の和菓子の販売促進企画を進めるのが目的。日付は２と９で幸福な気持ちの福を「ふ（２）く（９）」と読む語呂合わせから毎月29日に。

Piknikの日

日本を代表する飲料ブランドの「Piknik（ピクニック）」を発売する森永乳業株式会社が制定。「Piknik」は紙容器に入った乳製品で、ストロベリー、フルーツ、ヨーグルトテイスト、カフェ・オ・レなどの製品があり、その味のおいしさと常温で賞味期限が90日という保存性の良さが人気。日付は29日を「Piknik」の語尾のニックと読む語呂合わせから。親しみやすい飲み物なので毎月の29日を記念日とした。

毎月30日

サワーの日

焼酎、清酒、ソフトアルコール飲料、調味料などの商品の製造、販売を手がける宝酒造株式会社（京都府京都市）が制定。甲類焼酎を炭酸で割って飲む「サワー」をもっと多くの人に楽しんでもらい、サワー市場全体を盛り上げるのが目的。日付は一年を通じて月末に同僚や友人、家族と一緒に「サワー」を飲んで絆を深めてほしいとの思いと、30を「サ（3）ワ（輪＝0）ー」と読む語呂合わせから毎月30日に。

EPAの日

水産事業や食品事業などを手がける日本水産株式会社が制定。EPAとは魚に多く含まれるエイコサペンタエン酸の略称で、中性脂肪を減らしたり、動脈硬化などの予防をする働きがある。日付は肉中心の生活を送る現代人に肉（29）を食べた次の日（30）には魚を食べてEPAを摂取して、バランスよい食生活を一年中送ってほしいという思いを込めて毎月30日に。

毎月第２土曜日

VSOP運動の日

公益社団法人日本青年会議所の経世済民会議が制定。企業や商店が本業を通じて定期的に地域へ社会貢献を行うVSOP運動をより多くの人に知ってもらうのが目的。日付は本業が休みで翌日は休息が取れるため、本業に支障をきたさずに活動できるとの思いから月初と月末を外した毎月第２土曜日に。ちなみにVSOPとは「Volunteer Service One day Project」の略。

毎月第３木曜日

「森のたまご」の日

コクとうまみ、鮮度と栄養価で人気の鶏卵「森のたまご」を製造販売するイセ食品株式会社が11月18日と毎月第３木曜日に制定。ブランドたまごの定番と称される「森のたまご」の素晴らしさを多くの人に知ってもらうのが目的。「森のたまご」の「森」の字には「木」が３つあることから第３木曜日としたもの。

毎月第３土曜日

オコパー・タコパーの日

「オコパー・タコパー」とは、お好み焼パーティ・たこ焼パーティのこと。お好み焼とたこ焼はみんなで調理を楽しめて食卓が盛り上がるだけでなく、食材費も安くできる素晴らしい団らんメニューであることから、お好み焼粉、たこ焼粉を製造販売する日清フーズ株式会社が制定。日付は家計に優しい料理なので、給料日前となることの多い毎月の第３土曜日としたもの。

年によって日付が変わる記念日

29日の金曜日

キン肉マンの日

1979年に集英社の「週刊少年ジャンプ」に連載されて以来、多くのファンを獲得した日本を代表する漫画・アニメ作品「キン肉マン」（ゆでたまご原作）の記念日をと集英社が2008年に制定。日付はキン（金曜日）と肉（29日）を組み合わせたもので、１年に数回しか巡ってこない。

筋肉を考える日

森永製菓株式会社が制定。日常生活を元気に、健康に過ごすのに大切な筋肉。その筋肉の材料としてタンパク質（プロテイン）が必須であることから、筋肉の重要性を考えるとともにタンパク質との関係性を知って、日常的にタンパク質を摂ってもらうのが目的。日付は「筋肉」から「金（筋）曜日が29（肉）日になる日」に。

1年間に複数日ある記念日

とちぎのいちごの日

1月25日／2月25日／3月25日

JA全農とちぎに事務局を置く栃木いちご消費宣伝事業委員会が制定。1968（昭和43）年からいちごの生産量日本一を誇る栃木県。「とちおとめ」「スカイベリー」などおいしい栃木のいちごをより多くの人に知ってもらい、食べてもらうのが目的。日付はいちごの流通の多い１月から３月中とし、「と（10）ちぎのいちご（15）」で10＋15＝25で25日をそれぞれ記念日としたもの。

主婦休みの日

1月25日／5月25日／9月25日

年中無休で家事や育児に頑張る主婦が、ほっと一息ついて自分磨きやリフレッシュするための休日が「主婦休みの日」で、１月25日、５月25日、9月25日が記念日。女性のための生活情報紙を発行する株式会社サンケイリビング新聞社が中心となり制定。日付は年末年始、ゴールデンウィーク、夏休みなどの主婦が忙しい時期のあとの年３日を設定したもので、日頃は家事や育児を主婦に任せがちなパパや子どもたちが家事に取り組み、その価値を再認識する日との提唱も行っている。

菜の日

1月31日／3月31日／5月31日／7月31日／8月31日／10月31日／12月31日

「１日５皿分（350グラム）以上の野菜と200グラムの果物を食べましょう」と呼びかけて、食育活動などを行っている一般社団法人ファイブ・ア・デイ協会が制定。野菜中心の健康的な食生活を広めるのが目的。記念日名は野菜の「菜」からで、日付は31を野菜の「菜(さい)」と読む語呂合わせから毎月31日に。月末を「カラダの決算日」として継続的、定期的な取り組みを行う。

巻寿司の日

立春の前日（2月３日頃）／立夏の前日（5月４日頃）／立秋の前日（8月６日頃）／立冬の前日（11月６日頃）

季節の始まりを表す立春、立夏、立秋、立冬の前日の節分。まさに季節を分けるその日に巻寿司を丸かぶりすると幸福が訪れるといわれていることから、巻寿司の材料となる玉子焼、味付干瓢などを製造販売する株式会社あじかん（広島県広島市）が制定。

ハンドメイドの日

2月第4日曜日／10月第4日曜日

子どもから大人まで手作りの楽しさ、クラフト作品の良さを知ってもらうことを目的に、手作り・クラフトの総合情報検索サイト「手作り市場 あ～てぃすと」の運営、クラフトイベント、体験教室の企画運営をしている神奈川県横浜市に本拠を置く有限会社アドバンスネクストが制定。日付はハンドメイドは2つの手、10本の指を使って創ることから2月と10月に、そして「サンデー フォア クラフト」（クラフトのための日曜日）の言葉から、フォアを数字の4と見立てて第4日曜日としたもの。

スマートストックの日

3月6日／9月6日

2011年3月11日の東日本大震災以降、災害時の資源の有効活用意識が高まりを見せている。無駄な買占めをせずに、災害時に必要な量を備えてストックすることを啓発しようと「キリンアルカリイオンの水」が制定。日付は震災からほぼ1年を経た3月6日を「み（3）なおす、む（6）だなく」と読む語呂合わせから。9月6日も「スマートストックの日」。

防災用品点検の日

3月1日／6月1日／9月1日／12月1日

関東大震災の起きた9月1日をはじめとして季節の変わり目となる年4回、防災用品の点検を行い災害に備えようと、防災アドバイザーの山村武彦氏が提唱。

マルヨのほたるいかの日

3月10日／4月3日

兵庫県美方郡香美町に本社工場を置き、かにみそ、ほたるいか製品などの海産物の食品を製造するマルヨ食品株式会社が制定。兵庫県が漁獲量日本一を誇る「ほたるいか」を全国に知らせるとともに、ほたるいかを使用した商品のPRが目的。日付は3月10日はほたるいかの水揚げが本格的に始まる時期であることと山陰地方の山（さん＝3）で

3月、ほたるいかの足が10本なので10日。4月3日はほたるいか漁の最盛期が4月で、山陰地方の山（さん＝3）で3日としたもの。

ミールオンデマンドの給食サービスの日

3月16日／9月4日

岡山県倉敷市に本社を置き、高齢者福祉施設や病院などに配食を行う株式会社ミールオンデマンドが制定。同社が展開するセントラルキッチン方式のクックチル食材による給食直営サービスを広めるのが目的。記念日は3月16日と9月4日で、日付の由来は3と16で「ミール」、9と4で「給食」と読む語呂合わせから。

酒風呂の日

3月21日／6月21日／9月23日／12月22日

[年によって変わる] 日本酒製造の責任者である杜氏（とうじ）と同じ読み方の冬至や、四季の節目である春分、夏至、秋分の日に「湯治」として酒風呂に入り、健康増進を図ろうと銘酒「松尾」の蔵元、株式会社高橋助作酒造店（長野県信濃町）勤務の高橋邦芳氏が制定。

モンストの日

4月10日／4月20日／4月30日

ソーシャル・ネットワーキングサービス（SNS）のmixi（ミクシィ）を運営し、「モンスターストライク」（略称・モンスト）などのスマートフォン向けゲームの開発運営などを手がける株式会社ミクシィが制定。「モンスト」は、みんなで集まってプレイすることが最大の魅力のゲーム。記念日をきっかけにさらに多くの人に楽しんでもらうのが目的。日付は最大4人で協力して遊ぶゲームであることから4月とし、10年、20年、30年と長く続くゲームであるようにとの願いから10日、20日、30日の3日間としたもの。

大人の日

4月22日／11月22日

ケチャップ、デミグラスソースなど、洋食分野の世界的ブランドとして知られるハインツ。その日本における企業、ハインツ日本株式会社が制定。自社商品「大人むけパスタ」「大人むけスープ」などをPRし、「大人な時間・気分」の演出を食卓から応援していくことが目的。日付は

4月22日が「よい夫婦の日」、11月22日が「いい夫婦の日」として知られている「大人の日」であることから。

洗車の日

4月28日／11月28日

洗車を行い、愛車を「良い艶をもったクルマにしましょう」と、一般社団法人・自動車用品小売業協会が4月28日と11月28日を「洗車の日」に制定。日付は、4と28で「ヨイツヤ（良い艶）」、11と28で「イイツヤ（良い艶）」と読む語呂合わせから。

畳の日

4月29日／9月24日

イ草の美しい緑色から長年「みどりの日」として親しまれていた4月29日と、環境衛生週間の始まりの日であり「清掃の日」である9月24日を「畳の日」としたのは全国畳産業振興会。畳のもつ住宅材としての素晴らしさや、敷物としての優れた点をアピールしていく日。

まがたまの日

6月9日／9月6日

古くから健康を守り、魔除けとなり、幸運を招くとされる勾玉（まがたま）。その出雲型勾玉を皇室や出雲大社に献上している株式会社めのや（島根県松江市）が制定。日付は数字の6と9の形がまがたまの形と似ていることから、この2つの数字を組み合わせた6月9日と9月6日を「まがたまの日」とした。

愛知のいちじくの日

7月19日／8月19日／9月19日／10月19日

県の特産物であり日本一の出荷量を誇る愛知県産のいちじくを、もっと多くの人にアピールして、そのおいしさを知ってもらおうとJAあいち経済連が制定。日付は愛知県産のいちじくが数多く出回る7月から10月までの4か月の、「いちじく」の語呂合わせからそれぞれ19日とした。いちじくは古くから栽培されていた果実で、果糖、ブドウ糖、ビタミン、カリウムなどのさまざまな成分が含まれ、食物繊維も豊富な独特の甘みのある果実。

「信州・まつもと鍋」の日

12月19日／1月19日／2月19日

長野県の松本市、松本大学、JA松本ハイランド、JA松本市が連携して、松本の農産物をふんだんに使った名物となる鍋を作るために結成した「おいし信州ふーど・信州まつもと鍋開発プロジェクトチーム」が制定。家族や仲間が集い、松本のおいしい食材の鍋で、あたたかく幸せになってもらうのが目的。日付はあたたかい鍋がおいしい冬を表す12月、1月、2月で、食べ物の「食（しょく）」の語呂合わせでそれぞれの月の19日とした。長野県おいしい信州ふーど事業の一環。

資料編

人生の節目の行事

帯祝い	妊娠５か月目の戌の日に「岩田帯」と呼ばれる腹帯を巻いて、安産を願う。多産、安産で知られる犬にあやかり、戌の日に行う。
出産祝い	赤ちゃんの誕生を祝い、妊婦の出産をねぎらう。母子の状態が落ち着くのを待って、お七夜から初宮参りまでを目安に行う。
お七夜（しちや）	赤ちゃんが生まれた日から数えて七日目のお祝いで、この日に命名を行うことも多い。平安朝の貴族社会などで行われた産養い（３日目、５日目、７日目、９日目）の名残といわれている。
初宮参り	生後初めて産土神（うぶすながみ）さま（生まれた土地の守護神）または氏神さまにお参りすること。男児は生後31日目、女児は33日目に行うのが一般的だが、50日目、100日目に行われる地方もある。
お食い初め（くいぞめ）	生後100日目に行われる儀式で、赤ちゃんが「一生食べるものに苦労しないように」との願いを込めて、赤飯、尾頭付きの鯛、煮物、吸い物などを膳に並べる。関西では「歯固め」ともいう。
初正月	生まれて初めて迎える正月の祝い。男児には破魔弓、女児には羽子板を贈る。
初節句	生まれて初めて迎える節句の祝い。男児は端午の節句（５月５日）、女児は上巳の節句（３月３日）に盛大に祝う。
初誕生	赤ちゃんが健やかに育つことを願って、１歳の誕生日に行う祝い。年齢計算はかつては正月を越すたびに年をとる「数え年」に基づいていた。

七五三	それまでの子供の成長に感謝し、将来の幸せを祈るもので、11月15日前後に行われる。男児は３歳と５歳、女児は３歳と７歳に行う。かつては数え年に基づいていたが、近年は満年齢に基づくことも多い。日にちは、江戸幕府将軍・徳川綱吉の長男徳松の祝いが11月15日に行われたことに由来する。
十三(じゅうさん)参り	主に関西の行事で、もともとは女児の13歳のお祝いだったが、近年は男女問わず行われる。かつては旧暦３月13日に智慧と慈悲の象徴である虚空蔵菩薩(こくうぞうぼさつ)にお参りしたが、現在は新暦の４月13日前後にお参りする。
成人式	大人の仲間入りを祝う20歳の儀式。かつては、男児は15歳で「元服」、女児は13歳で「髪上」の儀式を行っていた。
厄年	数え年で、男性は25歳と42歳、女性は19歳と33歳となる年は災難に見舞われやすいと考えられ、当該年を「本厄」、その前後を「前厄」「後厄」と呼ぶ。厄災を避けるため、厄除けや厄払いを受ける習慣がある。

結婚記念日一覧

結婚記念日を祝うのはもともとイギリスの習慣で、この日に記念日名にちなんだものを夫婦で贈り物を交換することになっている（当初は５年、15年、25年、50年、60年の節目のみであったといわれる）。日本への導入は意外に早く、明治天皇が1894（明治27）年３月９日に「銀婚式」（大婚二十五年祝典）を実施している。

下表は一般的なイギリス式の呼称（国によってさまざまな呼称がある）。記念日に冠される「物」は、基本的には柔らかいものから硬いもの、あるいは徐々に高価なものに変わっていく傾向がみられる。

１周年	紙婚式	10周年	アルミ婚式	35周年	珊瑚婚式
２周年	綿婚式	11周年	鋼鉄婚式	40周年	ルビー婚式
３周年	革婚式	12周年	絹婚式	45周年	サファイア婚式
４周年	花婚式	13周年	レース婚式	50周年	金婚式
５周年	木婚式	14周年	象牙婚式	55周年	エメラルド婚式
６周年	鉄婚式	15周年	水晶婚式	60周年	ダイヤモンド婚式
７周年	銅婚式	20周年	磁器婚式	70周年	プラチナ婚式
８周年	青銅婚式	25周年	銀婚式		
９周年	陶器婚式	30周年	真珠婚式		

賀寿（長寿祝い）一覧

記念日ではないが、賀の祝いのひとつである長寿祝いを紹介する。「還暦」「古希」といった祝い歳は、中世以降に慣用されるようになったという。なお還暦は、本来は数え年で祝うものだが、現在では満年齢で祝うことも多い。祝い歳の名称と意味は以下のとおり。

61歳	還暦(かんれき)	十干十二支(じっかんじゅうにし)が一巡して生まれ年の干支に戻ること。本卦還り(ほんけがえり)ともいう。「生まれ直し」を意味することから、赤色の頭巾や座布団を贈る習慣がある(赤色は魔除けの色)。華甲(かこう)とも(「華」の字を分解すると、十が６つ、一がひとつで61となるため。「甲」は「甲子(きのえね)」の意で十干十二支のはじまりを表す)。
70歳	古希(こき)	唐の詩人・杜甫(とほ)の曲江詩にある「人生七十古来稀」(人生70年生きる人は古くからまれである)に由来。お祝いの色は紫色。
77歳	喜寿(きじゅ)	「喜」の草書体が七十七と読めることから。お祝いの色は紫色。
80歳	傘寿(さんじゅ)	「傘」の略字「仐」が八十と読めることから。お祝いの色は紫色。
88歳	米寿(べいじゅ)	「米」の字を分解すると八十八と読めることから。「米(よね)の祝い」とも。お祝いの色は黄色。
90歳	卒寿(そつじゅ)	「卒」の略字「卆」が九十と読めることから。お祝いの色は紫色。
99歳	白寿(はくじゅ)	「百」の字から「一」を引いた「白」を九十九と見なせることから。お祝いの色は白色。
100歳	百寿(ももじゅ)	文字どおりの意味。「ひゃくじゅ」の読みもあり。紀寿(きじゅ)ともいう(「紀」は１世紀＝100年を表す)。
108歳	茶寿(ちゃじゅ)	「茶」の字を分解すると、十が２つと八十八となり合わせて108となることから。
111歳	皇寿(こうじゅ)	「皇」の字を分解すると、「白」を99、「王」を12と見立てられるため。「川寿(せんじゅ)」とも(「川」の字を111に見立てて)。
120歳	大還暦(だいかんれき)	還暦を二巡したという意味。「昔寿(せきじゅ)」とも(「昔」の字を十が２つと百と読めるため)。

二十四節気および雑節の日付

二十四節気（にじゅうしせっき）

暦の上で気候の移り変わりを示したもので、全部で24ある。太陽が春分点から出発して再び春分点に達するまでの１年を24等分し、それぞれに節気を設けている。なお、もともと古代中国で成立したものなので、地域や時期によっては、時期や気候が合致しない場合がある。

二十四節気	令和2年（2020年）	令和3年（2021年）	令和4年（2022年）	令和5年（2023年）	令和6年（2024年）
小寒	1月6日	1月5日	1月5日	1月6日	1月6日
大寒	1月20日	1月20日	1月20日	1月20日	1月20日
立春	2月4日	2月3日	2月4日	2月4日	2月4日
雨水	2月19日	2月18日	2月19日	2月19日	2月19日
啓蟄	3月5日	3月5日	3月5日	3月6日	3月5日
春分	3月20日	3月20日	3月21日	3月21日	3月20日
清明	4月4日	4月4日	4月5日	4月5日	4月4日
穀雨	4月19日	4月20日	4月20日	4月20日	4月19日
立夏	5月5日	5月5日	5月5日	5月6日	5月5日
小満	5月20日	5月21日	5月21日	5月21日	5月20日
芒種	6月5日	6月5日	6月6日	6月6日	6月5日
夏至	6月21日	6月21日	6月21日	6月21日	6月21日
小暑	7月7日	7月7日	7月7日	7月7日	7月6日
大暑	7月22日	7月22日	7月23日	7月23日	7月22日
立秋	8月7日	8月7日	8月7日	8月8日	8月7日
処暑	8月23日	8月23日	8月23日	8月23日	8月22日
白露	9月7日	9月7日	9月8日	9月8日	9月7日
秋分	9月22日	9月23日	9月23日	9月23日	9月22日
寒露	10月8日	10月8日	10月8日	10月8日	10月8日
霜降	10月23日	10月23日	10月23日	10月24日	10月23日
立冬	11月7日	11月7日	11月7日	11月8日	11月7日
小雪	11月22日	11月22日	11月22日	11月22日	11月22日
大雪	12月7日	12月7日	12月7日	12月7日	12月7日
冬至	12月21日	12月22日	12月22日	12月22日	12月21日

＊上記日付は節入りの日で、各節気は次の節気の前日までをいう。

雑節（ざっせつ）

二十四節気の他に１年の季節の移り変わりを的確に表すために生まれたもの。節分、八十八夜、入梅、半夏生、土用などで、年中行事となっているものが多い。

雑節	令和2年（2020年）	令和3年（2021年）	令和4年（2022年）	令和5年（2023年）	令和6年（2024年）
土用	１月18日	１月17日	１月17日	１月17日	１月18日
節分	２月３日	２月２日	２月３日	２月３日	２月３日
彼岸	３月17日	３月17日	３月18日	３月18日	３月17日
社日	３月16日	３月21日	３月16日	３月21日	３月15日
土用	４月16日	４月17日	４月17日	４月17日	４月16日
八十八夜	５月１日	５月１日	５月２日	５月２日	５月１日
入梅	６月10日	６月11日	６月11日	６月11日	６月10日
半夏生	７月１日	７月２日	７月２日	７月２日	７月１日
土用	７月19日	７月19日	７月20日	７月20日	７月19日
二百十日	８月31日	８月31日	９月１日	９月１日	８月31日
二百二十日	９月10日	９月10日	９月11日	９月11日	９月10日
彼岸	９月19日	９月20日	９月20日	９月20日	９月19日
社日	９月22日	９月27日	９月22日	９月27日	９月21日
土用	10月20日	10月20日	10月20日	10月21日	10月20日

＊土用の日付は「入り」の日で、この日を含めて18～19日間が土用の期間となる。

＊彼岸の日付は「入り」の日で、この日から数えて７日間が彼岸の期間となる。

＊八十八夜、二百十日、二百二十日の日数は、二十四節気の立春（２月４日ごろ）から数えたもの。

＊「土用丑の日」については、本文７月末尾の項を参照のこと。

二十四節気と七十二候一覧

七十二候とは、二十四節気それぞれを三分割し、季節の移り変わりをより細かく表現したものである。二十四節気同様、もともとは古代中国で考案されたものであるが、日本に導入されてからは日本の気候風土に合わせて変更されている。

二十四節気	候	月日(頃)	七十二候(名称・読み方)	意味
立春(りっしゅん)(2月4日頃)	初候	4～8日	東風解凍(はるかぜこおりをとく)	春の風が氷を解かす
	次候	9～13日	黄鶯睍睆(こうおうけんかんす)	鶯が鳴きはじめる
	末候	14～18日	魚上氷(うおこおりをいずる)	水中の魚が氷の間から出てくる
雨水(うすい)(2月19日頃)	初候	19～23日	土脉潤起(つちのしょううるおいおこる)	地面が水分を含んでしっとりしてくる
	次候	24～28日	霞始靆(かすみはじめてたなびく)	霞が棚引きはじめる
	末候	1～5日	草木萌動(そうもくめばえいずる)	草木が芽生えはじめる
啓蟄(けいちつ)(3月6日頃)	初候	6～10日	蟄虫啓戸(すごもりむしとをひらく)	巣ごもっていた虫が外に出てくる
	次候	11～15日	桃始笑(ももはじめてさく)	桃の花が咲きはじめる
	末候	16～20日	菜虫化蝶(なむしちょうとなる)	青虫が成長して蝶になる
春分(しゅんぶん)(3月21日頃)	初候	21～25日	雀始巣(すずめはじめてすくう)	雀が巣を作りはじめる
	次候	26～30日	桜始開(さくらはじめてひらく)	桜の花が咲きはじめる
	末候	31～4日	雷乃発声(かみなりすなわちこえをはっす)	雷が鳴りはじめる
清明(せいめい)(4月5日頃)	初候	5～9日	玄鳥至(つばめきたる)	燕が南から飛来する
	次候	10～14日	鴻雁北(こうがんかえる)	雁が北へ帰る
	末候	15～19日	虹始見(にじはじめてあらわる)	虹が初めて見える

節気	候	日付	名称	意味
穀雨(こくう) （4月20日頃）	初候	20～24日	葭始生(あしはじめてしょうず)	水辺に葦が生えはじめる
	次候	25～29日	霜止出苗(しもやんでなえいずる)	霜が降りなくなり、苗が育ってくる
	末候	30～4日	牡丹華(ぼたんはなさく)	牡丹の花が咲く
立夏(りっか) （5月5日頃）	初候	5～9日	鼃始鳴(かわずはじめてなく)	蛙が鳴きはじめる
	次候	10～14日	蚯蚓出(みみずいずる)	ミミズが地上に這い出る
	末候	15～20日	竹笋生(たけのこしょうず)	竹の子が生える
小満(しょうまん) （5月21日頃）	初候	21～25日	蚕起食桑(かいこおきてくわをはむ)	蚕が桑の葉を盛んに食べはじめる
	次候	26～30日	紅花栄(べにばなさかう)	紅花が盛んに咲く
	末候	31～5日	麦秋至(むぎのときいたる)	麦が熟して黄金色になる
芒種(ぼうしゅ) （6月6日頃）	初候	6～10日	螳螂生(かまきりしょうず)	カマキリが生まれる
	次候	11～15日	腐草為蛍(くされたるくさほたるとなる)	腐った草がホタルになる
	末候	16～20日	梅子黄(うめのみきなり)	梅の実が黄色くなる
夏至(げし) （6月21日頃）	初候	21～26日	乃東枯(なつかれくさかるる)	夏枯草(かこそう)が枯れる
	次候	27～1日	菖蒲華(あやめはなさく)	あやめの花が咲く
	末候	2～6日	半夏生(はんげしょうず)	半夏(からすびしゃく)が生えはじめる
小暑(しょうしょ) （7月7日頃）	初候	7～11日	温風至(あつかぜいたる)	熱い風が吹いてくる
	次候	12～16日	蓮始開(はすはじめてひらく)	蓮の花が咲きはじめる
	末候	17～22日	鷹乃学習(たかすなわちがくしゅうす)	鷹の幼鳥が飛び方を学びはじめる
大暑(たいしょ) （7月23日頃）	初候	23～27日	桐始結花(きりはじめてはなをむすぶ)	桐の実が固くなる
	次候	28～1日	土潤溽暑(つちうるおいてむしあつし)	土がじめじめして蒸し暑い
	末候	2～6日	大雨時行(たいうときどきふる)	時として大雨が降る

立秋（りっしゅう）（8月7日頃）	初候	7～12日	涼風至（すずかぜいたる）	涼しい風が吹きはじめる
	次候	13～17日	寒蟬鳴（ひぐらしなく）	ひぐらしが鳴きはじめる
	末候	18～22日	蒙霧升降（ふかききりまとう）	深い霧が立ち込める
処暑（しょしょ）（8月23日頃）	初候	23～27日	綿柎開（わたのはなしべひらく）	綿の萼(がく)が開く
	次候	28～1日	天地始粛（てんちはじめてさむし）	ようやく暑さが収まる
	末候	2～7日	禾乃登（こくものすなわちみのる）	粟や稲などが実る
白露（はくろ）（9月8日頃）	初候	8～12日	草露白（くさのつゆしろし）	草に降りた露が白く光って見える
	次候	13～17日	鶺鴒鳴（せきれいなく）	せきれいが鳴きはじめる
	末候	18～22日	玄鳥去（つばめさる）	燕が南へ帰る
秋分（しゅうぶん）（9月23日頃）	初候	23～27日	雷乃収声（かみなりすなわちこえをおさむ）	雷が鳴らなくなる
	次候	28～2日	蟄虫坏戸（むしかくれてとをふさぐ）	虫が巣ごもりしはじめる
	末候	3～7日	水始涸（みずはじめてかるる）	田んぼから水を抜いて乾かす
寒露（かんろ）（10月8日頃）	初候	8～12日	鴻雁来（こうがんきたる）	雁が飛来する
	次候	13～17日	菊花開（きくのはなひらく）	菊の花が咲く
	末候	18～22日	蟋蟀在戸（きりぎりすとにあり）	キリギリスが家のなかで鳴く
霜降（そうこう）（10月23日頃）	初候	23～27日	霜始降（しもはじめてふる）	霜が降りはじめる
	次候	28～1日	霎時施（こさめときどきふる）	時雨が降るようになる
	末候	2～6日	楓蔦黄（もみじつたきばむ）	紅葉や蔦の葉が色づきはじめる
立冬（りっとう）（11月7日頃）	初候	7～11日	山茶始開（つばきはじめてひらく）	山茶花（さざんか）が咲きはじめる
	次候	12～16日	地始凍（ちはじめてこおる）	大地が凍りはじめる
	末候	17～21日	金盞香（きんせんかさく）	水仙の花が咲く

小雪（しょうせつ） （11月22日頃）	初候	22～27日	虹蔵不見（にじかくれてみえず）	虹が見られなくなる
	次候	28～２日	朔風払葉（きたかぜこのはをはらう）	北風が木の葉を払う
	末候	３～６日	橘始黄（たちばなはじめてきばむ）	橘の葉が黄色くなる
大雪（たいせつ） （12月７日頃）	初候	７～11日	閉塞成冬（そらさむくふゆとなる）	天地の気が塞がって真冬になる
	次候	12～15日	熊蟄穴（くまあなにこもる）	熊が冬眠する
	末候	16～21日	鱖魚群（さけのうおむらがる）	鮭が群がって川を遡上する
冬至（とうじ） （12月22日頃）	初候	22～26日	乃東生（なつかれくさしょうず）	夏枯草が芽を出す
	次候	27～31日	麋角解（さわしかつのおる）	大鹿の角が落ちる
	末候	１～５日	雪下出麦（ゆきわたりてむぎのびる）	雪の下で麦が芽を出す
小寒（しょうかん） （１月６日頃）	初候	６～９日	芹乃栄（せりすなわちさかう）	芹が繁茂する
	次候	10～14日	水泉動（しみずあたたかをふくむ）	地中で凍った泉が動きはじめる
	末候	15～19日	雉始雊（きじはじめてなく）	雉の雄が雌を求めて鳴きはじめる
大寒（だいかん） （１月20日頃）	初候	20～24日	款冬華（ふきのはなさく）	蕗の花が咲きはじめる
	次候	25～29日	水沢腹堅（さわみずこおりつめる）	沢の水が厚く凍る
	末候	30～３日	鶏始乳（にわとりはじめてとやにつく）	鶏が卵を産みはじめる

索引

「*」付きの日付は、年によって日付が変わりますので、ご留意ください(二十四節気や雑節など、年によって日付が変わるものに準じているため)。

あ

か

さ

な

は

ま

や

ら

わ

日本記念日協会の記念日登録制度について

一般社団法人日本記念日協会では記念日文化の発展を願い、従来の記念日はもちろん、新たに誕生した記念日、これから制定される記念日の登録制度を設けています。

団体、企業、個人で独自の記念日を「日本記念日協会」に登録したいとお考えの方は、記念日の名称・日付・由来・目的などの必要事項を「記念日登録申請書」にお書き込みのうえ、日本記念日協会までお申し込みください。

日本記念日協会の記念日登録審査会で日付・由来などを審査し、登録認定の合否を決定させていただきます。

●日本記念日協会の記念日登録制度に登録認定された場合

⑴ 日本記念日協会の公式ホームページに協会認定記念日として、名称・日付・由来・リンク先などが掲載されます。

⑵ 日本記念日協会の公式機関紙「月刊・記念日情報」に掲載されます。

⑶ 登録された記念日をオフィシャルに使用する際、イベントの告知などにおいて「日本記念日協会登録済」と謳うことができます。

⑷ 登録された記念日を証明する「記念日登録証」をお送りします。

このほか、新聞・テレビ・雑誌・インターネット・ラジオなどのマス・メディアに対するアプローチも含め、実践的なPR活動において大いに役立つと思われます。

●記念日登録料について

日本記念日協会では、公式ホームページに表示される回数などを考慮して、登録条件ごとに下記のように登録料を設定しています。登録審査会で合格となるまでは審査費などの費用はかかりません。いずれも「記念日登録証」（ガラス額入り）代込みの料金です。（登録料は変更されることがあります）

登録条件	登録料（税別）
ひとつの記念日を１年に１日登録	15万円
同じ記念日を１年に２日登録	25万円
同じ記念日を１年に３日登録	30万円

以下、同じ記念日の日数が12日までは１日増えるごとに５万円の加算となります。同一記念日が年に13日以上のとき(○○月間など)は電話でご相談ください。

㈱なお、審査合格後にお振り込みいただいた登録料は返却いたしません。
また、登録後に申請団体、企業などがその活動を休止したとき、あるいは記念日文化を侵害する行為・事象があったと日本記念日協会が判断したときは、登録が抹消されることがあります。

●「記念日登録申請書」「周年記念登録申請書」のご請求、お問い合わせ

〒385-0004 長野県佐久市安原1505-11
一般社団法人日本記念日協会(代表理事・加瀬清志)
TEL＆FAX 0267-68-2465
公式ホームページ　https://www.kinenbi.gr.jp/

※「記念日登録申請書」は上記公式ホームページでもダウンロードできます。
また、日付ごとの協会認定記念日もご覧いただけますので、記念日登録をご検討の方はぜひご参照ください。

※日本記念日協会では企業・団体などの創業、創立、設立、開設した年月日、人物・商品・サービスなどが誕生、発売された年月日、自治体・学校などが制定、開校された年月日など、さまざまなものの始まりを記録し、その歴史を記憶する「周年記念登録」制度も実施しています。「周年記念登録」についても上記にお問合せください。

一般社団法人日本記念日協会認定

記念日登録申請書

（西暦）　　年　　月　　日

フリガナ 申請者名 （企業名・団体名）			
担当者名			
フリガナ 申請者住所	〒		
申請者連絡先	TEL	FAX	
	E-mail		
ウェブサイト	http://		
登録希望 記念日名	フリガナ 和文	記念日の日付	
	英文		
記念日の 由来・目的			
記念日の イベント企画・ 予定・実施など			
（代理店のある場合） （代理店名）			
担当者名			
代理店住所	〒		
代理店連絡先	TEL	FAX	
	E-mail		
備　考			

一般社団法人日本記念日協会　TEL/FAX（0267）68-2465

編者紹介

一般社団法人日本記念日協会

記念日についての研究、情報収集、広報活動などを行い、社会に対して文化的、産業的貢献を目指している団体。主な活動は「月刊・記念日情報」の発行、記念日の登録制度、周年記念の登録制度、記念日の市場調査、記念日に関するコンサルティングなど。1991年設立。
日本記念日協会URL https://www.kinenbi.gr.jp/

著者紹介

加瀬清志（かせ きよし）

一般社団法人日本記念日協会代表理事。1953年生まれ。長野県佐久市在住。1991年の協会設立以前から放送作家として記念日を研究。協会設立後はその運営、記念日データの管理責任者。記念日をテーマとした講演活動、企業や自治体の活性化のアドバイザーなども務める。主な著書に『ビジネス記念日データブック』『365日・今日は何の日？ 記念日ハンドブック』（以上、日本経済新聞社）、『すてき記念日・アニバーサリーに食べたい39のケーキ物語』『記念日に飾りたいすてきな花束』（以上、あすか書房）、『日本三大ブック』（共著、講談社）など。プロデュース作品に『パパラギ』（立風書房）など。

すぐに役立つ 366日記念日事典［第4版］上巻

2009年4月22日 第1版第1刷発行
2013年12月20日 改訂増補版第1刷発行
2016年8月20日 第3版第1刷発行
2020年7月30日 第4版第1刷発行

編者 日本記念日協会
著者 加瀬清志
発行者 矢部敬一
発行所 株式会社 創元社
https://www.sogensha.co.jp/
本社 〒541-0047 大阪市中央区淡路町4-3-6
Tel.06-6231-9010 Fax.06-6233-3111
東京支店 〒101-0051 東京都千代田区神田神保町1-2 田辺ビル
Tel.03-6811-0662
印刷所 株式会社 太洋社

ISBN978-4-422-02114-0 C0000